인간지능 독서법

CHRISTIAN BASIC

인간지능 독서법

신앙적 책 읽기의 정석

하나님의 형상과 능력을 회복하는

CHRISTIAN BASIC

장대은 지음

꿈미

『인간지능 독서법』은 탁월한 독서법에 관한 책이다. 저자는 인공지능보다 더욱 탁월한 인간지능을 강조한다. 그 이유는 하나님의 형상을 따라 창조된 인간지능의 무한한 잠재력 때문이다. 저자는 스스로 연마하고 경험하고 교육해 온 학습법을 한 권의 책에 담았다. 동서양을 통합한 독서법의 정수다.

이 책은 배우는 법을 배우도록 도와주는 책이다. 탁월한 인물들은 한결같이 배우는 법을 터득한 평생학습자들이다. 그들은 급변하는 시대를 읽을 줄 알았고, 변화에 적절하게 반응했고, 새로운 변화를 창조할 줄 알았다. 탁월한 인물들은 평생학습을 통해 시대를 초월해서 영향력을 발휘했다. 이 책에서 소개하는 저자의 독서법은 인공지능을 능가할 뿐 아니라 인공지능을 선용하도록 도와준다.

저자는 천지창조의 세계로 향하는 십진분류 독서법, 학습법의 정수인 박이정 독서법과 트리비움 독서법을 소개한다. 저자는 인간이 가진 무한한 잠재력을 일깨워 주고, 그 잠재력을 극대화할 수 있는 길을 알려 준다. 독서법, 학습법, 그리고 글쓰기까지 총체적인 독서법을 한 권의 책에 담았다. 오랜 세월 동안 나는 독서법, 학습법, 그리고 글쓰기에 관한 많은 책을 읽어 왔다. 하지만 『인간지능 독서법』처럼 균형 잡힌 독서법을 읽어 보지 못했다. 무엇보다 이 책은 잃어버린 기독교교육을 회복할 수 있는 길을 제시하고 있다.

이 책은 '아는 능력'보다 '알아내는 능력'을 강조한다. 이 책은 세상의 독서를 넘어 거룩한 독서를 회복하도록 도와준다. 저자는 빛과 소금의 역할을 감당하기 위해서는 크리스천은 말씀과 기도와 전도와 함께 독서를 겸비해야 한다고 강조한다. 이 책은 '의무 독서'와 '원함의 독서'를 넘어 '가치 독서'로 나아가도록 돕는다. 몰래 감추어 두고 혼자만 읽고 싶은 유혹을 받은 독서법이다. 이 책은 독서법 중의 독서법이다. 이 책을 읽은 사람이 변하지 않는다면 그 자체가 놀라운 일이다.

나는 이 책을, 학생들에게 학습법을 지도하는 모든 교사에게 추천하고 싶다.

평범함을 넘어 탁월함을 추구하는 그리스도인들에게 추천하고 싶다.

배우는 법을 배우기를 원하는 분들에게 추천하고 싶다.

책 읽기를 넘어 글쓰기를 원하는 분들에게 추천하고 싶다.

날마다, 매주, 성경과 책을 읽고 글을 쓰는 목회자들에게 추천하고 싶다.

자녀들에게 공부하는 법을 가르쳐 주기를 원하는 부모들에게 추천하고 싶다.

다음세대를 하나님의 말씀으로 세우기를 원하는 리더들에게 추천하고 싶다.

강준민 목사(LA 새생명비전교회 담임)

인공지능이 열어갈 인류와 생명의 미래는 낙관과 비관이 팽팽하다. 하지만 분명한 것은 문자시대가 퇴조하고 디지털시대가 점증하면서 인공지능이 인간지능의 상당 부분을 대체할 것이며 사람의 뇌 구조는 바뀌고 인간은 변종될 것이라는 사실이다. 그리스도인은 이를 어떻게 바라보고 대응해야 할까?

저자는 깊은 고민을 담아 그 답을 하나님의 형상을 회복하는 것이라고 결론 맺고 그 방법을 인간지능 독서법으로 제시하고 있다. 이 책에는 미래를 바라보는 저자의 애통과 긍휼이, 그리고 소망과 도전이 진주가 되고 별이 되어 읽는 자의 심령에 불을 붙인다. 그리고 가야 할 길을 6가지로 구조화하여 독자에게 제시하고 인도한다. 즉 '인간지능 독서법=동기부여 독서법×전인 독서법×십진분류 독서법×박이정 독서법×트리비움 독서법×아웃풋 독서법'이라는 곱셈의 함수 관계로 설명한다. 이 함수가 상징하듯 이 책의 탁월함은 전체를 보고 부분을 보게 하면서 연결성과 통합성을 갖게 한다는 데에 있다.

아울러 이 책은 저자가 현장에서 목회자로, 독서교육가로, 자녀 양육자로 30여 년간 연구하고 실행한 핵심을 이 한 권에 집약했기 때문에 이론과 실제가 겸비된 실용적인 책이다.

기독교학교를 섬기는 필자는 저자에게 많은 빚을 졌다. 저자에게 전수

받은 트리비움 독서법은 우리 학교에서 교수 학습법의 중핵을 이루고 있으며 매일 0교시에 진행하는 30분 QT 수업의 근간이 되었다. 책의 종교인 기독교는 성경을 깊이 읽고 삶으로 살아 내도록 인간지능 독서법을 부모가 체화하고 자녀에게도 전수하게 해야 한다.

권경현 교장(꿈미학교)

그동안 300명이 넘는 사람들을 인터뷰했다. 인문학 분야는 물론이고, 사회과학 분야의 다양한 전문가들을 만나 심층 인터뷰를 진행했다. 그중에는 평소에 만나기 어려운 재테크부동산, 주식, 암호화폐 전문가와 100억대 재산을 가진 부자도 있었다. 만나 본 모든 전문가, 모든 부자가 공통으로 강조하는 것이 있었다.

    그것은 바로, '독서'였다. "책을 읽는 모든 사람이 리더는 아니지만, 리더는 모두 책을 읽는 사람이다"라는 말은 결코 구호만이 아니다. 분명한 사실이다.

    그동안 우리 사회에서 독서는 추상적 의미가 강했다. "독서는 내면의 양식, 정신의 확장, 성장을 위한 최고의 도구"라는 말이 대표적인 표현이다. 이런 말이 틀렸다는 것은 아니다. 하지만 창업을 하고 8년을 지내 오면서 느낀 독서는 그 이상의 것을 선사해 주었다. 어느 환경에서나 살아남을 수 있다는 생존력에 대한 자신감뿐만 아니라, 먹고살 길까지 인도해 준 것이다.

'현실'과 '이상'이라는 두 마리 토끼를 잡는 독서의 중요성을 마음 깊이 생각만 해 오던 때, 장대은 작가님을 만나게 되었다. 장대은 작가님은 지난 20년 동안 대안학교를 설립하고, 독서 전문가로 활동해 오신 분이다. 어떻게 하면 균형 잡힌 독서를 권면할까를 깊이 고민해 오신 분이다. 작가님과 7-8개월간 함께 균형 잡힌 독서를 가능하게 하는 구체적인 지침을 만들기도 했다.

『인간지능 독서법』은 이러한 고민과 실천의 전 과정이 집약된 매우 중요한 한 권의 책이다. 이 책을 통해 독서에 대한 관점이 확장함을 느낄 것이다.

신실한 크리스천으로서 교회 안에서 인정받는 것은 중요하다. 동시에 세상 속에서도 영향력 있는 사람으로 서 가야 한다. 이를 위해 배움의 과정, 독서의 과정이 반드시 있어야 한다고 생각하는데, 그 과정에 『인간지능 독서법』이 그 마중물이 되어 줄 것이다. 장대은 작가님의 『인간지능 독서법』 출간을 축하드리며, 이 책을 강력하게 추천한다.

이웅구 대표(유튜브 <웅달책방>, 체인지그라운드 창업자)

인공지능 기술이 점점 더 빠르게 발전하고 있다. 그 속도가 너무도 빠른 나머지 사람들은 기계가 곧 인간의 자리를 대체하진 않을까 두려워하기도 한다. 그러나 인공지능에는 결코 담을 수 없는 한 가지가 있다. 바로 하나님의 형상이다. 인간이 만든 인공지능은 하나님이 만드신 인간지능의 고유함을 넘어설 수 없다. 그렇기에 우리는 하나님이 우리에게 주신 인간지능을 더욱더 잘 다듬고 가꾸어야 한다. 저자는 이를 위한 방법을 독서에서 찾는다. 인공지능의 딥러닝처럼 더 많은 지식을 빠르게 축적하는 독서가 아니라, 하나님이 주신 고유한 인간지능을 발전시키기 위한 독서법을 제안한다. 그리고 여기에 '인간지능 독서법'이라는 제목을 붙여 우리의 관심을 주목시키고 있다. 바라기는 이 책의 독서법을 통해 우리에게 주신 하나님의 형상을 더 잘 가꾸어 가는 우리가 되길 소망한다. 하나님을 힘써 배우고, 하나님을 누리는 여러분이 되길 축복한다.

주경훈 목사(오륜교회 담임, 꿈이있는미래 소장)

PART 3

아무 책이나 읽지 마라 : 독서 내용 디자인

어떤 책을, 어떤 기준으로 선택해야 하는가?

PART 4

하나님-세계-인간을 읽는 법 : 독서 방법 디자인

아이·청년·장년의 책 읽기, 무엇이 달라야 하는가?

그리스도인,
인공지능 시대의 중심에서
변화를 꿈꾸다!

미래란 언제나 새로움으로 다가온다. 그런데 오늘의 변화는 역사의 변곡점마다 일어난 변화와는 사뭇 다르다. 하단의 작은 변화가 아니다. 상단 주류의 큰 변화다. 이전에 없던 움직임이 곳곳에서 일어나고 있다. 우리 앞에 펼쳐진 시대는 그 누구도 살아 본 적이 없는 세상이다.

　인공지능 시대라 불리는 오늘의 변화는 모든 사회를 포괄한다. 분야도 불문이다. 교회와 신앙인의 삶에서도 마찬가지다. 생각지도 못한 일들이 일어나고 있다. 그것은 매우 낯선 일들이다. 익숙한 일들이 아니기에 숙련된 이들이 적다. 준비된 이들에게는 기회지만 준비하지 못한 수많은 사람에게는 위기의 시대다. 그 변화의 길 중심에 우리 크리스천이 서 있다. 변하지 않는 진리를 선포하는 교회가 변화 가득한 세상에서 믿음의 사명을 감당해야 한다. 이전에 없던 변화의 중심에서 말이다.

공동체로서의 교회는 시대의 변화 가운데 성경적 대안, 하나님의 원안을 찾는 일에 성공해야 한다. 교육에 있어서는 더욱 그렇다. 변화하는 교육 환경을 예측해 가며 오늘날 교회가 어떻게 적응하고 준비해야 하는지 대비해야 한다. 미래의 과제가 아니다. 오늘 당장 해결해야 하는 현실의 문제다.

모든 분야에서 고도화가 이루어지고 있다. 고도화의 속도도 빨라지고 있다. 그것이 인공지능의 옷을 입었을 때 일어날 일들에 대해서도 생각해야 한다. 오늘의 준비는 이전과는 또 다른, 높은 수준의 준비 과정을 요구한다. 익숙한 이전의 노력, 시도는 더 이상 통하지 않는다. 진리 이외의 모든 것을 원점에서부터 다시 생각해 보아야 할 때다.

첫째, 기술이 주도하는 교육 환경의 변화에 적응해야 한다. 다양한 온라인 소통 플랫폼, 교육용 앱과 같은 디지털 기술이 전면에 등장했다. 시공간의 경계가 허물어지고 보다 참여적이고 개인화된 학습 환경이 조성되었다. 코로나 시기를 거치며 크리스천을 포함한 수많은 대중이 이러한 환경에 익숙해졌다. 새로운 소통 방식에 익숙해진 사람들의 변화를 가볍게 여겨서는 안 된다. 복음은 변하지 않아도 그것을 담는 부대는 시대의 변화에 발맞추어 갈 뿐 아니라 앞서가는 것이어야 한다. 교회교육의 기본을 지키되 디지털 리터러시 기술에 적응해 가는 노력도 동반되어야 한다. 혁신적인 방식의 도입을 통해서라도 다음세대와 소통하고자 하는 노력이 필요할 때다. 본질을 등한시한 채 방법만 추구하라는 것이 아니다. 진리가 아닌 인간의 방법으로 문제 해결을 시도하라는 것도 아니다. 다만, 형식이라고 무시해서는 안 된다는 것이다. 내가 향한 방향이 바른길이라고 해서 수단으로서의 방법과 기술을 등한시해서도 안 된다. 이 모든 것이 합력하여 하나 되어 갈 때 하나님이 선을 이루어 가심을 기억해야 한다.

둘째, 교회교육은 다음세대의 평생학습 역량을 세우는 일에 성공해야 한다. 커리큘럼의 진행, 콘텐츠 전달에만 집중해서는 안 된다. 내용이 진리라고 안심해서도 안 된다. 진리는 문제가 아니다. 진리를 담는 그릇이 문제요 준비되지 못한 사람이 문제의 핵심이다. 다음세대에게 학습하는 방법, 스스로 사고하는 방법을 가르치는 데 우선순위를 둬야 한다. 비판적 사고력, 문제 해결력, 적응력, 회복탄력성을 세우는 배움의 과정이 교회교육을 통해 제공되어야 한다. 변해 가는 세상을 탓하기보다 변화하는 세상을 바로 볼 수 있는 눈이 크리스천들에게 필요하다. 이 책의 내용 중 많은 부분이 그것을 어떻게 구현할 것인가에 대한 이야기로 채워져 있다.

셋째, 인간의 다양성을 인정하고 수용하는 것이 그 어느 때보다 중요해졌다. 변함없는 진리가 교육의 옷을 입을 때 '획일화'의 오류에 빠지기 쉽다. 진리를 강조하는 가운데 진리를 둘러싼 것들이 진리의 자리를 차지하는 일은 역사 속에서 반복되어 왔다. 교육에 임할 때는 개개인의 고유한 기대, 역량, 관심사를 살피고 그것을 마중물로 신앙을 세워 가는 과정이 진행되어야 한다.

신앙교육에서 포용성과 형평성은 우선순위가 되어야 한다. 이것을 위해 넘어야 하는 허들이 있다. 주일학교다. 주일학교는 모두를 위한 배움의 자리다. 오늘 처음 교회 나온 사람부터 모태신앙으로 자라 온 모든 사람을 하나로 엮어 가는 신앙의 배움터다. 오늘의 한국교회를 있게 한 신앙교육의 생명줄이다. 그러나 주일학교가 중요하다 하여 그것으로 만족해서는 안 된다. 주일학교는 교회교육의 시작 지점일 뿐이다. 이제는 그 허들을 넘어서야 한다. 오늘날의 변화된 현실과 끊임없이 진화하는 미래는 신앙교육에 대한 우리의 접근 방식에 변화를 요구하고 있다. 주일학교를 넘어서 더 다양한 교회교육, 차별화된 수준별 맞춤 교육을 제공해 주어야 한다. 전도를 통한 새신자의 유입도 중요하지만 그들의 신앙이 지속 가능한 것이 되도록 지원하는 배움의 과정이 제공되어야 한다. 다양한 교육 전략이 세워져야 한다. 개별화된 학습 목표를 개발·지원하며 개인 학습을 위해 다양한 기술을 활용해야 한다. 주일학교뿐 아니라 다양한 교회학교 모임이 제공되어야 한다. 교회의 이러한 노력은 가정을 포함한 것이어야 한다. 교회와 가정, 목회자와 부모, 모든 크리스천은 이 일을 위해 기도하며 협력하는 일에 성공해야 한다. 우리의 기도와 노력이 이러한 다양한 접근 방식을 통해 열매 맺을 때라야 교회교육은 다음세대들에게 믿음 안에서 자라고 성장하는 경험을 선물해 줄 수 있다.

독서해야 할 이유가 분명한 사람들

이 책은 읽어버린 기독교교육 읽기와 쓰기의 회복에 대한 이야기를 담고 있다. 교회교육, 가정교육의 문제 해결에 대한 해법을 읽기와 쓰기를 마중물로 제시하고 있다. 교육적 차원의 독서와 글쓰기뿐 아니라, 성경적 의미와 신앙적 가치에 대한 생각들을 정리했다. 읽기와 쓰기가 하나님이 직접 선택하시고 명령하신 길임을 말씀 안에서 증명하고자 힘썼다. 죄로 인해 상실한 하나님의 형상과 능력을 회복해 가는 과정에서 독서와 글쓰기가 왜 중요하며 교회교육을 통해 그것을 어떻게 세워 갈 것인지에 대해 많은 분량을 할애했다.

"사회생활도 바쁜데 무슨 책이냐!", "영어 배우기도 벅찬데 독서까지", "바쁜 회사 일과 일상에 지쳐 책 읽을 여력이 나지 않는다!", "독서가 좋은 건 알겠다. 그런데 책 몇 권 읽는다고 신앙생활에 큰 변화가 일어나는 것도 아니지 않은가?", "그리스도인은 책을 읽기보다 기도해야지?", "지성보다는 영성이 중요하잖아!"

독서하지 않는 이들의 변명은 크게 다르지 않다. 읽을 시간이 없다고 말한다. 읽어야 할 필요성도 크게 느끼지 못한다. 굳이 머리 아프게 책을 읽지 않아도 삶을 살아가는 데 큰 불편을 느끼지 않으니 읽지 않는 것이다.

고대로부터 독서가 삶을 바꾸는 근간이라고 이구동성으로 이야기해 왔다. 그런데도 사람들은 읽지 않는다. 자기 삶의 영역에서 책을 읽어야 할 이유를 찾지 못해서이다. 짧으면 한 시간, 길면 서너 시간을 투자해야 할 명확한 이유를 발견하지 못해 책을 잡지 않는다.

교회의 독서율, 크리스천의 독서율도 그리 높지 못하다. 일반 독서는 차치하더라도 성경 독서마저 외면한다. 하나님을 사랑하면 그분의 말에 귀를 기울이게 된다. 노력이 필요 없다. 간절히 그 말씀을 사모한다. 그것이 자연스러움이다.

성경 일독을 한 해의 비전과 목표로 삼는 이들이 늘고 있다. 성경을 사랑하고 하나님을 믿는 믿음이 성장하였기 때문일까? 놀라운 것은 매해 그 비전을 달성하지 못한다는 사실이다. 그렇다면 성경을 많이 읽는다고 훌륭한 크리스천인가 물을 수 있다. 물론 그렇지만은 않다. 성경을 아무리 많이 읽어도 하나님의 뜻에서 벗어난 삶을 살 수 있다. 하지만 그것을 변명으로 삼아 성경을 가까이하지 않는 것은 어리석은 일이다. 성경을 많이 읽는 사람이라고 모두 훌륭한 그리스도인은 아니지만 모든 그리스도인은 성경을 매일 읽는 사람이 되어야 한다. 많이 읽는 사람이 되어야 한다. 그것은 칭찬받을 일이 아니다. 크리스천의 기본이다. 모든 신앙생활은 성경을 전제로 진행되어야 한다.

크리스천에게 독서는 무엇인가? 독서를 해야만 하는 이유는 무엇이며 독서를 통해 어떤 변화를 이뤄 가야 할 것인가? 이 책을 통해 그 이유를 찾는 이들이 많아졌으면 하고 바라본다. 크리스천의 기본기를 갖춘 이들에게 하나님은 자신의 뜻을 보여 주시고 깨닫게 하시며 일을 감당케 하신다.

『인간지능 독서법』은 여섯 파트로 구성되어 있다. PART 1 왜 독서인가?, PART 2 독서를 통해 무엇이 변화·성장해야 하는가?, PART 3 어떤 책을, 어떤 기준으로 선택해야 하는가?, PART 4 아이·청년·장년의 책 읽기, 무엇이 달라야 하는가?, PART 5 왜 트리비움의 향상 없는 신앙교육은 실패한 교육인가?, PART 6 변화 없는 독서의 한계, 이렇게 극복하라!

독자의 이해를 돕기 위해 최대한 단순하게 주제를 분류했다. 이 여섯 파트 안에 교회교육과 자녀교육을 위한 독서와 글쓰기에 대한 이론과 실제 적용에 대한 이야기들을 풍성히 담아 보았다. 각 장의 내용은 수많은 의문과 질문을 던지며 탐구한 결과다. 거의 대부분의 질문은 저자만 품었던 생각이 아니다. 크리스천이라면 누구나 한번쯤은 던져 보았을 질문들이다. 그럼에도 이 책이 의미 있는 것은 하나님이 25년 전부터 기독교교육의 현장, 최일선에서 필자로 하여금 이 질문을 품고 고민하게 하신 결과이기 때문이다. 이 책에 소개하는 내용들은 저자의 머리에서 반짝이는 아이디어들만 모아 추린 것이 아니다. 수십 년 동안 책을 읽으며 역사의 지혜자들의 이야기에 귀 기울였고 수많은 사람과의 만남과 대화를 통한 깨달음, 독서 글쓰기 교육 현장에 적용할 때 나타난 수많은 사례, 스토리를 통해 검증된 내용들을 체계적으로 정리한 것이다. 부족한 자이지만 예수 그리스도를 머리로 한 지체 중 하나로 신앙교육을 위한 독서와 글쓰기를 논할 때를 위해 하나님이 준비시키셨음을 고백하게 된다.

이 책 안에 담긴 저자의 견해, 문제 해결책으로 제시하는 지침들이 한국의 교회교육, 가정의 신앙교육, 모든 그리스도인 개개인들이 신앙을 세워 가는 데 작은 도움이 되기를 바란다. 다음세대뿐 아니라 모든 성인 크리스천에게 잃어버린 하나님의 형상과 능력을 회복하게 하는 마중물이 되기를 기도한다.

PART 1

인공지능 시대의 신앙교육

하나님의 디자인, 인간지능이 답이다

왜 독서인가?

인공지능이
인간을 대신하고 있다

미국의 미래학자 레이 커즈와일은 2007년 특이점대학Singularity University을 설립했다. 특이점Singularity 시대는 인간의 고유 영역으로 여겨졌던 분야에서 기계와 기술이 앞서가기 시작하는 시대를 의미한다. 인공지능을 중심으로 한, 기술이 인간을 초월하는 시대다. 특이점 대학은 빠르게 발전하는 신기술을 활용하여 새 시대의 변화에 대응하기 위해 설립한 학교다. 이러한 시대에 인류가 직면한 수많은 과제를 해결할 리더 양성을 목표로 했다. 관심 분야는 다양했다. 인공지능, 나노기술, 에너지 등 광범위한 과학 분야의 최고 기술을 가르치는 일에 힘썼다. 환경, 질병과 건강, 빈곤 등의 글로벌 문제 해결을 위한 협업에도 관심을 가졌다. 구글과 나사, 수많은 기업이 이 학교 설립에 동참했다. 기업과 국가들도 손 놓고 있지는 않았다. 세계적인 기업과 수많은 국가가 독자적으로 대안 마련에 힘쓰기 시작했다.

2016년 3월, 구글의 딥마인드가 개발한 인공지능 바둑 프로그램 알파고AlphaGo는 세계 바둑 최고수 이세돌과의 대결에서 승리했다. 세계는 충격에 빠졌다. 임계점을 넘어선 인공지능, 특이점의 시대가 도래했음을 모든 인류가 눈으로 확인하는 순간이었다. 레이 커즈와일은 여기서 한 걸음 더 나아간 미래를 예측했다. 2017년 7월 샌프란시스코에서 열린 '매경 실리콘밸리포럼' 연설에서 인공지능이 모든 면에서 인간을 따라잡을 시기를 2023년이라 특정하며 가속화된 변화에 대비해야 함을 강조했다.

SF소설 속 상상의 이야기가 우리 세대의 현실이 될 것이라던 그의 주장은 얼마 지나지 않아 현실이 되었다. 2022년 11월 30일, 미국의 인공지능 기업 오픈AI는 대화형 인공지능 챗봇, 챗GPT 3.5를 선보였다. 인공지능 챗GPT는 엄청난 데이터를 학습하며 세계 모든 분야의 정보를 섭렵해 갔다. 챗GPT는 수많은 언어를 이해했고 모든 질문에 음성과 텍스트로 수준 높은 답변을 제공해 주었다. 챗GPT의 논리 사고 시스템은 인간의 사고체계와 크게 다르지 않았다. 인간의 창의성과 감성을 이해하고 반영할 수 있는 단계에 이르렀다고 해도 과언이 아닌 듯하다. 많은 부분에서는 인간을 이미 넘어선 듯 보였다. 무료로 오픈된 챗GPT로 인해 인공지능은 순식간에 대중의 삶 중심에 자리하게 되었다. 3.5버전을 공개한 지 5개월도 지나지 않은 2023년 3월 14일에는 업그레이드 버전 챗GPT 4.0을 유료 버전으로 선보였다. 2024 세계경제포럼_{다보스} 포럼에 참여한 오픈AI CEO 샘 알트먼은 공개 예정인 GPT5에 대해서도 언급했다. "GPT2는 매우 나빴어요. GPT3도 꽤 나빴고요. GPT4는 나쁜 수준이었죠. 하지만 GPT5는 좋을 겁니다GPT2 was very bad. 3 was pretty bad. 4 is bad. but 5 would be okay."

챗GPT의 출현은 인간이 알파고에 패배했을 때와는 비교할 수 없는 충격을 안겨 주었다. 레이 커즈와일이 예측했던 특이점의 시대의 도래와 그들이 보여 준 진보 때문만이 아니다. 우리가 현재 서 있는 지점이 인공지능의 변화 그 초입이라는 사실은 기대를 넘어 두려움까지 안겨 주고 있다. 지금도 이렇게 놀랄 만한 수준인데 5년 뒤, 10년 뒤 인공지능의 진보는 어떤 모습으로 구현될 것인가? 이미 온 특이점의 시대, 변곡점을 넘은 인공지능 시대를 마주한 우리는 어떻게 대응해야 하는가? 인공지능으로 대체 가능한 존재가 아닌, 미래 변화를 주도하는 지속 가능한 존재로 서기 위해 크리스천은 무엇을 준비해야 하는가? 그것은 과연 가능한 목표일까? 누구도 해답을 이야기할 수 없다. 수많은 의문과 질문이 쏟아지는 시대가 오늘 우리가 살고 있는 지금이다.

교회도, 그리스도인 어느 누구도
비껴갈 수 없다

인공지능의 급속한 성장은 우리의 일상에 큰 변화를 불러왔다. 우리 삶을 송두리째 바꿀 태세다. 이미 광범위한 영역에서 생활 깊숙한 곳까지 침투해 있다. 대화형 인공지능을 통해 인간과 소통하듯 인공지능과 자연스러운 소통도 가능하게 되었다. 인공지능의 영향력이 뻗치지 않은 곳이 없다. 높은 수준의 실시간 번역과 통역이 무료로 제공되고 있다. 그림을 그려 주고 노래를 만들어 주는 인공지능도 일반화되었다. 의료, 패션, 제조업계의 혁명도 오래된 이야기다. 의류, 기계 부품뿐만 아니라 인간의 장기를 만들어 내는 기술도 고도화를 이루고 있다. 3D 프린팅의 발전은 인공지능과 결합하며 비약적인 발전을 이루고 있다. 농업과 산업 분야의 변화도 불가피하다. 도심 고층 건물에 인공지능으로 무장한 첨단 재배 농장이 들어서고 있다. 생산량도 엄청나 농업계에 새로운 바람을 일으키고 있다.

　그러나 인공지능으로 시작된 기술 빅뱅의 시대를 마냥 즐거워할 수만은 없다. 인공지능과 자동화 기술의 발전은 노동 시장에 커다란 변화를 일으켰다. 인공지능의 인기가 더해 가면 갈수록 인간의 일자리는 위협받고 있다. 그것은 인공지능의 적용에 뒤따르는 어두운 그림자임이 분명하다. 2023년만 해도 미국 내 기술 기업에서만 최소 191,000명 이상의 대규모 직원 해고가 이루어졌다. 아마존, 알파벳, 마이크로소프트, 메타와 같은 대기업들도 비용 절감 등 경제적 여건을 이유로 큰 폭의 인력 감축을 단행하고 있다. 제조업 분야에서는 그 현상이 더 심하다. 전 세계적으로 2030년까지 약 2천만 개의 일자리가 자동화로 인해 사라질 것이라 예측하고 있다. 미국 일자리의 약 47%가 향후 20년 이내에 인공지능 자동화 시스템으로 전환될 위험에 처해 있다고 전문가들은 전망한다.

　위협받는 것은 블루칼라의 일자리뿐만이 아니다. 화이트칼라의 대다수도 예외가 아니다. 영국의 법률 전문 기업 루미넌스Luminance는 AI 자동화 프로그램을 개발, 운영 중이다. 인간의 개입 없이 법적 계약서의 검토부터 협상, 문제가 있는 조항의 수정에 이르기까지 모든 업무를 인공지능이 처리하고 있다. 미국의 로펌들도 마찬가지다. 인공지능 법률 계약 시스템인 키라 시스템스Kira

Systems 서비스를 도입한 이후 변호사의 업무량이 평균 48% 줄었다고 한다. 한국에서도 법률 문서 분류, 외국어 번역 등의 작업은 AI에 맡기는 추세다. 전 세계적으로 법률 직업군에서 인공지능의 역할이 확대되면서 국내 스타트업 기업들도 법률 시장을 겨냥한 다양한 AI 서비스를 개발, 제공하는 일에 뛰어들고 있다. 인간의 일자리가 인공지능으로 대체되는 것은 미래 어느 날의 이야기가 아니다. 오늘 우리의 이야기다.

'새로운 일자리'가 '사라지는 일자리'를 대신할 것이라며 걱정할 필요 없다는 견해도 만만치 않다. 일자리 문제는 산업혁명이 일어날 때마다 이어져 왔던 것이 사실이다. 1차 산업혁명은 인간이 동물과 함께해 온 일을 물과 증기의 힘을 이용한 기계화 생산을 중심으로 진행되었다. 2차 산업혁명 때는 전기의 힘을 이용해 대량 생산이 가능해졌다. 3차 산업혁명은 전기와 정보 기술, 컴퓨터 시스템으로 생산을 자동화했다. 기계가 도입되고 자동화가 되자 많은 사람이 일자리를 잃었다. 대량의 실업 사태가 생겨났다. 그러나 대량 실업의 혼란은 그리 길지 않았다. 산업혁명으로 잃은 일자리를 대체할 수 있는 직업이 빠르게 늘어났기 때문이다. 자신이 해 왔던 일과 비록 다르긴 했지만 일을 할 수 있는 기회는 여전히 주어졌다. 문제는 인공지능 시대의 실업 사태는 그 양상이 이전과 확연히 다르다는 것이다. 모든 직업과 모든 전문 기술 영역에 있어서 근본적인 변화가 불가피한 상황이라는 것이 대다수 전문가의 견해다. 인공지능 자체를 부정해서는 안 된다. 인간과 대립하는 지점에 인공지능을 놓아서도 안 된다. 그럼에도 자연스럽게 발생하는 오늘의 현상은 해결되어야 하는 문제임이 분명하다. 인공지능의 급속한 발전과 그로 인한 일자리 변화는 우리에게 중요한 질문을 함께 던진다. 수백만 개의 일자리가 사라지는 현실에서 우리는 무엇을 준비하고, 어떻게 대응해야 하는가?

이미 온 인공지능 시대의 변화에서 자유로운 이들은 아무도 없다. 누구도 비껴갈 수 없는, 직면하며 풀어 가야 할 과제다. 많은 사람이 해답을 찾아 여기저기 기웃거린다. 자녀교육으로 고민하는 부모들도 다르지 않다. 인공지능 시대의 언어교육은 어떻게 대비해야 하는가? 수학교육의 변화와 다양한 과목들은 이전에 하던 방식 그대로 하면 되는 것일까? 대학 입시는? 진로교육은 어떠한가? 미래교육은 예전과 어떻게 다르며 어떤 선택을 필요로 하는가?

인공지능의 도래로 대학생들은 더 깊은 고민에 빠졌다. 앞으로 어떻게 살아가야 할지 해답을 찾지 못하고 있다. 막상 전공 공부를 시작할 시기에 이르면 앞으로 무엇을 해야 할지 몰라 막막해한다. 너무나 빠른 시대 변화 가운데 자신감과 자존감이 밑바닥을 칠 만큼 불안한 상태다. 직장인들도 자유롭지 못하다. 하루가 다르게 변하는 시대 앞에 오늘의 자리를 위협받고 있다. 어떻게 미래를 준비해야 할지 걱정하는 이들이 늘고 있다. 나름대로 준비에 돌입한 이들이 적지 않지만, 인공지능의 빠른 진보 앞에 이전의 노력이 무용지물로 변하는 것을 경험하곤 한다.

　교회는 이러한 변화에서 자유로운가? 교회는 이러한 상황을 어떻게 대비하고 있는가? 교회 안에는 믿음을 지키며 비전을 품고 노력하고 있는 수많은 청년, 다음세대가 있다. 교회는 그들에게 변화하는 시대에 대해 어떤 견해를 들려주고 있는가? 교회 밖 크리스천의 일상뿐 아니라 교회 내 크리스천의 신앙생활에 있어서도 전에 없던 변화의 기류는 곳곳에서 발견된다. 시대가 던지고 있는 이러한 질문에 답하기 위해 교회와 크리스천은 준비해야 한다. 인공지능 시대 가운데서도 세상의 빛과 소금으로, 모든 분야의 영향력 있는 존재로 서 가기 위한 구체적인 준비가 필요할 때다. 변화되어서는 안 되는 진리와 원리에 대한 우리의 태도를 확인해야 한다. 동시에 변화하는 세상의 기류에 대한 바른 이해와 지혜로운 판단이 요구되고 있다. 그것을 위해 교회와 크리스천은 지금 무엇을 선택하고 있는가?

인공지능 시대,
왜 하나님 형상으로서의 인간지능인가?

기독교 신앙도 전에 없던 도전에 직면해 있다. 인공지능이 인간의 속성을 모방하는 시대를 살아가고 있다. 인공지능의 발전은 인간의 고유성을 침해하는가? 아니면 매우 효과적인 도구로 활용될 것인가! 하나님의 형상대로 지음받은 인간의 특별함, 고유성에 대해 다시 생각하게 된다. 우리가 하나님의 형상대로 창조되었다는 것은 무엇을 의미하는가? 그것은 오늘 나에게 어떤 의미로 작용하는가? 인공지능의 진보 앞에 생명과 인간 존재에 대해 전에 없던 물음표가 던져지고 있다.

자유의지와 의결권에 대해서도 생각해야 한다. 자유의지는 인간의 고유성이다. 자유의지에 기반하여 의결을 내리고, 선택한 것을 책임지며 살아가는 유일한 존재가 인간이다. 그런데 모든 분야에서

의결권을 인공지능 시스템에 내어 주는 비율이 점점 늘어나고 있다. 인공지능의 예측 알고리즘은 나보다 나 자신을 더 잘 알고 있는 것처럼 보인다. 나도 알지 못하는 나를 바라보게 한다. 자유의지를 갖고 생각하고 주도적으로 한 결정 속에서 패턴을 찾아낸다. 인공지능 알고리즘이 찾아내 제안하는 것 대부분은 우리가 바라고 원하는 것일 때가 많다.

인공지능이 사람의 자리를 대체하는 속도가 너무도 빠르게 진행 중이다. 인공지능 시스템의 판단 능력이 인간의 그것보다 뛰어나다는 경험이 쌓여 가고 있다. 인공지능이 인간의 자유의지나 영혼, 양심을 소유하게 되는 것은 아닌가 걱정하는 이들도 늘고 있다. 인간의 고유성을 주장하며 자신의 자리를 인공지능에 내어 주는 것을 거부할 수만은 없는 상태가 현실이 되어 가는 듯하다.

우리는 창의적인 능력과 특별한 지적 능력을 보이는 이들을 천재라 불렀다. 하늘이 부여한 재능이라는 것이다. 원인을 알지 못하는 능력이라는 의미도 있다. 사람들은 세상을 리드하는 힘이 천재성에 있다며 부러워했다. 자신은 그런 능력을 갖지 못했어도, 자녀는 천재성을 갖길 원했다. 천재적인 능력을 가진 자녀를 낳고 기르기 위해 별별 방법을 다 동원했다. 그러나 원하는 만큼의 결과를 얻은 사람은 그리 많지 않다.

교육 연구가 활발해지고 과학적 발전이 더해 가며 천재에 대한 판도라의 상자가 열리기 시작했다. 천재라 명명했던 이들의 능력 중 대부분이 노력을 통해 얻을 수 있다는 것도 알게 되었다. 대뇌생리학적 인간에 대한 앎이 발전하면서 천재적인 능력을 가질 수 있는 구체적인 학습 방법과 지침이 공개되기 시작했다. 물론 모든 것을 방법과 기술로 해결할 수 있는 것은 아니었다. 설명 불가능한 인간의 특별함은 여전히 존재한다. 그러나 이젠 더 이상 천재성을 지닌 이들을 신비하게만 생각하지는 않는다. 오늘을 사는 평범한 사람들의 여러 능력이 과거 어느 순간에는 천재들만이 가진 능력으로 평가받았었다. 이제는 천재들의 여러 능력을 신비의 영역이 아닌 지근거리까지 접근 가능한, 해결 가능한 교육 목표로 여기기 시작했다. 어떤 것은 정보를 통해, 과학을 통해, 의술을 통해 신비의 영역이 아닌 과정을 통해 설명 가능한 것이었음을 알게 되었다. 그런 의미에서 인공지능 시대를 사는 사람들에게는 위기와 동시에 전에 없던 기회도 동시에 주어졌다. 천재의 대중화 시대라고나 할까? 누구나 결심만 한다면 오늘보다 더 나은 존재로 변화하고 성숙해 갈 수 있다는 말이다. 과장이 아니다. 하나님의 형상으로 창조된 존재에게 하나님이 부여하신 가능성은 현재 우리가 누리며 살고 있는 것보다 더 크고 아름다운 것이다. 이 책은 누구나 적용 가능한 그 프로세스에 대한 이야기를 담고 있다.

복잡한 시대 변화에 대한 해법은 의외로 간단하다. 바로 인간지능이다. 인간지능은 인간의 변화를 가능케 하는 근본 능력이다. 인공지능을 개발한 것도 인간의 고도화된 지능이다. 이 책에서는 인간지능이 인간에게 부여된 하나님 형상의 핵심이라 강조한다. 영성에 대한 다양한 정의를 차치하더라도 건강한 인간지능을 전제로 할 때만 기독교의 영성은 설명 가능하다. 영적인 삶을 사는 것도 마찬가지다. 건강한 인간지능의 계발 없이 영적인 성숙은 불가능하다. 우리가 아는 지능, IQ에 대한 이야기가 아니다. 단순히 똑똑한 머리, 높은 학력을 가능하게 한 공부 머리에 대한 이야기가 아니다. 모든 창조물 중 하나님의 형상으로 창조된 인간에게만 주어진, 고유하고 특별한 선물로서의 인간지능에 대한 이야기다.

크리스천이 세상의 빛과 소금으로 살아갈 수 있는 것도 이 때문이다. 우리가 마주하는 대부분의 문제도 인간지능의 개발을 통해 해결 가능하고 선한 방향으로 진행되어 간다. 공중의 권세 잡은 자는 그것을 활용해 악을 도모케 한다. 하나님의 선물을 세상에 내어주어서는 안 된다. 잘못된 방향, 영향력으로 작용하도록 방치해서도 안 된다. 하나님의 것은 하나님의 뜻을 이루는 데 사용되어야 한다. 우리에게 기대와 우려를 동시에 가져다주고 있는 인공지능 시대의 다양한 해결 과제들도 하나님 형상의 흔적, 인간지능의 개발을 통해 풀어 갈 수 있다. 하나님의 형상으로 창조된 인간에게만 허락하신 인간지능의 특별함, 오늘 우리가 알고 있는 것 이상의 비밀을 담고 있는 하나님의 선물이라 생각하는 것은 필자의 착각일까?

오늘 교회와 가정, 모든 크리스천은 그 비밀을 풀기 위해 기도해야
한다. 우리에게 주어진 오늘이라는 시간도 그 비밀을 풀고 누리기
위한 노력을 경주하기 위해 주어졌다. 이 책의 내용은 그러한 기도
가운데 쓰였다. 부족하지만 개인의 변화, 교회의 변화를 이루는 데
주님께서 사용하시기 위해 미리 준비하신 것임을 믿음 안에서 고
백해 본다.

아는 것이 힘인 시대에서, 알아내는 것이 힘인 시대로

지금까지의 세대는 지식과 정보의 힘이 주도하는 '아는 것이 힘'인 시대였다. 산업사회와 지식정보사회에서 지식은 곧 힘과 권력이었다. 사회가 요구하는 정보의 습득이 교육 과정의 가장 중요한 목표였다. 많은 지식과 정보를 가르치고 배웠다. 누가 더 많이 아는가가 중요했다. 정보력은 사회 영향력과 직결되었다. 교육 과정도 그것을 전제로 디자인되었다. 아는 것이 힘인 사회에서 지식의 유통과 확장은 무엇보다 중요했다. 평가도 배운 것을 얼마나 잘 기억했는지에 대한 것이었다.

대부분의 사람은 누군가 알아낸 것을 배우는 것에 인생을 바친다. 교육의 이름으로, 학습의 이름으로 진행되는 공부는 알아내기 위한 수고가 아니었다. 누군가 알아낸 것을 배우는 과정이었다. 공교육의 본래 목표는 알아내는 힘을 세워 가는 데 있다. 그러나 알아내기보다는 아는 것을 유지하고 기억하는 데 집중했다. 졸업하면 사라질 수도 있는 수많은 직업과 관계된 지식을 지금도 공부하고 있다. 취업준비생들, 직장인들이라고 다르지 않다. 변해 가는 세상에 대처하지 못하고 이전의 익숙함을 답습하는 자신들의 모습에 답답해한다. 선택지가 그리 많지 않다. 이들이 마주해야 할 미래의 현실을 생각하면 두렵고 안타까울 뿐이다. 그런 상황 가운데 인공지능의 시대를 마주하게 되었다. 인공지능의 출현으로 모든 영역에서 변화가 일어나고 있다. 아는 것만으로는 영향력을 행사하지 못하게 되었다. 인간의 고유 능력이라고 여겼던 것들을 인공지능이 대신 수행해 내기 시작했다. 그냥 엇비슷하게 수행하는 정도가 아니다. 아이러니하게도 인간의 자리가 위협받을 정도로 매우 탁월하게 그 역할을 대신하고 있다는 것이 문제다.

이전에 돈과 명예의 마중물이었던 지식과 정보는 누구든 인터넷을 통해 얻을 수 있게 되었다. 오픈AI의 챗GPT, 구글의 제미나이 Gemini와 같은 생성형 인공지능의 출현으로 그 변화에 가속도가 붙었다. 그동안 접근하기 힘들던 지식과 정보에 어느 때보다 쉽게 다가설 수 있게 되었다. 정보의 사회적 허들이 낮아지며 이전에 없던 경쟁의 기회가 많은 이에게 제공되기 시작했다.

어디서부터 시작해야 할까?

인공지능 시대를 살아가는 크리스천에게 필요한 것은 '알아내는 능력'이다. 하나님이 주신 선물, 인간지능을 관리하고 세워 가는 일로부터 시작해야 한다. 단순한 학습으로는 얻을 수 없다. 설교를 수천 편 듣는다고 자라지 않는다. 궁금증을 가지고 탐구하는 과정이 동반되어야 한다. 의문과 질문을 던지는 연구 과정에서 자라나는 능력이 알아내는 힘이다. 무조건적인 아멘을 넘어, 의문과 질문을 통해 하나님을 알고 나를 알고 세상을 알아야 한다. QT나 지금까지 해 온 일상의 성경공부도 의미 있지만, 그것을 넘어선 방법과 노력이 필요하다. 알아 가는 노력의 질을 높여 가야 한다.

교회교육은 알아내는 힘을 세워 가는 교육 과정으로 전환되어야 한다. 새로운 프로그램의 도입만으로 이룰 수 없다. 패러다임이 바뀌어야 하고, 모든 것을 처음부터 세운다는 자세로 임해야 한다. 이 일은 교회와 목회자의 몫만이 아니다. 모든 크리스천이 주도적으로 동참해야 한다. 신앙교육도 교회에 맡기기만 해서는 안된다. 부모가 의결권을 갖고 주도적으로 감당해야 하는 일이다. 부모가 관심을 갖고 주도적으로 참여할 때 교회의 지원은 더 의미 있는 결과로 연결될 수 있다.

빠르게 변화하는 시대일수록 누군가 알아낸 지식을 주워 담는 학습에 머물러서는 안 된다. 지식과 정보를 기반으로 새로운 지식과 정보를 창출해 내는 원천 능력이 필요하다. 이것은 새로운 개념이 아니다. 시대를 불문하고 역사의 최상위 권력자들과 지식인들은 항상 알아내는 힘을 통해 영향력을 행사해 왔다. 자신의 자리를 지키는 일도 알아내는 힘으로 인해 지속 가능할 수 있었다. 다른 이들이 알지 못하는 사실을 알아내 그것을 재화로 만들었으며 권력 유지의 수단으로 사용했다. 교회가 단순히 권력을 취하기 위해 알아내는 힘을 세우자는 것이 아니다. 하나님이 맡기신 사명, 세상을 바르게 다스리고 복음을 가르쳐 지키게 하는 일을 잘 감당하기 위해 반드시 필요한 능력이다. 하나님은 우리에게 말씀하신다. 하나님은 말씀을 통해, 인간관계를 통해, 세상의 변화 과정을 통해 자신의 뜻을 나타내 보이신다. 우리의 의무와 역할은 그분의 마음과 뜻을 알아내어 순종하는 자리에 서는 것이다. 그 일을 위해 알아내는 능력을 세워 가는 신앙교육 과정이 디자인되어야 한다. 우리가 그 역할을 바로 감당하지 못할 때 공중의 권세 잡은 자의 영향은 세상을 넘어 교회 안, 우리에게까지 미치게 된다.

인공지능 시대가 도래했음에도 '아는 것의 힘'만으로 승부하려는 것은 어리석은 일이다. '인간이 과연 무엇을 할 수 있을까?'라고 질문하는 이 시대에도 인공지능을 설계하고 발전시켜 오늘에 이르게 한 것이 바로 인간지능이라는 사실을 잊지 말아야 한다. 그것을 위해 교회는 다음세대가 하나님의 형상과 그 능력을 회복할 수 있도록 도와주어야 한다. 그 일은 하나님이 디자인하신 인간지능의 신비를 풀어 가는 과정을 필요로 한다. 교회교육은 진리와 가치로서의 방향이 바로 서 있는지를 확인해야 한다. 더불어 세상을 다스릴 크리스천의 역량을 세워 가는 커리큘럼으로 디자인되어야 한다.

　미래 사회는 새로운 힘을 요구하고 있다. '아는 것'이 아니라 '알아내는' 능력을 갖춘 힘 있는 인재를 필요로 한다. 알아내는 힘을 소유한 사람이 인공지능 시대를 효과적으로 준비하고 이끌어 갈 수 있다. 교회가, 크리스천 가정이 그 중심에 서야 한다. 시대의 의결권을 세상에 내어 주어서는 안 된다. 빠르게 변화하는 시대의 중심에서 변화를 추구하고 이끌어 가는 공동체가 되어야 한다.

누가 세상을 주도하는가?

이젠 더 이상 인공지능의 진보를 보며 불안해할 필요가 없다. 인공지능 시대를 극복할 비법은 이미 우리에게 주어져 있기 때문이다. 하나님의 형상으로 창조된 인간의 잃어버린 역량을 회복하는 것은 우리의 주된 관심사여야 한다. 그중에서도 하나님이 디자인하신 인간지능의 계발, 알아내는 능력을 준비해야 한다. 인공지능 시대의 변화에 대응하며 시대를 주도해 갈 해법이 하나님의 디자인, 인간지능에 있음을 기억해야 한다. 문제는 이 '알아내는 힘을 어떻게 내 것으로 삼는가?' 하는 것이다.

독서가 답이다

그 시작은 의외로 간단하고 단순하다. 독서다. 우리가 앞에서 살핀 그 복잡한 문제 해결을 위해 신앙교육의 초깃값을 살펴야 한다. 지나온 인류 역사를 주도해 온 이들은 독서가 문제 해결의 마스터키임을 알고 있었다. 인공지능 시대를 주도하고 있는 사람들도 하나같이 강조한다. 독서를 통해 생각하는 능력, 알아내는 힘을 길러야 함을 말이다. 물론 독서가 우리가 목표하는 결과는 아니다. 시작점이자 문제를 풀어 가는 과정이며 원하는 목표로 우리를 이끌어 가는 핵심 요소다.

교회는 독서력을 키우는 일에 집중해야 한다. 하나님의 디자인으로서의 인간지능 핵심, 그 초깃값은 독서력으로 세워 갈 수 있기 때문이다. 인간지능의 기본 프로세스인 수용과 조직화와 표현 능력을 향상시키는 일에 있어 독서만큼 효과적인 도구는 없다. 시공간의 한계를 뛰어넘어 우리에게 영향을 미치는 배움의 방식인 독서야말로 알아내는 능력을 키우는 최고의 커리큘럼이다. 하나님의 말씀 성경도 그러한 원리 가운데 쓰였고 교회의 존재 이유를 오늘도 우리에게 선포하고 있다.

책을 읽는 과정 속에 새로운 정보를 접할 뿐만 아니라 정보와 정보의 관계가 규명되며 창의적인 새로운 지식들이 발생한다. 성경을 대할 때도 예외일 수 없다. 교회교육은 하나님의 디자인, 인간지능의 작동원리에 대해 더 고민하고 신앙교육의 프로세스를 디자인해야 한다. 그 과정 속에서 독서가 어떤 의미가 있는지를 알고 교육 현장에 적용해 가야 한다. 거기서 유의미한 차이를 만들어 갈 때 교회교육은 알아내는 힘을 키우고, 세상의 변화를 주도하는 하나님의 사람들을 세우는 훌륭한 도구가 될 수 있다.

미국의 세인트존스대학교Saint John's College는 알아내는 능력을 키우는 것에만 초점을 맞춰 교육을 디자인한 학교다. 이 대학은 교양과목도 전공과목도 없다. 정해진 커리큘럼에 따라 학점을 따야 졸업할 수 있는 자격을 주는 것이 아니다. 교수가 직접 나서서 자신의 해박한 지식과 정보를 강의하지 않는다. 그들이 하는 것은 4년 동안 고전 100권을 읽고 토론하고 글을 쓰는 게 전부다. 학생들은 책을 읽고 토론하고 글을 쓰면서 배움을 얻기 위한 핵심 요소인 읽기, 듣기, 말하기, 쓰기를 훈련한다. 아주 단순한 과정을 공부한 것 같지만 그렇지 않다. 이들은 독서를 통해 알아내는 힘을 기르는 일에 집중한다. 인간지능을 훈련하여 업그레이드하는 데 4년을 투자한다. 그러다 보니 졸업 후 남들보다 뒤늦게 분야를 택하고 뛰어든다. 그러나 사회에 진출했을 때 목표로 한 영역에서 두각을 나타내며 자신의 진가를 톡톡히 드러낸다. 그들에게는 알아내는 힘이 준비되어 있었기 때문이다. 알아내는 힘은 무엇을 하든 빠르게 배우고 차이를 만들어 내는 힘의 근원이다. 그래서인지 무엇을 배우든 남들보다 빠르게 배우고 급격한 성장을 나타내 보인다. 세계가 이들의 공부법에 주목하는 이유다.

프랑스에서 고등학교 3학년은 의무적으로 일주일에 4시간 동안 철학 수업을 들어야 한다. 그들은 철학적인 질문에 스스로의 생각을 거침없이 드러내며 토론한다. 프랑스가 의무적으로 철학 수업을 진행하는 이유는 무엇일까? 알아내는 힘을 기르기 위해서다. 프랑스 대학입학시험인 바칼로레아는 알아내는 힘을 평가하는 시험이다. 철학적인 물음에 나름의 답을 소논문 형태로 작성해야 한다. 정답이 없기에 스스로 생각하는 힘이 없으면 답을 한 글자도 써 나갈 수 없다. 프랑스는 이 시험을 200년 넘게 이어 오고 있다. 생각하여 알아내는 힘을 길렀는지를 평가하기 위해서다. 배움의 과정에서만 관심을 갖는 것이 아니다. 사회에 진출한 성인들도 알아내는 힘을 길러내기 위한 관심과 노력을 지속하고 있다. 이런 힘이 있었기에 프랑스는 세계에서 네 번째로 많은 노벨상 수상자를 배출했을 뿐 아니라 모든 영역에서 인재를 배출해 내고 있다.

볼테르는 이렇게 말했다. "책을 가볍게 생각해서는 안 된다. 지금까지의 세계 전체가 결국은 책으로 지배되어 왔기 때문이다." 쇼펜하우어의 이야기도 다르지 않다. "과거의 이 세상 모든 것은, 다만 미개한 민족은 별문제로 치고, 몇 권의 책으로 지배되어 왔다. 학자란 책을 독파한 사람, 사상가나 천재란 인류의 어리석음을 깨우쳐 주고 그 전진할 길을 알려 주는 사람으로, 세계라고 하는 책을 직접 독파한 사람을 말한다." A. 조월은 자신의 책 『보스턴의 신전』에서 강력한 말을 던졌다. "책은 책 이상이다. 책은 생명이다. 지난 시절의 심장과 핵심이요, 인간이 왜 살고, 일하고, 죽었는가의 이유이며, 생애의 본질과 정수다." 인류의 진보를 주도한 사람들은 공통으로 이야기한다. 독서에 그 해답이 있다고 말이다.

인간은 평생 정보를 받아들이고 내보내는 과정을 반복하며 살아간다. 세상은 그것을 효과적이고 효율적으로 수행하는 이들을 능력 있다 평가한다. 이것을 통해 문제를 인지하고 분석하며 조치를 취하고 해결해 나간다. 독서는 이 차이를 만들어 내는 최고의 방법이다. 쇼펜하우어는 "독서란 자기의 머리가 남의 머리로 생각하는 일이다"라고 강조했다. 독서의 과정을 통해 이전과 다른 차이를 만들어 낸다는 것이다. 그 차이를 만들어 내는 '알아내는 힘'을 독서를 통해 키울 수 있다.

육체는 음식물을 통해 힘을 얻고 신진대사 작용을 이루어 간다. 음식물을 섭취하지 않으면 기력이 쇠하고, 그 기간이 길어지는 경우 생명의 위협까지 받는다. 인간의 정신도 마찬가지다. 인간의 정신은 지식과 정보를 수용하지 않고는 변화되고 성장해 갈 수 없다.

알아내는 힘은 육체의 근육과 같다. 단기간에 강화할 수 없다. 단순 암기와 기억을 통해서는 얻을 수 없다. 수많은 지식과 정보를 기억하고 있다고 해도 알아내는 힘이 있다고 말할 수 없다. 그런 상황 가운데서도 일부 사람들은 알아내는 힘을 스스로 키워 갔다. 그 힘을 가진 사람이 인류의 진보를 주도했고 리더의 자리에서 세상을 리드하고 있다. 안타까운 것은 이 힘이 소수에게 독점됐다는 사실이다. 그들은 지금도 자신들만의 기득권을 유지하기 위해 힘쓰고 있다. 알아내는 힘의 가치를 알고 그것을 세우기 위한 훈련 과정에 집중하고 있다. 교회와 기독교 가정이, 모든 크리스천이 이 일의 선두에 서야 한다. 화려한 프로그램으로 교회개혁을 이루려 하지 마라. 교회는 그렇게 세워져 가지 않는다. 자녀의 신앙교육도 마찬가지다. 프로그램이 아닌 커리큘럼, 하나님의 디자인, 그 원안을 회복하는 일로부터 시작해야 한다. 독서는 그 일을 위해 반드시 필요한 요소다. 세상이 말하는 독서를 넘어서, 거룩한 독서를 회복하는 일에 성공해야 한다.

하나님이 인도하시니
우리는 가만히 있어도 된다고?

누구나 일을 진행하기 전에 계획을 세운다. 2박 3일의 가족여행조차 계획은 필수적이다. 어디로 갈지, 어디에 묵을지, 어떤 교통수단을 이용할지 사전에 조율한다. 무엇을 먹을 것인지에 대한 준비도 여행에서 빠뜨릴 수 없는 과제다. 현지의 유명 맛집을 인터넷으로 찾아보며 신중하게 식사 계획을 잡는다. 아이들과 함께 떠나는 여행이라면 더 세밀한 준비가 필요하다. 그들이 즐길 만한 탐방지, 체험 공간을 예약하는 일도 여행 계획에서 빠질 수 없다.

학교, 기업, 국가기관 등 어느 곳에서나 사업을 진행할 때는 계획과 기획이 필수적이다. 기간이 길수록, 규모가 클수록 기획 규모는 커지고 준비 기간도 늘어난다. 기획과 계획이 어느 정도 완성되었다고 생각할 때, 비로소 준비한 사업을 진행한다.

사전에 철저하게 준비해도 예상치 못한 일은 일어나기 마련이다. 너무나 많은 변수가 여행과 사업과 삶 속에서 벌어진다. 예측하지 못한 경우의 수가 많을수록 리스크는 커질 수밖에 없다. 기획 단계에서 예측이 잘못되면 그 파장은 걷잡을 수 없이 커진다. 그래서 대부분의 기관은 최고의 인재를 기획실, 전략실에 배치하고 기업과 기관의 업무에 대한 큰 그림을 그리며 세부적인 계획을 잡아 나간다. 기업들은 기획 실력자를 찾아 거액을 아끼지 않고 영입하려 한다. 왜 그럴까? 그들의 훈련된 사고 능력은 미래를 예측해 내는 힘이 있기 때문이다. 예측 가능한 것은 대비할 수 있고, 그들의 판단과 의결에 기관의 미래가 좌우된다. 예측한 결과에 따라 수익 구조가 좋아지기도, 악화하기도 한다.

여행과 사업만 그런 것이 아니다. 인생사도 다르지 않다. 미래를 대비하며 앞으로 살아갈 인생을 예측하는 노력이 필요하다. 인생의 다양한 변수에 적응하고 대처할 능력이 있다면 인공지능 시대도 두렵지 않다. 리스크를 최대한 줄일 수 있기 때문이다. 그래서 자기 인생의 계획서를 가지고 있어야 한다. 1년, 3년, 5년, 10년 뒤 어떤 자리에서 무엇을 하기를 원하는지 말이다. 그것을 위해 중·단기적으로 무엇을 준비해야 하는지 알아야 한다. 구체적인 계획과 절차도 필요하다.

계획을 세운다고 해도 예상치 못한 변수를 만나 곤란한 상황에 빠지는 일이 허다하다. 그렇다고 무계획이 최선일 수는 없다. '꼭

그렇게까지 할 필요가 있나? 인생이 사업은 아니잖아?'라고 반문할
수도 있다. 어떤 이는 "하나님이 인생을 이끌어 가시는데 우리가 계
획하는 것은 불신앙적 태도가 아닌가?"라고 말한다. 하나님은 우리
를 사랑하시며 우리를 향한 놀라운 계획을 가지고 계신다. 다만, 그
일을 이루어 가시기 위해 우리로 계획하고 선택하게 하신다. 우리
마음에 소원을 두고 행하게 하시는 방법을 통해 하나님은 계획을
이뤄 가신다. 모든 크리스천은 하나님의 큰일을 감당하기 위해 자
신의 삶을 디자인해야 한다. 자신의 삶을 디자인하는 것은 믿음 없
는 행동이 아니다. 인생이라는 달란트를 맡기신 하나님을 향한 신
앙적인 선택이다. 하나님은 우리의 선택을 통해 일하신다. 인생의
차이를 만드는 힘도 이러한 선택을 통해 형성된다.

진정한 경쟁력은 학습력이다

인공지능 시대의 큰 변화 가운데 교회와 크리스천이 마주한 현실
은 그리 긍정적이지 않다. 인구는 감소하고 있고 자연스럽게 교인
수도 감소하고 있다. 교회 구성원의 고령화 비율은 증가하고 주일
학교 학생들의 감소 수는 성인보다 더한 상태다. 인구 감소만이 유
일한 요인은 아니다. 교회의 사회적 영향력의 감소 요인은 나열하
기에도 버거울 정도다. 이러한 어려움 속에서도 잊지 말아야 하는
것은 우리가 하나님의 자녀라는 사실이다. 하나님의 약속과 우리가
하나님의 형상으로 창조된 존재로서 갖는 놀라운 잠재력에 대한

믿음은 이러한 상황 속에서도 희망을 선물해 준다. 교회가 마주한 현실은 힘들지만, 하나님은 우리를 사랑하시며 우리와 교회를 위한 놀라운 계획을 가지고 계신다는 믿음은 우리의 자위적 희망이 아니다. 인류 역사, 성경 역사를 통해 하나님이 나타내 보이신 수많은 증거를 기반한 믿음이다.

심리학자 캐롤 드웩은 자신의 책 『마인드셋』에서 인간의 성장 가능성에 대해 이야기한다. 개인의 잠재력을 최대한 발휘하기 위해 살펴야 하는 두 가지 마인드셋, '고정 마인드셋'과 '성장 마인드셋'에 대한 이야기다. 고정 마인드셋을 가진 사람들은 능력을 타고난 것으로 본다. 개인의 특성, 지능, 재능도 변하지 않는다고 믿는다. 그들은 실패를 개인의 한계로 받아들인다. 도전도 피하고 쉽게 좌절한다. 반면, 성장 마인드셋을 가진 사람들은 능력과 지능이 노력과 학습, 배움의 과정을 통해 발전할 수 있다고 믿는다. 이들은 도전을 성장의 기회로 본다. 과정의 실패를 학습과 개선의 과정으로 받아들인다. 성장 마인드셋을 가진 이들은 지속적인 노력, 학습을 통해 개인의 발전을 끊임없이 추구한다. 드웩은 사람들이 잠재력을 발휘하고 목표를 달성하는 데 있어 핵심적인 역할을 하는 것이 성장 마인드셋이라 강조한다. 성장하기 위해 고정 마인드셋에서 성장 마인드셋으로 전환해야 하는 것이다. 누구나 자신의 마인드셋을 변화시킬 때, 더 풍부하고 성취하는 삶을 살 수 있다고 이야기한다.

오늘 우리 크리스천에게 필요한 것이 성장 마인드셋이다. 사람을 보며 세상을 볼 때 만족함이 없다. 기대와 희망을 품기에는 오늘의 상황이 매우 척박하지만, 하나님을 믿는 믿음이 있다면 하나님의 사람으로서 구체적인 각오로 성장 마인드셋을 다져야 한다. 끊임없이 변화하는 세상을 주도하기 위한 준비가 오늘 우리의 선택이어야 한다.

이러한 시대에 미래를 준비하는 가장 좋은 방법은 학습을 통한 변화다. 무엇을 알고 있는지, 무엇을 배우는지도 중요하지만 얼마나 빠르고 효율적으로 배울 수 있는지가 더 중요하다. 빠르게 배우고 적응하는 것 자체가 인공지능 시대의 경쟁력이다. 더 이상 이전의 지식이나 경험만으로 승부할 수 없다. 과거의 성공이 미래의 성공을 보장해 주지 않는다. 시대의 변화와 함께 필요한 기술과 지식도 변한다. 시대의 변화에 발맞춰 기술과 지식은 갱신되어야 한다.

이런 상황에서 가장 중요한 것이 학습력이다. 학습력은 단순히 새로운 정보를 습득하는 능력이 아니다. 빠르게 배울 뿐 아니라 새로운 환경에 적응하는 능력을 포함한다. 학습력은 개인이 자신의 관심 분야에서 영향력을 발휘하고, 지속적인 발전을 이루게 하는 열쇠가 된다. 이 능력이야말로 오늘과 미래를 이어 주는 지속 가능한 경쟁력의 핵심이다. 지금까지 교회교육은 이것을 중요한 목표로 여기지 않았다. 교육의 많은 내용, 의결권을 세상에 내어 주었다. 진리인 하나님의 말씀, 복음의 내용에 집중하면서 그것을 다루는 수단인 배움의 과정을 디자인하는 일에는 관심을 갖지 않았다. 빠르게 변화하는 현대 사회에서 새로운 정보를 효율적으로 흡수, 적응, 적용하는 학습력은 성장 마인드셋을 가진 사람들과 공동체에서 공통으로 발견되는 특징이다.

무엇을 이루기 위한 계획만으로는 성취를 이루기 힘들다. 원하는 목표를 이루기 위해 무엇을 보고 배우고 익혀야 하는지를 차근차근 계획해야 한다. 그중에서도 독서 계획은 핵심적인 사안이다. 주먹구구식으로 할 것이 아니라 배움의 전체상을 바라보며 체계적으로 독서 계획을 준비해야 한다. 독서는 리스크를 줄이는 최적의 도구이자 인생의 길잡이가 되어 줄 학습력의 기초를 세워 준다.

교회와 크리스천 가정은 자신을 위해, 다음세대를 위해 오늘 우리의 자리를 돌아보아야 한다. 우리가 감당해야 하는 문제와 해결을 위한 배움의 과정이 디자인되었는지를 살펴야 한다. 그 여정을 통해 하나님의 사람들의 잃어버린 능력을 회복하는 일에도 성공해야 한다. 여기서부터 교회와 기독교 가정의 신앙교육의 미래를 디자인해야 한다.

늘 딛고 살던 땅이 흔들릴 때
어떻게 해야 할까?

근래 우리나라 지진 빈도수가 증가하는 추세다. 어떤 지역은 공포를 느낄 정도로 심각하다. 정부는 우리나라가 더 이상 지진의 안전지대가 아니라 말한다. 건물을 지을 때 내진 설계를 의무화한 것도 이 때문이다. 지진뿐만 아니라 다양한 천재지변을 이겨 내기 위한 기술을 적용해 건물을 짓게 한다.

내진 설계는 건축물에만 필요한 것이 아니다. 인생 설계에 있어서도 반드시 필요하다. 우리가 살아가는 세상은 언제 흔들릴지 모르는 위기의 현장이다. 특이점의 시대는 이미 도래했고 오늘 우리는 인생을 뒤흔드는 지진계의 중심에 서 있다. 우리 삶의 근간이 되고 기반이 되어 온 것들이 인공지능 시대의 도래로 더 크게 흔들리고 있다. 예고도 없이 우리 삶의 근간을 흔드는 인생 지진이 곳곳에서 일어나고 있다. 인생의 기초, 늘 딛고 살던 땅의 흔들림을 많은 사람이 경험하고 있다. 준비되지 않은 이들에게 삶의 근간이 흔들리는 상황은 해결 불가능한 위기로 이끌기도 한다. 나의 삶의 근간을 이루고 있는 것들은 무엇인가? 위기의 순간일수록 그것이 무엇인지 살피고 관리하는 시간을 가져야 한다. 이미 늦었다고 생각되는 때일지라도 그때를 대비해야 한다.

　우리 삶을 지탱해 주는 근간은 유행을 타는 것들과 같지 않다. 무엇 하나 잘하고 노력한다고 단시간에 세워지는 것이 아니다. 오랜 시간 갈고닦아야 하고 노력의 과정을 통해 관리되는 것이다. 프랜차이즈처럼 누군가 대신 만들어 줄 수 있는 단순한 시스템도 아니다. 자기 계발서에서 이야기하는 지식을 적용하고 실천한다고 단시간에 결과 맺을 수 있는 것도 아니다. 그러하기에 그것들은 일상에서 살피고 관리해 가야 한다. 부재 증명을 통해 그 일의 심각성을 살펴야 한다. 내 삶의 근간을 이루고 있는 것들이 나의 삶에서 갑작스럽게 부재할 때 일어날 일에 대해 미리 생각해 보아야 한다.

공이 없을 때의 움직임이 승부를 가른다

운동선수에게 자신의 실력을 증명하는 시간은 경쟁이 이루어지는 필드다. 훌륭한 선수는 안타를 치고, 골을 넣고, 주어진 경기에서 좋은 성적을 통해 자신의 능력을 검증받는다. 2002년 월드컵의 주인공 중 한 명인 박지성은 실력을 인정받아 세계 최고의 구단인 잉글

랜드 맨체스터 유나이티드에 스카우트되었다. 은퇴 이후에도 국내는 물론이요 해외에서도 축구의 전설 중 한 명으로 대우해 주고 있다. 박지성의 현역 시절, 기자가 당시 영국 맨체스터의 감독인 퍼거슨에게 물었다. "박지성의 어떤 능력을 높이 평가하느냐?" 그러자 퍼거슨 감독은 말했다.

"박지성은 공이 없을 때의 움직임이 매우 좋다. 다른 사람의 능력을 활용할 줄 알고 팀의 구성을 이해하는 능력이 좋아 흥미롭다."

최고의 축구 선수는 공이 없을 때의 움직임에서 승부가 결정된다는 말이다. 공이 없을 때 움직임에 따라 골을 넣을 수도 있고 어시스트로 공격 포인트를 쌓을 수 있다.

캐나다의 아이스하키 감독인 웨인 그레츠키는 NHL북미 아이스하키 리그의 전설적인 골 게터Goal getter다. 그는 894골로 정규리그 최다 득점 기록과 1,963개의 어시스트 기록을 보유하고 있다. 어떤 선수도 그레츠키의 기록을 넘지 못하고 있다. 그의 등번호 99번은 NHL 전 구단 영구 결번이다. 전설적인 선수인 그레츠키가 기자의 질문에 이렇게 말했다.

"나는 퍽Puck이 있는 곳이 아니라 퍽이 가야 할 곳으로 움직인다."

박지성과 웨인 그레츠키를 포함하여 모든 훌륭한 선수는 공이 있을 때뿐 아니라 공이 없을 때의 움직임이 뛰어난 이들이다. 이 이야기는 스포츠 경기에 국한되지 않는다. 독서도 다르지 않다. 인생의 목표를 추구하는 이들에게 독서는 스포츠 경기에서 '공이 없을 때의 움직임' 같은 것이다. 목표가 중요하다면 목표가 현실이 되지 않았을 때의 움직임이 좋아야 한다. 누군들 성공하고 싶지 않겠는가? 누군들 인정받고 싶지 않겠는가? 누구라도 영향력 있는 실력을 갖추고 싶어 한다. 그러려면 아무도 보지 않는 곳에서 활발히 움직여야 한다. 다른 사람의 노력 이상의 에너지를 쏟아야 한다. 생각함에 있어서도 자신의 한계를 뛰어넘기 위해 힘써야 한다. 생각 근육을 확장시키고 단련해 초깃값을 높여 가야 한다. 하나님이 디자인하신 인간지능의 능력을 향상시켜 가는 일이 일상에서 진행되어야 한다. 그 일을 이루어 감에 있어 독서는 필수적이며 그것을 대신할 수 있는 것은 없다고 해도 과언이 아니다.

많은 사람이 가장 효과적인 배움, 독서를 포기하며 살아간다. 가장 효율적인 배움의 대로를 피해 아슬아슬한 절벽 같은 길을 걸어가며 성공을 추구한다. 불행인 것은 그 절벽 길 이후에 다다를 목표조차 요원하다는 것이다. 인간지능 독서법은 독서가 우리 삶과 어떤 상관관계에 놓여 있는지를 설명하는 일에 많은 분량을 할애하고 있다. 독서와 교육, 능력과 독서의 연결고리가 실제함을 설명하고 있다. 교실 속 학생만이 아니라 사회생활을 하는 모든 성인에게도 독서가 가장 효과적이고 효율적인 학습 방법임을 강조하고 그들이 삶의 목표를 이루도록 돕는 구체적인 지침까지 제시하고 있다. 그 길을 따라 걷는 것은 유행이나 트렌드를 좇는 삶의 선택이 아니다. 역사 속에서 성공한 사람들의 공통적인 주장을 본받는, 실패하지 않는 삶의 길을 걷는 것이다. 이 책을 통해 소개하는 십진분류 독서법과 박이정 독서법, 트리비움 체계, 다양한 독서 후 앵커링의 방법과 기술을 배우고 익히는 일에 도전해 보라. 그것을 적용해 가고 삶의 습관으로 익히게 된다면 지금까지 살며 준비해 온 기존 지식에 질서가 부여되고 체계가 세워져 감을 경험하게 될 것이다. 기존의 정보가 줄을 서고 정리되는 경험을 통해 독서를 마중물로 변화되는 인생을 마주하는 축복을 경험하게 될 것이다.

인생의 내진 설계가 필요할 때다. 영성과 인성, 지성과 감성, 관계성 등 모든 영역이 이에 포함된다. 나를 돌아보며 요동하는 세상에서 흔들리지 않는 존재로 자신을 세워 가야 한다. 크리스천으로서 삶의 내진 설계에 관심을 가져야 한다. 나를 변화시키고 이웃을 사랑하며 하나님의 나라를 이뤄 가는 존재가 되기 위해 필수적인 요청이다. 인생의 내진 설계는 개인을 넘어 공동체에도 필요하다. 위기의 시대, 교회의 역할 감당을 위해 영적 공동체의 내진 설계를 살피고 새롭게 세워 가야 한다. 늘 딛고 살던 땅이 흔들리는 오늘, 이러한 준비 과성 가운데 우리 하나님은 함께하신다. 하나님의 인도하심의 손길은 크리스천의 마음에 이러한 소원을 두고 행하게 하심으로 역사하신다. 하나님의 사람으로서 내진 설계를 위해 기도하며 준비해 가는 이들에게 위기는 기회가 될 수 있다. 이것이 하나님의 은혜를 은혜로 누리는 인생의 지혜다.

무뎃뽀 신앙에서 벗어나기

임진왜란 전후, 일본을 호령한 장군이 있었다. 다케다 카츠요리 장군이다. 그가 이끄는 기마부대는 불패 신화의 위세를 떨치고 있었다. 누구도 그들의 상대가 되지 못했다. 그때 혜성처럼 등장한 장군이 바로 오다 노부나가다. 오다 장군은 조총뎃뽀, 鐵砲으로 무장한 군대를 이끌고 신흥 강자로 부상하고 있었다. 다케다의 부하 장수들도 오다의 조총부대와의 결전은 피하기를 원했다. 다케다는 그들의 이야기에 귀 기울이지 않았다. 두 장군이 이끄는 부대는 1575년, 아이치현 나가시노에서 전투를 벌이게 되었다. 신흥 강자 오다의 조총부대를 무시한 다케다가 마주한 결과는 참혹했다. 전투에서 패했을 뿐 아니라 기마부대의 핵심 장수 4명 중 3명도 그 전투에서 잃었다. 다케다 가문의 군사력은 크게 약화하였고 이후 일본에서의 영향력도 미미해졌다.

나가시노 전투는 일본 역사에서 일어난 수많은 전투 중에서도 중요한 의미가 있는 싸움이다. 나가시노 전투를 기점으로 오다 노부나가의 세력은 더욱 강화되었고, 이는 일본 통일의 기반이 되었다. 일본을 통일하고 1603년에 에도 시대_{현재의 도쿄}를 연 도쿠가와 이에야스가 명성을 얻게 된 것도 이때였다. 오다 장군과 동맹을 맺고 그를 도왔던 도쿠가와는 오다 사망 이후 260년간 지속될 도쿠가와 막부를 설립하게 되는데, 그 단초를 마련한 것이 바로 나가시노 전투에서의 승리였다. 이 전투 이후 "무-뎃뽀"無鐵砲라는 말이 일본에서 회자되기 시작했다. 예전의 위력을 맹신하며 패배를 자초한 다케다 군대를 비유한 말이다. "무-뎃뽀!" 즉, "조총이 없다"라는 말은 준비되지 못한 자의 열정을 의미하는 말이 되었다.

뎃뽀로 무장하라!

오늘날도 무뎃뽀 정신으로 살아가는 사람들이 많다. 이전의 경험과 지식에 사로잡혀 새로운 변화에 관심을 두지 않는 이들이다. 일의 성공을 위한 구성 요소를 갖추는 데 무관심하고 기존에 축적된 것만을 맹신하며 살아가는 이들이 적지 않다.

취업에 도움이 된다며 많은 사람이 스펙 쌓기에 여념이 없다. 그 스펙이 어디에 어떻게 활용되고 필요한지에 대해 진지하게 고민하기보다 일단 스펙을 쌓고 보자는 마음으로 도전하는 이들이 적지 않다. 그렇게 쌓은 스펙은 차별성을 주지 못한다. 자신이 원하는 삶의 방향과 관련된 변화를 읽어 내지 못한 상태에서의 스펙 쌓기는 도리어 자기 발목을 잡기까지 한다. 주도적인 삶이 아닌 세상에 끌려다니는 삶을 산다. 열심히 살았지만 허송세월을 보낸 것과 다를 것 없이 살아간다.

무뎃뽀의 용기를 나쁘다고 할 수만은 없다. 아무것도 하지 않은 것보다는 낫다. 그러나 목적 없는 열심은 무의미할 때가 있다. 어디로 가는지도 모른 채 열심히 달린들 무슨 소용이 있겠는가. 무뎃뽀 정신으로 사는 사람들에게 맹자는 말한다.

"분명한 이해 없이 행동하고, 생각 없이 습관을 만들고, 어디로 가는지도 모른 채 모두가 가는 길을 맹목적으로 따라가는 것은 군중이 하는 행동이다."

이리저리 휩쓸려 다니는 군중의 삶으로는 자신이 원하는 인생을 살아갈 수 없다. 삶의 근간이 흔들리고 있는 시대에 효과적으로 자기 인생의 내진 설계를 할 수 없다. 무뎃뽀가 아니라 뎃뽀로 무장해야 한다. 자기 인생에서 뎃뽀가 무엇인지 찾고 내일을 준비해야 한다. 그것을 무기 삼아 세상으로 나아가야 한다.

자신의 뎃뽀가 조총처럼 대단한 것이 아닐 수 있다. 지극히 평범한 것일 수 있다. 사람들이 중요하게 여기지 않는 것들이 누군가에게는 뎃뽀가 될 수 있다. 분명한 사실은 자신의 뎃뽀를 찾고 연마하여 도전에 임해야 한다는 것이다. 나의 원함만이 아니라 세상의 변화를 읽는 것이 전제되어야 한다. 그렇게 자신만의 뎃뽀를 찾고 변화에 대응하고 문제 해결에 도전하는 사람들이 흔들리는 세상에서 든든히 서며 세상을 선도하는 삶을 살게 된다.

크리스천이여, 생각을 훈련하라

사람들은 훈련된 목소리를 듣기 위해 콘서트를 찾는다. 훈련된 운동 능력을 감상하기 위해 야구장을 찾고 축구장을 찾는다. 훈련된 이야기를 듣기 위해 강연장을 찾고, 훈련된 생각을 만나기 위해 상담사를 찾고 컨설턴트에게 도움을 요청한다. 프랜차이즈 시스템에 가입하여 사업장을 운영하려는 시도도 훈련된 생각으로부터 나온 결과를 통해 도움을 받고자 함이다.

누구나 생각은 한다. 누구나 읽고, 쓰고, 듣고, 말한다. 그러나 사람들이 관심을 갖는 것은 누구나 하는 사언행思言行이 아니다. 훈련된 생각, 훈련된 말, 훈련된 행동에 사람들은 관심을 갖는다. 훈련된 능력, 차이를 증명한 역량은 사람들에게 영향력이 있으며 감탄을 자아낸다.

올림픽에서 멋진 공연을 펼치는 피겨스케이트 선수들의 움직임 하나하나가 탄성을 자아내는 것은 그 움직임이 그저 즐거움을 위해 타는 스케이트의 동작과 움직임이 아니기 때문이다. 수많은 시간을 들여 힘들게 훈련한 결과로 만들어 낸 과정의 진보, 훈련된 손과 발의 움직임이기 때문이다.

인공지능 시대를 효과적으로 준비하고 대비하려면 독서해야 한다. 지금 세상은 더 나은 직장과 직업으로 전환하기 위해 독서에 집중하는 이들이 늘고 있다. 인공지능 시대에 말이다. 왜 그럴까? 독서를 통해 생각의 깊이와 넓이, 차이를 만들어 갈 수 있기 때문이다. 삶의 변화를 추구하는 사람들은 지금도 독서를 통한 생각 훈련에 힘쓰고 있다. 아이러니하지 않은가? 그러나 그것이 가장 이상적인 답이며 현실적인 선택임을 앞서가는 많은 사람이 알고 있다.

크리스천이 세상의 빛과 소금이 되기 위해 할 일은 기도만이 아니다. 말씀 묵상과 전도만이 아니다. 그것은 크리스천의 기본기다. 그 위에 하나를 더해야 한다. 독서다. 독서를 통해 훈련된 사고 역량을 가진 크리스천이 되어야 한다. 변화하는 세상 속에서 영향력을 발하기 위해 우리에게 요구되는 또 다른 기본기가 독서다. 독서는 단순히 정보를 수용하는 과정이 아니다. 저자의 사고 세계로 들어가는 통로다. 독서를 통해 사고 능력을 형성하고 지식과 지성의 기초를 형성해 간다. 독서는 우리 자신의 한계를 깨닫고 겸손하게 성장하도록 이끈다. 독서는 우리가 처한 환경을 초월하여 이겨 나갈 수 있는 가치를 제공한다. 독서 과정을 통해 형성된 핵심 가치와 신념은 우리의 지식에 질서를 부여한다. 지식에 머물지 않는다. 삶의 현장에 균형 잡힌 일상을 살도록 이끈다.

많은 이가 독서가 중요하다면서도 책을 읽지 않는다. 생각을 훈련하는 데 세상 어떤 것과도 비교할 수 없는 최고의 수단이요 방법임에도 말이다. 독서는 생각 훈련의 왕도王道이다. 지금보다 더 나은 모습을 꿈꾸고 있다면 독서를 디딤돌로 삼아 보라. 그 과정을 통해 하나님의 역사하심을 경험하게 될 것이다. 한국교회, 기독교 가정의 변화를 위해, 잃어버린 기독교교육 읽기와 쓰기의 회복을 위한 기도와 실천이 필요할 때다.

오늘 나의 뎃뽀는 무엇인가?
세상의 빛이요 소금인 크리스천의 뎃뽀는 무엇이어야 하는가?
교회의 뎃뽀, 교회교육의 뎃뽀는 무엇인가?
그것을 준비하기 위해 오늘 어떤 선택을 해야 하는가?

허용할 수 없는 자유

자유를 위한 피, 땀, 눈물

자유는 인간이 가진 가장 귀중한 권리 중 하나다. 자유를 수호하기 위해서라면 어떤 투쟁도 마다하지 않았다. 자유는 수많은 이의 희생을 통해 쟁취되곤 했다. 국가들은 외교적인 노력으로 자유 쟁취와 유지를 위해 힘쓴다. 때로는 전쟁도 불사한다. 미국 독립전쟁은 영국으로부터의 독립과 자유를 쟁취하기 위해 벌어진 전쟁이다. 수많은 사람이 자유를 얻기 위해 목숨을 바쳤다. 남아프리카 공화국에서는 아파르트헤이트 체제를 종식시키기 위한 긴 싸움이 이어졌다. 그 과정에서 많은 사람이 죽어야 했다. 넬슨 만델라와 같은 지도자들은 수십 년간 감옥에서의 생활을 감수해야 했다.

언론의 자유를 위해 싸운 기자들도 있다. 인종차별에 반대하는 사람들, 여성의 투표권을 위해 싸운 여성 운동가들도 마찬가지다. 자유를 위해 피와 땀과 눈물을 흘려야 했다. 말랄라 유사프자이는 파키스탄의 여성 교육 운동가이다. 그녀는 탈레반의 교육 금지 정책에 맞서 여성의 교육 권리를 위해 목소리를 높였다. 2012년, 학교 버스에서 탈레반의 총격을 받고 심각하게 다쳤지만, 이 사건은 전 세계에 그녀의 용기와 메시지를 알리는 계기가 되었다. 이후 말랄라는 전 세계 여성의 교육을 지지하는 강력한 상징이 되었다. 2014년에 그녀는 평화와 여성 교육에 대한 헌신을 인정받아 노벨 평화상을 수상했다. 이처럼 자유를 수호하기 위한 국가적, 개인적인 노력과 희생을 감수하는 일들은 이전에도, 지금도 세계 곳곳에서 일어나고 있다. 자유는 그 이상의 가치가 있기 때문이다.

허용할 수 없는 자유

그러나 모든 자유가 가치 있는 것은 아니다. 인생 여정에 부정적인 결과를 초래하는 자유가 있다. 교육의 맥락에서 볼 때, '공부 안 해도 되는 자유'가 여기에 속한다. 이 자유는 단기적인 즐거움과 행복은 제공할 수 있다. 그러나 장기적으로 볼 때 개인의 성장, 발전, 자아실현의 기회를 박탈하는 결과를 초래한다. 공부 안 해도 되는 자유는 개인의 잠재력을 충분히 발휘하지 못하게 한다. 인생의 목표와 꿈을 실현하는 데 반드시 필요한 것들을 준비하지 못하기에 만족스러운 결과를 낼 수 없다.

'공부 안 해도 되는 자유'는 단순히 학창 시절의 교육만을 의미하지 않는다. 공부는 학교에서 받는 교육과 학습 그 이상의 의미를 지닌다. 성인이 된 이후에도 배움은 필수적이다. 공부는 인생을 통틀어 진행되어야 하는 평생의 과정이다. 공부는 누군가를 괴롭히기 위한 도구도, 자유를 억압하기 위한 것도 아니다. 꿈이 있는 사람들에게는 그 꿈을 향해 나아가도록 돕는 힘이 되어 준다. 현실과 꿈의 간극을 메우고 채우는 과정이 바로 공부다.

크리스천들은 '공부 안 해도 되는 자유'를 누려서는 안 된다. 공부는 하나님을 사랑하고 이웃을 사랑하기 위한 최고의 수단이다. 하나님을 알면 알수록 그를 사랑하게 된다. 하나님의 창조와 섭리에 대한 경외감을 더 깊이 느끼게 된다. 공부를 통해 세상을 보는 시각도 넓어진다. 이웃을 이해하고 도울 수 있는 능력을 키우는 것도 공부 없이는 불가능하다. 알지 못함으로 인해 자신과 타인이 고통받는 것을 방지하는 것도 공부를 통해 가능하다. 아는 만큼 사랑할 수 있기에, 공부는 자기 자신을 사랑하는 행위이기도 하다. 배움의 과정을 통해 자신도 몰랐던 새로운 면모를 발견하고 자아실현을 이뤄 갈 수 있음을 누구도 부인하지 못한다.

세상의 수많은 문제를 해결하는 데도 마찬가지다. 어딘가에서 공부하며 준비한 이들에 의해 세상의 문제들은 해결되어 왔다. 하나님의 손길은 어딘가에서 하나님의 때를 위해 준비하신 이들을 통해 일하신다. 그들은 하나님의 때가 이르기 전, 공부 과정을 통해 쓰임 받기 위해 준비한다. 다시 강조하지만, 교실에서의 공부만을 이야기하는 것이 아니다. 학교에 한 번도 다닌 적 없는 농부도 농부로서의 역할을 감당하기 위해 노력한 모든 과정과 시간이 바로 공부다. 자녀를 키우기 위해 엄마의 역할, 아빠의 책임을 완수해 가는 모든 노력도 공부다.

우리는 자신과 타인, 하나님을 사랑하기 위해, 그분의 뜻을 이루기 위해, '공부하지 않아도 되는 자유'를 누리려는 유혹에 넘어가서는 안 된다. 공부하지 않으려는 자신의 나약함과 싸워 승리해야 한다. 공부는 단순한 지식 축적의 과정이 아니다. 우리의 영혼과 정신을 성장하게 하는 과정이다. 크리스천이 보냄받은 세상에서 하나님의 뜻을 실현하는 데 필수적인 일이다. 공부는 우리의 삶을 풍요롭게 한다. 직면한 도전을 극복할 힘도 공부를 통해서 온다. 공부는 그리스도인들의 사명 감당을 위해 마땅히 감당해야 할 과제요 우리 모두에게 주어진 소중한 권리다. 크리스천은 그 자유를 올바르게 활용하며 누릴 책임이 있다.

독서와 영성,
문제는 라이프 스타일이다

영성에 대한 정의는 다양하다. 교단, 개인의 성향, 이야기의 맥락상 영성에 대한 정의는 다를 수 있다. 모든 사람이 만족할 수 있는 정의를 내리기는 쉬운 일이 아니다. 분명한 것은, 성경이 말하는 영성은 기적이나 특별한 능력에 국한되지 않는다는 것이다.

"내가 사람의 방언과 천사의 말을 할지라도 사랑이 없으면 소리 나는 구리와 울리는 꽹과리가 되고 내가 예언하는 능력이 있어 모든 비밀과 모든 지식을 알고 또 산을 옮길 만한 모든 믿음이 있을지라도 사랑이 없으면 내가 아무 것도 아니요 내가 내게 있는 모든 것으로 구제하고 또 내 몸을 불사르게 내줄지라도 사랑이 없으면 내게 아무 유익이 없느니라" 고전 13:1-3

방언과 예언, 사람들이 말하는 큰 믿음이 있을지라도 사랑이 없으면 울리는 꽹과리라 말한다. 방언과 예언이 의미 없다고 말하는 것이 아니다. 기독교 영성의 근본이 무엇인지에 대한 강조다.

기독교의 영성은 하나님의 말씀에 기초한 삶을 통해 드러난다. 영성은 매일, 매 순간을 살아가는 방식, 태도, 관계를 통해 나타난다. 교회에서의 예배나 기도와 같은 신앙적 활동의 외적 모습에만 국한되는 것도 아니다. 진정한 영성은 하루 24시간, 우리의 모든 영역에서 삶의 방식이다. 우리가 사랑하는 방법, 감사를 표현하는 방식, 용서하는 태도를 통해 나타난다. 일상생활, 우리의 직업, 건강을 관리하는 방법도 영적인 삶의 일부이다.

독서와 글쓰기도 마찬가지다. 우리가 하나님의 말씀을 더 깊이 이해하고, 우리의 생각과 믿음을 표현하는 중요한 도구요 방법으로서의 독서와 글쓰기는 기독교 영성의 중요한 요소 중 하나다. 독서를 통해 역사 속 신앙인들의 삶과 그들이 어떻게 영적 도전에 임했으며 신앙적 성장을 이루었는지를 살피고 배울 수 있다. 마틴 루터는 성경과 신학적 저서를 깊이 연구함으로써 종교 개혁의 핵심 인물이 되었다. 그의 독서와 연구는 기독교 신앙을 더 폭넓게 이해하는 새로운 시각을 제공했으며 당시 교회의 관행에 도전하는 영적 깨달음을 선물해 주었다.

C.S. 루이스는 그리스도인들이 좋아하는 기독교 작가 중 한 명이다. C.S. 루이스는 저서 『순전한 기독교』에서 기독교 신앙의 근본적

인 진리가 무엇인지를 이야기해 준다. 루이스는 합리적이고 이해하기 쉬운 언어로 기독교의 교리를 설명했다. 독자들은 그의 글을 통해 그의 정신세계, 신앙 세계를 만날 수 있다. 그의 의문과 질문, 믿음의 고민을 들여다볼 뿐 아니라 해답을 찾아가는 과정에 참여하게 된다.

독서한다고 모두 영적 성장을 이루는 것은 아니지만 영적 성장을 이뤄 가는 여정에 참여하는 대부분의 사람은 독서를 통해 큰 변화와 성숙을 경험하게 된다. 신앙 독서 과정을 통해 자신의 신앙을 더 깊이 이해할 수 있기 때문이다. 신앙 서적을 통해서만 이런 일이 일어나겠는가! 성경을 읽는 것도 독서다. 하나님의 말씀을 듣기 위해 독서는 피해 갈 수 없다. 하나님의 마음을 본받기를 원하는 이들이라면 성경 독서에 열정을 갖고 임하게 된다.

그리스도인의 독서는 하나님과의 관계를 깊이 있게 만든다. 성경의 가르침을 삶 속에서 실천하는 데 필수 불가결한 요소다. 독서를 통해 우리는 사랑, 감사, 용서와 같은 기독교적 가치를 더 깊이 이해할 수 있다. 우리가 직업, 가정, 사회적 관계에서 영적인 삶을 살아가는 데 필요한 지침도 제공받을 수 있다. 기독교인에게 독서는 영적인 행위임을 기억하자. 하나님이 거룩하다 칭하신 수단과 방법을 무시하는 실수를 범해서는 안 된다.

PART 2

신앙 독서의 목표를 분명히 하라

독서 동기 & 태도 디자인

독서를 통해 무엇이 변화·성장해야 하는가?

독서교육의 목표는
하나님의 사람을 세우는 것이다

성경적 독서교육의 목표는 하나님의 형상과 능력을 회복하는 데 있다. 이 목표는 개인의 내면적 성장과 외적 성취 모두를 포괄한다. 기독교교육에서 독서는 하나님의 사람을 세우는 노력의 시작 지점이자 핵심 요소다.

하나님의 말씀 듣기는 읽기로 시작된다. 목사의 설교도 성경 읽기로부터 시작된다. 기독교 신앙에서 읽기는 중요한 교육 그 이상이다. 신앙의 근본이요 거룩한 행위다. 신앙교육에 있어 전인 독서를 추구하는 것도 이 때문이다. 하나님의 사람을 세우는 거룩한 행위기 때문이다. 종합적 사고 역량을 키우는 것도 일반교육의 교육목표와 지향하는 바가 다르다. 하나님의 음성을 듣기 위함이다. 하나님의 뜻을 바로 알기 위함이다. 기독교인에게 있어 읽기는 하나님을 알아 가는 첫 번째 관문이다. 성경 읽기가 없다면 설교는 울리는 꽹과리 그 이상도 이하도 아니다. 신앙교육에 있어 읽기에 대한 분명한 기준을 가져야 한다. 기도하며 독서에 힘써야 할 분명한 이유가 있다.

보통 사람의 프로그래밍에서 벗어나라

오늘날의 교육 시스템은 보통 사람을 목표로 디자인되었다. 탁월한 사람을 세우기 위한 시스템이 아니다. 그렇다고 도움을 필요로 하는 이들을 위한 교육 과정도 아니다. 어디에도 존재하지 않는 '평균적인 존재'를 대상으로 한 교육을 목표로 한다. 보통 사람, 평범한 사람을 양성하기 위한 시스템이다 보니 많은 사람이 소외된 상태로 교육이 진행된다. 뛰어나도 소외받고, 부족해도 소외받는다. 개인의 고유한 재능과 가능성은 무시된다. 교육을 통한 변화와 성숙, 탁월함의 추구도 이루지 못한다.

　신앙교육에 있어서 탁월함의 추구는 중요하다. 성경적 기독교교육은 '평범함'을 넘어서는 과정이어야 한다. 개인을 향해 하나님이 주신 탁월함을 발견하고 추구하도록 돕는 과정이어야 한다. 탁월함의 추구라고 엘리트 교육만을 지향함은 아니다. 우리 각자에게 주어진 고유성을 인정하고 발휘하도록 돕는 교육에 대한 강조다. '나다움'을 이루도록 돕는 교육이 바로 탁월함을 추구하는 교육이다. 우리 모두는 하나님의 형상으로 창조된 존재다. 하나님은 나를 사랑하시며 나를 향한 놀라운 계획을 가지고 계신다. 다른 이들에게 없는, 나에게 주어진 고유한 능력이 있음을 믿어야 한다. 그것은 무엇일까? 하나님의 뜻을 이뤄 가시기 위해 나에게 주신 '하나님의 형상으로서의 능력'은 무엇일까? 그것을 통해 이룰 사명은 무엇인가? 그것을 찾고 세워 가는 교육, 기독교교육의 지향점이어야 한다. 누구도 그것이 무엇인지 분명히 알 수는 없다. 그러기에 기도하며 관심을 갖고 교육에 임해야 한다. 평생에 걸쳐 해결해야 하는 과제다.

가정과 교회의 연합에 성공하라

기독교교육은 일관되고 체계적인 지원이 필요하다. 하나님의 형상 회복의 추구는 프로그램으로 이룰 수 없다. 하나님의 디자인, 커리큘럼에 의한 것이어야 한다. 정해진 요일, 예배 시간만으로 이룰 수 없다. 일상 속에서 매일, 매 순간 진행되어야 한다.

체계적인 커리큘럼을 통해 우수성을 키워야 한다. 일관된 구조적 환경 가운데 지속성을 유지해야 한다. 그러기 위해 필요한 것이 환경 설정이다. 성공적인 신앙교육을 위해 탁월함을 추구하는 분위기를 조성해야 한다. 교회와 가정의 연계 교육은 필수적이다. 교회에서의 신앙교육, 가정에서의 신앙교육이 연동되어야 한다. 주일학교를 통한 신앙교육과 가정에서의 주중 신앙교육에 일관성이 유지되어야 한다. 가정과 교회의 연합은 신앙교육을 위한 최고의 환경 디자인이다.

신앙교육의 의결권을 가져라

자녀들의 신앙교육 주도권은 부모가 가져야 한다. 하나님이 가정을 세우시고 부모를 자녀들의 청지기로 세우셨다. 부모는 신앙교육의 의결권을 소중히 여겨야 한다. 교회와 교육 전문가에게 그 의결권을 내어 주어서는 안 된다. 교회와 목회자, 교육기관과 전문가의 역할은 부모를 돕고 지원하는 데 있다. 교회는 가정을 대신할 수 없다. 부모를 대신하는 것이 목회자의 사명이 아니다. 부모를 지원하여 가정을 세워 가는 일을 돕는 것이 교회와 목회자의 역할이다. 가정과 가정을 연결하는 일도 목회자의 중요한 역할이다. 그렇게 이룬 교회 공동체도 결국 구성원으로서의 부모와 자녀, 가정과 또 다른 가정을 건강하게 세워 가기 위한 하나님의 디자인이다.

성인의 신앙교육도 마찬가지다. 하나님과 자신과의 관계를 바로 세워 가야 한다. 신앙에 대한 주도권을 그리스도인 각자가 가져야 한다. 나와 하나님과의 사이의 중보자는 오로지 예수님뿐이다. 믿음 안에서 올바른 정체성을 세워야 한다. 믿음 안에서 주도적인 그리스도인이 되어야 한다. 그런 이들에게 교회와 목회자의 도움은 더욱 의미 있는 하나님의 손길로 다가온다.

기억하자. 기독교교육적 관점에서 독서교육의 목표는 하나님의 사람을 세우는 것이다. 평범함을 넘어 탁월함을 추구하는 교육이 진행되어야 한다. 다음세대에게 그런 교육을 제공해 주어야 한다.

하나님이 디자인하신 거룩한 독서, 잃어버린 기독교교육 읽기와 쓰기의 회복은 그 일을 위한 초깃값 설정의 과정이다.

신사적인 그리스도인의
다섯 가지 특징

신앙교육의 결과에 대해 생각해 보았는가? 기독교교육을 통해 우리가 목표하는 바는 무엇인가? 세상 속 그리스도인은 어떤 사람으로 변화되어 가야 하는가? 인간지능 독서법은 모든 그리스도인이 지녀야 할 이상적인 모습을 '신사적인 그리스도인'이라 정의한다. 신사적인 그리스도인의 개념은 그리스도인 개인의 신앙생활뿐만 아니라 세상 속 그리스도인으로서의 역할과 자세를 포괄하고 있다. 개인적 믿음을 넘어 하나님의 말씀과 복음의 진리를 기반으로 한 삶의 실천과 태도에 관한 것이다. 신사적인 그리스도인의 특징은 크게 다섯 가지로 정리할 수 있다.

첫째, 변증가이다. 성경을 깊이 연구하고, 이를 바탕으로 세상과 진리에 대해 질문하고 탐구하는 자세를 갖춘 사람이다. 변증가로서의 그리스도인은 맹목적인 신앙인이 아니다. 하나님의 말씀에 대한 깊은 이해와 함께, 세상의 다양한 이슈에 대한 균형 잡힌 시각을 유지하기 위해 노력한다. 변증가로서의 그리스도인은 말과 지식으로만 진리를 증거하지 않는다. 성경의 가르침을 생활 속에서 실천함으로써, 자신의 믿음을 타인에게 설득력 있게 전달할 수 있는 능력을 가진 이들이다. 성경에 대한 깊은 이해를 통해 하나님의 말씀이 현실 세계에서 어떻게 적용될 수 있는지를 고민한다. 이는 세상 속 그리스도인으로 살며 진리를 선포하고 올바른 길을 제시하는 데 필수적인 자세요 능력이다.

둘째, 배타적이지 않은 태도다. 신사적인 그리스도인은 배타적이지 않다. 다양성을 존중한다. 진리를 가진 자로서의 자부심과 동시에, 진리 그 자체가 되려 하지 않는 겸손함을 가지고 있기 때문이다. 배타적이지 않음은 그리스도인이 사회적, 문화적 다양성을 인정하고 수용하는 데서 끝나지 않는다. 이를 통해 하나님의 사랑과 평화의 메시지를 더 넓게 전파할 수 있는 기반을 마련한다. 그리스도인이 다른 사람들의 견해와 생각을 이해하고, 포용한다는 것이 진리를 포기하는 것이 아님을 알아야 한다. 신사적인 그리스도인은 신뢰를 기반으로 한 소통을 통해 서로 다른 배경과 신념을 가진 사람들과 진리 사이의 다리를 놓는 역할을 한다.

셋째, 자기 정부를 세워 가는 사람이다. 자기 정부는 'Self-Government'를 직역한 말이다. 자기 정부를 가진 사람은 먼저, 자신의 삶과 행동을 스스로 통제하고 관리하는 능력을 가진 자요, 예수 그리스도와 복음의 진리를 자신의 삶의 중심에 두고 살아가는 사람을 의미한다. 자신의 삶을 주도적으로 이끌어 가는 사람일 뿐 아니라 삶의 모든 결정과 행동의 기준을 성경의 가르침에 두는 사람을 말한다. 자기 정부는 자기 관리와 자기 통제, 신앙적인 성숙과 성경적 가치에 기반한 삶의 방향성을 확립하는 과정을 통해 세워 갈 수 있다. 그런 그리스도인만이 세상 속에서 중심을 잃지 않고 복음의 빛을 비추는 삶을 살아갈 수 있다.

넷째, 피스메이커이다. 피스메이커로서의 그리스도인은 분쟁의 회피를 넘어 평화를 창조하고 유지하는 역할을 감당한다. 피스메이커는 갈등 상황에서 중재자 역할을 하며, 서로 다른 관점을 이해하고 존중하는 자세를 취한다. 신사적인 그리스도인이 머무는 자리에는 평안과 기쁨이 있다. 문제가 해결되고 다툼이 사라지며 나눔 가운데 하나 됨을 이루며 살아간다. 하나님의 사랑을 구체적인 행동으로 옮기며, 세상 속에서 화합과 평화의 촉진자로서 역할을 수행하는 이들이 바로 신사적인 그리스도인이다.

마지막으로 변화를 만드는 사람이다. 신사적인 그리스도인은 개인의 신앙 성장과 성숙뿐만 아니라, 사회적인 변화를 이끌어 가는 데 있어 중요한 역할을 감당한다. 자신의 믿음과 삶을 통해 주변 세계에 긍정적인 변화를 가져오며, 하나님의 사랑과 진리를 실천하는 사람이다.

이 다섯 가지 특징은 그리스도인이 세상 속에서 복음의 빛을 반영하며, 하나님의 사랑과 정의를 실현하는 데 필수적인 요소들이다. 이는 기독교교육의 궁극적인 목표이며, 모든 그리스도인이 추구해야 할 이상적인 삶의 모습이다. 독서를 이야기하며 목표를 너무 크게 잡은 것은 아닌가 생각하는 이들도 있을 것이다. 그러나 이 길은 필자의 생각이나 바람이 아니다. 인간의 노력만으로 이룰 수 있는 목표도 아니다. 개인의 노력과 신앙 공동체의 지원, 그리고 무엇보다 하나님의 은혜, 인도하심의 손길 가운데 가능하다. 그러나 우리 인간의 첫 번째 목적은 무엇인가? 먹든지 마시든지 무엇을 하든지 하나님을 영화롭게 하는 것이다. 그렇다면 그리스도인의 배움, 그것이 독서일지라도 우리의 목표는 하나님의 뜻을 이루는 것이어야 한다. 하나님을 영화롭게 하는 것이어야 한다. 인간지능 독서법이 이러한 신사적인 그리스도인의 모습을 세워 가는 데 사용되기를 원한다. 똑똑한 그리스도인을 넘어, 신사적인 그리스도인이 되기를 소망한다. 이 일은 기독교 가정과 교회가 협력하며 이루어야 할 모든 그리스도인에게 주어진 과제다.

독서법의 풍요 속에
성경적 독서 커리큘럼은 빈곤하다

책이 곧 권력이던 시대가 있었다. 책은 지배자들과 지식인들의 전유물이었다. 종교에서도 책은 힘이었다. 신의 대리자들에게만 접근이 허용되었다. 일반인은 가끔 책을 낭독하는 시간, 일부의 내용을 접할 뿐이었다.

구전口傳으로 지식과 정보가 전달되던 시대에는 그 내용을 잊지 않고 기억하는 비법을 생명처럼 여겼다. 구전으로 전해져 온 정보가 힘이었으며 돈이었기 때문이다.

종이가 발명되면서 구전되던 내용은 문자화되어 소통되기 시작했다. 구전보다 더 구체적이고 안전했지만 여전히 소수 지도자 사이에서만 거래되었다. 책을 통해 전달되는 삶의 지식과 정보는 그들에게 명예와 함께 부를 가져다주었다. 권력을 잇는 수단이 되어 준 것이다.

　시대는 변했다. 어디를 가도 책이 넘쳐난다. 도서관 수준의 장서를 구비한 가정도 허다하다. 전국의 도서관과 마을의 작은 도서관을 통한 독서 인프라 구축도 어느 때보다 활발히 진행 중이다. 교회 도서관도 그 수만 본다면 결코 적지 않다. 사람들 손에 들려 있는 스마트폰 안에 수십만 권의 'e-book'이 넘쳐난다. 그런데 사람들은 책을 가까이하지 않는다. 그토록 바라고 원하던, 부와 명예와 권력과 사상의 핵심 요소였던 책이 손만 뻗으면 내 것이 되는 세상에 살면서도 그것을 외면하며 살아가고 있다. 생각해 보면 책이 대중 가까운 곳에 있게 된 것은 그리 오래전의 일이 아니다. '풍요 속에 빈곤'이라는 격언은 이런 것을 두고 하는 말일 게다. 도서관이 넘쳐나고 책에 대한 접근성이 이토록 좋아졌지만, 우리 사회는 독서 사회로 발돋움하지 못하고 있다. 예전에는 책이 없어 읽을 수 없었지만, 이제는 책을 옆에 쌓아 두고도 읽지 않는다. 인공지능 시대를 살아가는 오늘, 사람들의 손에 책이 아닌 스마트 기기가 들리면서부터 문제의 심각성은 더해가고 있다.

　책을 읽는 이들에게도 해결해야 할 문제는 있다. 방법과 기술의 문제다. 많은 이가 책을 잘 읽지 못한다. 책을 통해 능력을 키우지 못하는 중요한 이유 가운데 하나다. 우리나라의 문맹률은 매우 낮은 편이다. 교육 수준이 높아지며 읽고 쓰지 못하는 국민의 수는 어느 때보다 적은 상태다. 그러나 문서 독해력에 있어서는 OECD 국가 중 최하위권에 속해 있다. 글은 읽어도 그것을 이해하는 능력은 떨어진다는 것이다. 책을 읽지 않는 것도 문제지만 읽는 이들의 독해 독서 능력에 문제가 있음이 분명하다.

서점에는 독서법에 관한 책들이 넘쳐난다. 효과적으로 책 읽는 다양한 해법을 제시하는 책들이 지금도 쏟아져 나오고 있다. 인공지능 시대가 되었건만 그러한 책들은 항상 베스트셀러 상단을 차지한다. 책을 잘 읽고 싶은 마음에 누구나 한 번쯤은 독서법 관련 책을 집어 들어 보았을 것이다. 안타까운 것은 이와 같은 관심 속에서도 기대만큼의 독서 능력, 사고 능력의 향상을 보지 못해 왔다는 것이다. 왜일까? 이유는 크게 두 가지다. 첫째는 사회 시스템의 문제고, 둘째는 독서법에 대한 전체상, 체계적이면서도 적용하기 쉬운 독서 커리큘럼의 부재다.

먼저, 책 읽는 문화가 자리 잡지 못한 원인은 시스템 문제에서 찾아야 한다. 우리 사회가 독서 사회로 자리 잡지 못한 이유는 개인의 의지 문제만이 아니다. 이 사회는 책 읽기 좋은 환경과 시스템으로 구성되어 있지 않다. 사회는 책을 읽으라고 이야기해 왔지만, 시스템은 책 읽기를 독려하지 않았다. 학교만 해도 그렇다. 초·중·고의 교육 과정 평가는 독서 과정에 대한 역량 평가가 아니다. 교육 과정 목표를 이루기 위해 내용이 정리된 교과서를 잘 기억한 것으로 평가한다. 독서와 학교 성적은 별개의 문제였다. 독서를 많이 한다 해도 학교 성적을 위해서는 다른 노력이 요구되었다.

사람들은 초등학교부터 고등학교까지 12년 동안 학교에 다니며 교과서식 학습과 사고에 길들었다. 교과서가 지식과 정보를 전달하는 체계적이고 효과적인 학습 도구일지는 몰라도 배움의 과정에 있는 사람들에게 스스로 생각하는 능력을 키워 주지는 못했다. 창의적인 아이디어를 끌어내는 마중물도 되어 주지 못했다. 그 과정에 매몰되어 살다 보니 책을 읽으려 하지 않았다. 읽더라도 사고를 필요로 하는 책은 꺼렸다. 교과서 같이 잘 정돈된 쉬운 책들만 읽으려고 한다. 대다수의 사람이 교육 과정과 평가를 위한 시스템에 길든 모습 그대로 사회인이 되어 살아가고 있다.

둘째, 독서를 좋아하는 이들조차 독서 능력 향상이 더딘 이유는 무엇인가? 독서에 대한 전체상이 분명하지 않기 때문이다. 독서가 무엇인지를 제대로 배워 본 적이 없이 무조건 열심히만 읽으려고 하기에 독서 능력이 향상되지 않은 것이다. 독서 능력이 인생의 성패를 좌우한다는 이야기를 책 속에 등장하는 이야기로 치부한 것도 있다. 독서로 변화했다고 자신 있게 이야기할 수 있는 성공 체험이 없는 것도 한몫한다. 독서의 전체상을 알지 못하는 상태에서 독서를 해야겠다는 생각으로 산 것이다. '언젠가 세계 여행은 꼭 가봐야지' 생각하며 매일 똑같은 일상을 사는 것과 같은 이치다. '독서는 중요한 것인데…', '독서를 해야 변화할 수 있는데…' 하면서도 삶의 우선순위에서 독서는 항상 뒷전이다. 그럴수록 실패 독서가 도돌이표처럼 반복된다.

수많은 독서법의 책들도 독서 실패에 일조한 면이 있다. 누구나 책을 더 잘 읽고 싶어 하는 마음에 독서법 책을 집어 든다. 책에서 소개받은 다양한 독서 방법과 기술을 적용해 보고 실천해 보기도 한다. 하지만 번번이 실패를 경험한다. 독서법들이 전체가 아니라 부분만 이야기하고 있기 때문이다.

독서법 관련 책들에서 공통적으로 이야기하는 내용을 정리하면 다음과 같다. 크게 독서 속도, 범위, 발성 유무, 분량과 도서 선정 유무, 독서 수준으로 나뉜다. 읽는 속도에 따라 만독慢讀, 정독精讀, 속독速讀으로 나뉘고, 속독은 가속 읽기와 포토리딩으로 나눌 수 있다. 독서 범위에 따라서는 처음부터 끝까지 훑어 읽는 통독通讀, 부분만 읽는 발췌拔萃 독서가 있다. 발성의 유무로는 음독音讀, 묵독默讀, 낭독朗讀으로 나뉘며, 분량을 따질 때는 다독多讀과 재독再讀으로 나눈다. 도서 선정의 방식에 따라 다양하게 읽는 남독濫讀과 한 방면에 치우쳐서 읽는 편독偏讀이 있다. 주제 중심으로 읽을 것인가, 저자 중심으로 읽을 것인지로 수준을 결정하는 관독觀讀, 책을 덮으며 읽는 엄독奄讀이라는 독서법도 있다.

독서 기술은 크게 초급 기술과 고급 기술로 나눈다. 초급 기술은 사전 활용하기, 메모하기, 밑줄 긋기, 암송하기, 필사하기가 있다. 고급 기술로는 훑어 읽기, 요약하기, 분석하기, 질문하기, 토론하기, 글쓰기 등이 있다. 이외에도 다양한 독서법과 기술들이 독자들을 유혹한다.

독서법 책들이 소개하는 독서 방법과 기술 중 틀렸거나 잘못된 내용은 하나도 없다. 각자의 목표를 이루기 위해 다양한 방법을 제시할 뿐이다. 문제는 그 내용이 멋진 작품으로서의 도자기가 아니라 깨진 사금파리 같다는 것이다. 독서의 전체상이 아닌 정보와 지식의 조각들만 독자들에게 전달되는 일이 반복되어 왔다. 바른 지식이 아닌 부분 지식의 전달에 지나지 않는다는 것이다. 누군가는 스스로 하나하나의 조각을 적용하고 이어 붙여 가며 자신만의 독서법을 만들어 가지만 대부분의 사람에게는 여전히 해결되어야 할 과제다.

전체상은 개념이라는 말로도 바꿔 부를 수 있다. 독서법의 전체상, 그 개념이 그려지면 독자는 독서에서 자유로워질 수 있다. 나를 힘들게 하는 독서가 아니라 나를 변화, 발전시키는 독서를 누리게 된다. 밀려드는 정보와 지식은 더 이상 따로 놀지 않는다. 하나하나의 퍼즐이 맞춰져 가며 완벽한 그림이 완성되어 가듯이 부분적인 정보가 들어와도 질서 잡힌 강력한 지식으로 변화시킨다.

어떤 목표를 이루기 위해 필요한 첫 번째 과제는 '전체 과정의 체계적인 기획'이어야 한다. 기획이란 성공을 위한 요소 어느 것 하나도 누락 없이, 중복 없이 전체상을 그려 내는 과정이다. 가 보지 않은 길을 먼저 가 보는 것이다. 그 길만 따라가면 목표 지점에 도달할 수 있도록 이끄는 지도를 만드는 작업이다. 잘된 기획은 훌륭한 요리의 레시피와도 같다. 레시피를 따라 하면 완벽하지는 않아도 누구나 비슷한 맛을 낼 수 있다. 독서를 통한 자기 계발도 마찬가지다. 성공 독서를 위해서는 여러 요소가 필요한데, 독서법마다 주장하는 내용들이 달라 혼란을 가중시키고 좌절을 선물해 주곤 한다. '정독하라! 다독하라! 필사하라! 질문하라! 낭독하라! 속독하라! 슬로우리딩하라!' 독서법의 다양한 방법과 기술은 많아도 그것을 내 것으로 삼는 데 성공하는 이들은 소수다. 하나하나를 따라 적용해 보지만 그 결과에 만족하는 이가 많지 않고 지속하는 이들은 더욱 부족한 현실이다.

독서법의 홍수 시대에 필요한 것은 정보에 질서를 부여하는 능력이다. 낱개의 정보는 전체상의 일부가 되어야 의미 있다. 명확한 전체상 아래 기술적인 요소를 덧입혀야 성공적인 독서를 할 수 있다. 인간지능 독서법에 담아내려는 내용은 프로그램으로서의 독서가 아니라 체계적인 커리큘럼으로서의 독서다. 전체상을 제시하면서도 구체적인 독서의 방법과 기술을 제시하는 성경적 독서법, 인간지능 독서법이 바로 그 해답이다.

즐거움을 주는 취미 독서
vs 성장을 주는 학습 독서

'독서란 무엇인가?'라는 질문에 정의를 내리는 것은 어려운 일이
다. 모두가 각기 다른 의미와 목표를 추구하기 때문이다. 독서는 그
전제와 목표에 따라 얼마든지 다르게 정의할 수 있다. 하지만 자신
이 내리는 정의에 따라 얻는 것, 보상은 천양지차다.

흔히들 '취미가 무엇인가?' 하는 물음에 '독서'라고 대답한다. 무
난한 대답이다. 진부한 대답처럼 여겨질 때도 있지만 이만큼 고상
한 답변도 드물다.

취미로 책을 읽는 사람들에게 독서는 즐거움이다. 관심이 가는
책을 읽으며 즐거움을 누리는 것이다. 강박증을 가질 필요 없이 시
간이 허락하는 대로 읽으며 행복감을 누리면 된다. 취미로 읽는 독
서에서 굳이 체계성을 찾을 필요는 없다. 취미 독서에서는 즐거움

이 목표 그 자체이기 때문이다. 국어사전에는 취미를 '전문적으로 하는 것이 아니라 즐기기 위하여 하는 일'이요, '아름다운 대상을 감상하고 이해하는 힘'이라 정의한다. 그러기에 즐거움을 방해하는 것들은 취미 독서의 적이다. 세상에 수많은 독서법과 형식이 있지만 즐거움을 누리는 데 방해가 된다면 목표 달성을 가로막는 장애물에 불과하다. 사람마다 기준이 다를 수도 있지만 취미로 읽는 독서가 추구하는 것은 개인의 즐거움이다.

주변에 마라톤을 취미로 하는 사람들이 늘어나고 있다. 자전거를 취미로 타는 사람도 많다. 그들에게 마라톤을 하는 것과 자전거를 타는 행위는 즐거움이고 행복이다. 누가 시켜서 하는 것이 아니다. 뜯어말려도 한다. 즐겁기 때문이다. 즐거움이 없는 취미는 아무런 의미가 없다.

그러나 직업으로 할 때는 다르다. 마라톤과 자전거 타는 것이 직업이면 바라보는 시각과 태도가 변한다. 목표가 다르기 때문이다. 이제는 즐거움만을 목표로 할 수 없다. 인기와 명예, 변화와 성장이라는 목표가 뒤따른다. 실력을 향상시켜 성과로 연결 지어야 한다. 경쟁에서 승리하는 목표도 필요하다.

취미로 마라톤을 하고 자전거를 탈 때의 기준은 자신의 마음에 있다. 자기 마음대로 기준을 정한다. 의결권을 자신이 가지고 있기에 그렇다. 그러나 직업으로 삼으면 상황은 달라진다. 자기 마음대로 할 수 없다. 프로무대라면 더 치열한 경쟁을 벌여야 한다. 매일

극한의 고통을 겪으며 훈련을 해야 한다. 경쟁에서 이기고 자신의 실력을 인정받아야 살아남을 수 있기에 속이 뒤집어지는 육체의 한계점, 그 임계점을 매일 경험하며 일상을 살아간다. 물론 즐겁다. 그러나 그 즐거움은 고난이라는 강을 건너 도달한 목적지에서 누릴 수 있는 보상이다. 고통과도 같은 경주에서 승리할 때 주어지는 결과이다. 중간에 포기하거나 패배할 때는 마냥 즐거워할 수가 없다. 자신과 가족의 인생이 달려서다. 자기 존재감과 삶의 의미도 성취감에서 생성된다.

추구하는 목표에 따라 받아들이는 결과와 의미가 달라지는 것은 독서에도 그대로 적용된다. 독서가 취미인 이들에게 독서는 약간의 지적 호기심을 채우는 도구이다. 잠시 즐거움을 줄지언정 자신을 변화시키는 핵심 키워드는 되지 못한다. 여기서 변화란 독서를 통해 수용되는 지식과 생각하는 능력이 달라져 가며 꿈에 가까이 다가갈 수 있는 과정의 진보를 말한다. 시인이자 극작가인 에드워드 B.리튼은 "목적이 없는 독서는 산보일 뿐이다"라고 이야기한다. 취미를 넘어서는 독서 목적을 세우는 순간 더 나은 삶의 변화가 가능하다는 의미로 해석할 수 있다. 목적이 부재한 독서는 오늘보다 나은 내일을 기대하게 만들 수 없다는 것이다.

독서는 수많은 학습 도구 가운데 인생을 변화시키는 최선의 과정이며 탁월한 수단이다. 사고력을 기르고 문화를 계승 발전시키는 일에 있어서도 빼놓을 수 없는 수단이 된다. 지식과 정보를 습득하고 그것을 재료 삼아 새로운 창작물을 만드는 데 독서만큼 효과적인 것은 없다. 물론 독서 목적을 분명히 하는 사람이 얻는 효과이다.

독서로 보다 나은 미래를 기대하려면 올바른 수용과 표현 과정을 거쳐야 한다. 무엇을 읽었다는 것 자체가 올바른 배움을 보장해 주지는 않기에 그렇다. 무작정 읽는 것이 아니라 효과적으로 읽어야 한다. 의문을 가지고 읽고, 텍스트를 깊이 생각하며, 그것을 자기 인생에 어떻게 지혜로 덧입힐지 사색하며 깨달음을 얻어야 한다. 깨달음 없는 지식은 무용지물이다. 어떤 것도 변화시킬 수 없기에 그렇다. 취미 이상의 목적을 품고 독서를 해야 하는 여러 가지 이유 중 한 가지이다.

독서는 본래 취미 영역 이상의 것이다. 작가가 심혈을 기울여 구축해 놓은 것을 수용하고 받아들이는 행위는 취미를 넘어서는 일이다. 텍스트를 확장해 사고 능력을 키우고, 자기 삶의 변화를 추구하는 것은 취미 차원일 수 없다. 취미는 선택의 문제지만 삶의 변화를 추구하려는 의도가 조금이라도 있다면 독서는 학습의 과정이며 의무적으로 수행해야 하는 필수 요건이라 할 수 있다.

그럼에도 많은 사람이 취미성 독서에 집중한다. 삶의 변화를 끌어낼 수 있는 학습성에는 큰 관심을 두지 않는다. 그러면서 이렇게들 말한다. "독서는 자연스러워야 한다", "독서는 억지로 하면 안 된다", "독서는 학습이 아니라 쉼이다." 이런 말을 하게 된 배경을 자세히 들여다보면 "독서가 삶을 변화시키는 탁월한 도구라는 것은 인정한다. 그러나 독서로 실제 삶을 변화시키는 경지에 이르기는 너무 어렵다"라고 전제한다. "그 어려운 독서에 도전하는 것 자체만으로도 소중한데 부담을 주면 독서의 길에서 멀어지게 되니 취미 독서만으로도 만족하자"라고 하는 것이다.

위와 같은 말은 어찌 보면 감동적이다. 그렇지만 감탄을 끌어낼 수는 없다. 인공지능 시대에 인간의 고유한 능력을 향상시키고 영향력을 유지하기 위해서는 취미 독서를 넘어 학습 독서의 영역으로 나아가야 하기 때문이다. 독서는 해도 되고 안 해도 되는 취미가 아니라 필수적으로 해야 하는 영역이라는 것이다.

배움의 과정에서 최고 수준의 독서를 요구하는 곳은 대학이다. 요즘의 학사는 취미 독서만으로도 무난히 취득할 수 있다. 그러나 석·박사 과정에서는 독서 능력이 절대적으로 요구된다. 교양을 넘어 연구 가능한 수준의 독서 능력이 필요하다. 독서의 양과 질이 결과물에 막대한 영향을 준다.

전문적인 학습과 관련된 독서는 연구 독서 수준이다. 그 과정은 외롭고 고되다. 지난한 시간 동안 견디고 버티며 읽고 정리하고 체계화시켜야 한다. 혹독하기까지 한 과정을 이겨 내는 사람은 그에 걸맞은 보상을 거머쥔다. 어떤 보상은 평생토록 배경이 되어 주기도 한다.

이어령 교수는 한 신문과의 송년 인터뷰에서 아이들의 독서에 대해 언급하며 다음과 같이 말했다.

"아이들에게 '나비야 나비야 이리 오너라'만 가르치고, 동화만 읽혀서는 안 됩니다. 명작과 고전을 읽혀야지요. 인간의 뇌는 어려운 것에 자극됩니다."

아이들뿐이겠는가? 성인이 되어 직장생활하는 이들에게 있어서도 취미 독서 이상의 학습 독서, 연구 독서가 필요하다. 자신의 뇌에 자극을 주고 일상에 변화를 줄 수 있는, 차원이 다른 독서를 경험해야 한다. 재미있는 베스트셀러만 골라 읽는 독서 습관에서 벗어나 목적과 목표가 있는 높은 수준의 독서에 도전해 보라. 자신의 뇌를 자극하는 것을 넘어 자기 삶에 큰 변화를 가져오게 될 것이다.

언제부턴가 연예계에 연습생 제도가 자리 잡기 시작했다. 초, 중등 시절부터 연예기획사에 연습생으로 들어가 짧게는 3-4년, 길게는 10년 동안 가수가 되기 위해 준비한다. 음악의 기초부터 심화 과정까지 마스터하며 노래 연습을 일상적으로 이어 간다. 춤과 연기를 병행하기도 한다. 경쟁력을 갖추기 위해 혼신의 노력을 기울인다. 목표를 달성하기 위해 먹고 싶은 것을 참는다. 친구를 만나는 것, 여행을 가는 것 등 일상의 시시콜콜한 자유도 포기한다. 그것이 싫어서가 아니다. 정말 하고 싶은 일들을 위해 지금 하고 싶은 것들을 잠시 미뤄 두는 것이다. 심리적이고 육체적인 한계를 매일 느끼면서도 연습생 생활을 이어 가며 어려운 과제들을 소화하기 위해 노력한다.

연습생들도 노래와 춤, 연기를 취미로 할 때가 있었을 것이다. 누구보다도 재능이 많아 칭찬도 받고 인정도 받았을 것이다. 그러나 연습생으로서 그들에게 주어지는 것은 칭찬보다는 실수에 대한 지적과 모멸감에 가까운 질책뿐이다. 그러면서도 뼈를 깎는 노력을 하는 이유는 그들 나름의 목표가 있기 때문이다. 모두는 아닐지라도 그 과정을 견디고 참아 내며 잘 준비된 자에게는 돈과 명예, 인기, 또 다른 기회가 주어진다.

공부와 독서를 통한 인생의 성공을 이야기할 때 빠지지 않고 등장하는 민족이 있다. 바로 유대인이다. 그들의 업적은 노벨상으로 증명되었다. 전 세계 인구의 0.2%에 지나지 않지만 노벨상의 22%를 차지했다. 미국 명문 아이비리그의 유대인 학생 비율은 23.6%이다. 하버드대학교와 펜실베니아대학교는 30%가 넘는다. 세계를 주도하는 대부분의 영역에 유대인이 자리하고 있다.

비율의 수치를 가지고 반론을 제기할 수 있지만, 유대인의 영향력에는 누구도 이의를 제기하지 않는다. 인터넷 서점에서 유대인을 검색하면 국내 도서만 450개가 넘는다. 그중 두 권은 내가 쓴 책이다. 사람들이 유대인과 유대 교육에 관심을 많이 가지기 때문에 수많은 책이 나와 있는 것이다.

유대인들의 무엇이 오늘의 결과를 만들어 내었을까? 우리와 다른 점은 무엇이 있을까? 어떤 요인들이 기나긴 고통의 세월을 견디고 세계에 영향력을 끼치는 민족으로 거듭나게 했을까? 크게 세 가지로 요약할 수 있다.

첫째, 토라를 중시하는 유대인의 쉐마가 모든 교육의 출발이요 능력의 원천이다.

둘째, 질문과 토론을 중시하는 하브루타 교육이 차별성을 만드는 핵심이다.

셋째, 밥상머리 교육으로 불리는 가족 중심 교육과 균형 잡힌 공동체 역사 교육이 오늘의 유대인을 만들었다.

유대인들은 다른 민족과 달리 독특한 전제로 모든 것이 출발했음을 발견하게 된다. 유대인들은 교육과 학습을 종교의 토대 위에서 시작했다. 배움의 모든 과정은 선택 영역이 아닌 신앙의 표현이었다. 필수적 요소인 것이다. 대표적인 예가 쉐마다. '이스라엘아 들으라'라는 뜻의 쉐마는 성경의 신명기 6장 4-9절 이야기다. 신앙의 대상인 여호와 하나님의 명령인 동시에 그들의 신앙고백과도 같은 구절이다.

"이스라엘아 들으라 우리 하나님 여호와는 오직 유일한 여호와이시니 너는 마음을 다하고 뜻을 다하고 힘을 다하여 네 하나님 여호와를 사랑하라 오늘 내가 네게 명하는 이 말씀을 너는 마음에 새기고 네 자녀에게 부지런히 가르치며 집에 앉았을 때에든지 길을 갈 때에든지 누워 있을 때에든지 일어날 때에든지 이 말씀을 강론할 것이며 너는 또 그것을 네 손목에 매어 기호를 삼으며 네 미간에 붙여 표로 삼고 또 네 집이스라엘은 A.D. 70년, 로마에 의해 멸망한다. 그리고 추방당한다. 1948년, 이스라엘이 건국을 선언하기까지 1,900여 년을 디아스포라로 전 세계에 흩어져 살았다. 결코 평안할 수 없는 삶의 연속이었다. 그럼에도 유대인들은 회당을 중심으로 신앙을 지켜 나갔다. 가정을 중심으로 신앙교육을 이어 가며 유대 문화와 종교적 정체성을 지켰다. 책을 읽으며 다시 일어설 날을 기대하며 지혜를 연마했다. 유대인들에게 독서는 취미가 아니었다. 신의 명령이었다. 해도 되고 안 해도 되는 것이 아니라 목숨을 걸고 해내야 하는 필수요소였다. 그리고 그것이 그들의 원함이었다. 오늘의 유대인을 만든 힘이 바로 여기에 있다.

사람들은 모두 영향력 있는 사람이 되고 싶고 성공을 원한다. 그러나 그 목표에 걸맞은 노력과 대가를 지불하는 것은 소홀히 여긴다. 독서에 있어서도 다르지 않다. 책만 읽는다고 모든 것이 해결되는 것은 아니다. 그렇지만 목표가 분명한 자는 독서를 그저 그런 취미 중 하나로 여기지 않는다. 삶의 목표를 이루기 위해 꼭 필요한 영역임을 알고 다양한 기술을 덧입혀 독서에 힘쓴다. 선택 영역이 아닌 해결해 내야 하는 과제인 것이다.

독서로 삶을 변화시키길 원하는가? 그렇다면 취미 독서에서 학습 독서로 변화를 모색하라. 해도 되고 안 해도 되는 것이 아니라 할 수밖에 없는 의무인 동시에 원함이 되도록 하라. 즐거움을 넘어서 탐구하고 연구하는 독서의 학습성을 추구하라. 바로 그 노력 뒤에 독서의 위대함이 숨어 있다. 학습 독서의 고통은 잠시 맛보겠지만 취미 독서와는 차원이 다른 즐거움과 보상, 평생 누리는 축복을 선물로 받게 될 것이다.

보고 듣고 읽고 쓰는 것의
질을 높이는 아홉 가지 방법

변화하는 세상에서 빛과 소금이 되기 위해 크리스천의 보고, 듣고, 읽고, 쓰는 것이 달라져야 한다. 이 말은 삶의 모든 영역에서 태도가 달라야 한다는 말과 같다. 크리스천으로서 전반적인 생활을 새롭게 디자인해야 한다. 하나님의 형상으로 창조된 전인으로서의 존재가 되기 위해 필요한 것이 무엇인지 살펴야 한다. 그중에서도 배움의 과정을 살펴야 한다.

율곡 이이는 학문을 특별한 것이 아니라 일상생활의 일부라고 말했다. 그는 대다수의 사람이 학문을 높고 먼 것으로 생각한다고 했다. 특별한 사람들이 하는 것이라 판단하여 뒤로 미루고 자포자기한 모습을 보며 가슴 아파했다. 『격몽요결』은 이 문제를 생각하며 율곡이 쓴 책이다. 이 책에서 그는 뜻을 세우고입지 낡은 습관을 개혁하며혁구습 몸을 가다듬을 것지신을 강조한다. 이어서 배움과독서장 사람을 대하고접인 세상을 살아가는 방법처세에 이르기까지의 내용을 열 개의 장으로 나누어 설명하고 있다.

그는 전인이 되기 위한 아홉 가지 사고 습관과 아홉 가지의 행동 습관도 제시한다. 율곡이 제시하는 아홉 가지 사고 습관, 구사九思는 크리스천의 전인 독서를 위해서도 필요한 훈련이다. 일상에서 훈련된 사고 습관은 독서를 통해 지식을 수용하고 체화하는 데 있어서도 쓸모 있는 생각 근육으로 활용되기 때문이다.

첫째, 시사명視思明이다. 사물과 사건을 보고 인식함에 있어 명확하게 보기 위해 생각하는 태도다. 명확하게 본다는 것은 자세히 보고 세밀細密하게 보는 것이다.

둘째, 청사총聽思聰으로 다른 사람의 이야기나 정보를 들어 수용할 때 총명하게 듣기 위해 생각해야 함을 강조한다. 듣기에 정확精確할 것을 요구한다.

셋째, 색사온色思溫이다. 태도와 표정에 대한 강조다. 대인관계에서 반응할 때 온화함과 따뜻함을 담아 표현할 것을 생각해야 한다.

넷째, 모사공貌思恭이다. 용모는 단정하고 태도는 공손恭遜해야 한다.

다섯째, 언사충言思忠으로 발언은 충실忠實할 것을 강조한다. 말을 함에 있어 자신의 주장이 진실한 것인지, 사실에 근거한 것인지에 대해 생각하며 발언할 것을 요구한다.

여섯째, 사사경事思敬이다. 일을 진행할 때는 성실하게 집중集中할 것을 생각하며 임해야 한다.

일곱째, 의사문疑思問으로 의문이 있으면 항상 질문質問할 것을 생각하라는 뜻이다.

여덟째, 염사난念思亂이다. 감정을 드러낼 때도 신중愼重하게 생각하여 감정 표현 이후의 일을 염두에 두어야 한다.

아홉째, 견득사의見得思義로 일을 진행하다 보면 이익을 위해 힘쓰고 득이 되는 일에 집중하는 경우가 많다. 이때 추구하는 이득이 정당正當하고 의로운 것인지에 대해 생각하며 일을 진행하라는 뜻이다.

율곡 이이가 일상 속에서 생각해야 할 것으로 강조했던 구사九思를 요약하면 다음과 같다.

보기에 세밀細密할 것 - 시사명

듣기에 정확精確할 것 - 청사총

표정은 온화溫和할 것 - 색사온

태도는 공손恭遜할 것 - 모사공

발언은 충실忠實할 것 - 언사충

일에는 집중集中할 것 - 사사경

의문은 질문質問할 것 - 의사문

감정에 신중愼重할 것 - 염사난

이익은 정당正當할 것 - 견득사의

율곡의 주장처럼 전인 독서에서 중요한 것은 일상이다. 일상을 벗어난 프로그램으로는 능력을 세우기 힘들다. 일상 자체가 배움이 되도록 해야 한다. 일상을 채우고 있는 반복되는 생활의 모든 것을 점검해야 한다. 하루 10분 독서, 성경 1년 일독의 비전으로는 충분치 않다. 일주일에 한 번 모이는 주일학교의 예배, 성경공부로도 충분치 않다. 교회와 가정, 학교, 직장에서의 모든 일상이 배움의 과정임을 알아야 한다. 세계가 우리의 교실이자 학습실이 되어야 한다. 그 시간을 가치 있게 만들기 위한 준비가 필요하다.

전인을 세워 가기 위해서는 일상이 새롭게 기획되어야 한다. 그러기 위해 현재를 살피는 일이 중요하다. 그리고 그 일상에 변화를 주어야 한다. 책상 위에서 진행되는 변화만이 아니라 매일의 삶 속에서 변화를 추구하는 것이 전인 독서의 목표다.

전인 독서는 그냥 그런 독서 프로그램이 아니다. 책을 많이 읽다 보면 주어지는 어떤 결과를 기대하는 것이 아니다. 읽는 태도가 달라야 한다. 내용이 달라야 한다. 방법이 달라야 하며 구체적인 기술도 다른 것이어야 한다. 마음 가는 대로 읽어서도 안 된다. 목표가 분명하기에 계획적으로, 집중적으로 보아야 한다. 그러면서도 균형을 잃지 말아야 한다.

일상을 점검하고 변화를 주자. 무엇을 듣고 있는가? 왜 들었는가? 어떻게 들었는가? 무엇을 읽어 왔는가? 왜 그것을 읽었는가? 어떻게 읽어왔는가? 누구를 만나고 있는가? 가족 이외의 진행되는 반복적인 만남을 체크하자. 왜 그들과 함께하는가? 그들과 무엇에 대해 이야기하는가? 함께 추구하는 것은 무엇인가?

전인 독서는 책 읽기 능력만을 세워 가는 과정이 아니다. 하나님의 사람을 세워 가는 과정이다. 하나님이 창조하신 세상으로 보냄받은 사명자의 역할 감당의 자리요, 그 축복을 누리는 시간이다.

전인 독서를 추구하라

인공지능 시대를 이길 덧뿌는 인간지능이다. 인간지능을 세우는 구체적인 방법으로 독서만큼 효율적이고 효과적인 것은 없다. 제대로 된 독서를 할 수 있다면 어떤 흔들림에도 견고하게 설 수 있다.

독서를 통해 삶의 변화를 꿈꾸려면 독서에 대한 자신의 정의를 확인해야 한다. 무언가에 대한 정의는 태도를 결정한다. 독서에 대한 자기 정의에 따라 독서는 사람들에게 각기 다른 의미로 다가온다. 단순히 책을 읽는 행위에 지나지 않을 수도 있지만, 어떤 이들에게는 삶을 변화시키고 바라는 목표를 이루는 핵심 수단이 될 수도 있다. 책 읽기가 하나님을 영화롭게 하는 그 자체일 수도 있다. 모든 크리스천에게 독서는 그러해야 한다고 필자는 생각한다.

이 책의 목표는 분명하다. 독서를 삶의 변화를 위한 도구요 수단으로 삼고자 하는 이들을 돕기 위한 것이다. 나와 자녀를 하나님의 사람으로, 가정과 교회를 하나님의 공동체로 세워 가는 데 독서는 선택지가 아님을 알리는 것이다. 목표가 분명한 이들은 이 책을 통해 이제까지와는 다른 독서의 큰 그림을 발견하게 될 것이다. 인공지능 시대를 이길 뎃뽀로서의 구체적인 제언들도 마주하게 될 것이다. 무엇보다 신앙의 문제 해결과 크리스천의 비전 설계에 있어 신앙적 읽기의 회복이 왜 필요한 것인지에 대한 해답을 찾게 될 것이다.

인간지능으로 인생의 내진 설계를 제대로 하려면 전인 독서를 추구해야 한다. 전인의 사전적 정의는 '지·정·의를 모두 갖춘 사람'이다. '결함 없이 완전한 사람'을 뜻한다. 독서를 통해 지·정·의가 균형 잡힌 사람을 세우는 것이 전인 독서의 목표이다.

전지전능全知全能은 하나님의 존재, 속성을 가장 잘 설명하는 말 중 하나다. 모든 것을 알고 모든 것을 할 수 있다는 이 말만큼 하나님을 잘 설명해 주는 말도 없다. 전인 독서에서 추구하는 방향성 또한 전지전능이다. 독서를 이야기하며 무슨 전지전능인가 의문을 품는 이들도 있을 것이다. 그렇지만 인간지능 독서법에서 독서를 대하는 태도는 '결함이 없는 완전한 사람'을 세울 수 있다는 인식의 전환으로부터 출발한다. 물론 인간은 결코 전지全知할 수 없다. 전능全能할 수 없음 또한 알고 있다. 그러나 이러한 높은 추구는 결코 특별한 것이 아니다. 돌아보면 사람들은 누구나 전지전능을 꿈꾼다. 모든 인간은 그럴 수 없다는 걸 알면서도 전지전능하기 위해 몸부림치고 있다. 완벽은 아닐지라도 자신이 속한 분야에서 누구보다 온전한 지식과 능력을 소유하기 위해 힘쓴다. 그렇게 노력하여 어느 정도의 성취를 이룬 사람들을 향해 우리는 이렇게 말한다.

"저 사람은 모르는 게 없어!", "도대체 못 하는 게 뭐야?", "그에게 불가능은 없어. 하고자 하는 것은 모두 해내고야 말아", "인간이 아닌 것 같아. 어떻게 저렇게 완벽할 수 있지?"

전지전능할 수 없기에 전지전능을 꿈꾼다는 이 역설은 인간지능의 자연스러움이다. 전인 독서는 인간의 욕망과 욕심이라는 차원이 아닌 해결해야 할 과제로 전지전능을 바라본다.

현재 우리의 인간지능은 만족할 정도로 훈련되고 계발되지 않았다. 하나님의 형상으로 창조된 존재로서 바라본다면 우리의 오늘은 만족스럽지 않다. 감사하지 않음이 아니다. 죄로 인해 일그러진 우리의 현실에 대한 바른 인식이다. 여전히 그 올무에 걸려 제대로 감당하지 못하는 크리스천으로서의 사명을 전제한다면 우리가 회복해야 할 하나님의 형상은 기도의 제목이요 해결해야 할 과제다. 그렇기에 오늘보다 나은 앎과 능력을 세워 가는 것은 모든 크리스천의 과제이며, 가능성이다. 그 목표를 추구해 가는 마중물로 독서는 하나님이 허락하신 선물이다. 교만이 아니다. 하나님의 큰일을 위해 한 사람의 지체로서 감당해야 할 작은 일이다.

크리스천으로 독서의 정의를 확인하고 새롭게 정의해야 한다. 목적과 목표, 새롭게 정의 내린 전인 독서로 나를 훈련시키고 능력을 업그레이드해야 한다. 인간지능 독서법, 전인 독서를 통해 하나님의 형상 회복을 위한 기도, 노력에 더욱 힘써야 한다. 하나님이 맡기신 우리 인생의 내진 설계를 더욱 견고히 하도록 힘써야 한다.

인간지능 독서법으로
교회교육을 디자인하라

독서를 통해 얻고 싶은 궁극적인 결과는 무엇일까? 사람마다 다양한 결과를 얻기 위해 책을 읽는다. 무료함을 달래기 위해, 또는 할 일이 없어 독서를 선택한 사람도 있겠지만 변화를 위해 책을 읽는 경우가 많다. 어제와 다른 생각, 지식, 감정, 행동, 삶의 변화를 위해 책을 선택한다. 한 권의 책을 읽으려면 짧지 않은 시간을 투자해야 하지만 기꺼이 그 시간을 할애한다. 그럼에도 불구하고 원하는 결과를 이루어 내기는 힘든 경우가 많다. 자기의 삶뿐만 아니라 자녀교육, 누군가를 가르치는 자리에 있는 사람도 독서로 변화를 이루어 내는 일은 만만치 않다. 이유가 무엇인가. 왜 결과 없는 독서가 계속되는 것인가.

　우리는 어렸을 때부터 읽기를 배우고 연습한다. 급한 부모는 어린

이집에 들어가기도 전에 읽기를 가르친다. 유치원에서는 읽고 쓰기까지 한다. 국어뿐만 아니라 한자에서부터 영어까지 다양한 언어를 배운다. 초·중·고 공교육 12년의 배움의 과정은 읽기를 배우고 연습하는 과정이다. 그런데도 읽기 능력이 향상되지 않음을 우리는 안다. 수십 년을 배우고 연습했지만, 결과는 만족스럽지 못하다. 배우는 입장에서는 가르치는 사람이 문제라고 말할 수 있다. 제대로 가르쳐 주지 못하니 효과적으로 배울 수 없었다고 하소연할 수 있다.

모든 사람은 성공을 추구한다. 성공은 계획한 '그 일을 이루는 것'이다. 관계의 성공을 꿈꾸고, 사업의 성공을 꿈꾼다. 아주 작은 계획부터 큰 계획에 이르기까지 성공을 추구하며 오늘을 산다.

독서를 함에도 누구나 성공 독서를 꿈꾼다. 독서가 주는 유익을 알기에 저마다 입장대로 계획을 세우고 진보進步를 꿈꾼다. 그러나 아쉽게도 독서에서 성공하는 사람들은 그리 많지 않다. 독서를 통해 과정의 진보를 경험하는 이들도 많지 않은 편이다. 누구나 다 하지만 누구나 만족할 만큼의 성취를 얻지 못하는 독서의 세계, 어디서부터 출발해야 할까?

결과 없는 독서에서 벗어나 과정의 진보 경험하기

인간지능 독서법은 책을 읽지 않는 오늘의 현실을 문제로 보고 있다. 책을 읽을지라도 독서를 통해 참다운 변화, 능력의 성장과 진보를 이루지 못하는 상황도 해결해야 할 과제로 여긴다. 이미 도래한 인공지능 시대에 어떻게 반응하고 준비해야 하는지에 대해 답을 찾지 못한 것도 해결할 과제로 보고 있다.

인간지능 독서법은 이러한 문제를 해결하기 위한 마스터키에 대한 이야기다. 따라서 이 책에서는 현실적인 고민거리에 대한 구체적인 대안을 독서로 어떻게 풀어 갈 것인지를 담았다. 무엇보다 교회교육, 신앙교육 차원에서의 독서 전체상, 변화와 성숙을 이루는 체계적인 독서 커리큘럼을 디자인해 가는 일에 집중했다.

인간지능 독서법은 독서가 중요한 것임을 강조하는 데서 끝나지 않는다. 실제 능력을 키우는 실현 가능한 독서법이 되도록 기획했다. 그렇다고 독서의 모든 방법과 기술을 담지는 않았다. 그러기 위해 노력하지도 않았다. 그보다는 수많은 독서법 책에서 소개하는 독서 방법과 기술을 인간지능 독서 알고리즘에 담을 수 있도록 패턴화된 독서의 전체상을 디자인하는 데 집중했다. 인간지능 독서법을 읽고 소화하면 자신에게 이미 수용된 독서 지식과 정보가 정리되는 경험을 하게 될 것이다. 더 나아가 그 정보와 지식이 체계화되어 의미 있는 결과를 도출해 내는 데 밑거름으로 작용하는 경험도 할 수 있다.

이 책에서 제시하는 방법 가운데 지금까지 한 번도 들어 보지 못한 독서법이 등장할 수도 있다. 그러나 의심할 필요가 없다. 그것은 이 세상 모든 독서법 정보와 지식을 융합하고 체계적인 패턴으로

인간지능 독서법

112

재창조한 통전적인 독서법이기 때문이다. 또한 각 독서법이 독립적인 가치를 지니면서도 유기적으로 연결되어 있다. 순서를 따라가면 좋지만 자신의 판단에 따라 부분을 발췌해 적용해도 전혀 문제 될 것이 없다.

인간지능 독서법을 적용해 본 사람마다 '할 만하다'라고 이구동성으로 말한다. 그럼에도 이 책에서는 실전 전략과 그에 따른 지침도 마련해 줄 것이다. 책에서 전하는 메시지대로 시도하다 보면 '이 정도는 나도 할 수 있겠는데! 이대로 진행하면 지금까지와는 다른 독서의 결과를 마주할 수 있겠구나!'라는 생각이 들 것이다. 자신감을 갖게 해 변화를 이끌어 내는 것이 이 책의 최대 장점이다.

인간지능 독서 알고리즘은 1단계 독서 동기 디자인Motivation of Reading, 2단계 독서 태도 디자인Attitude of Reading, 3단계 독서 내용 디자인Contents of Reading, 4단계 독서 방법 디자인Method of Reading, 5단계 독서 기술 디자인Skill of Reading, 6단계 독서 앵커 디자인Anchor of Reading으로 구성되어 있다.

인간지능 독서법의 여섯 가지 알고리즘

하나, 독서 동기 디자인 - 동기부여 독서법

동기를 갖는 것은 모든 일의 시작이다. 어떤 일이든 동기부여 없이 시작하는 것은 효과적이지도, 효율적이지도 않다. 좋은 결과를 낼 수도 없으며, 그 일에서 행복감을 느낄 수도 없다. 동기부여 독서법을 통해 책을 읽어야만 하는 분명한 이유를 갖게 된다면 '시작이 반이다!'라는 말이 실감 날 것이다.

둘, 독서 태도 디자인 - 전인 독서법

독서의 목표를 분명히 하고 과정의 질을 높여 균형 잡힌 전인을 만들어 가는 것을 목표로 제시한다. 독서는 원래 즐거운 것이지만, 그저 감성적이고 심리적인 즐거움에 머무는 취미 독서를 넘어선, 차원이 다른 즐거움의 세계가 있음을 강조한다. 인공지능 시대의 중심에서 하나님의 사람들이 세상을 변화시키는 사명을 감당하도록 도울 것이다. 신앙교육, 배움의 과정을 설계하고 성장을 이루는 데 도움이 되는 과정을 제시하고자 한다. 전인 독서법을 통해 신앙교육의 질을 높여 가는 독서의 새로운 목표를 제시한다.

셋, 독서 내용 디자인 - 십진분류 독서법

어떤 책을 읽어야 하는가에 대한 전체상을 제시한다. 도서관의 서가 분류 시스템인 십진분류법을 활용한 독서법은 지금까지 진행해 온 독서의 경향성을 살펴볼 수 있는 탁월한 도구가 되어 준다. 무엇보다 하나님이 창조한 세계로 행진하는 도구로 십진분류를 활용한다. 2단계 독서 태도 디자인의 목표인 전인으로 변화해 가는 일에 구체적인 마중물이 되어 준다. 인공지능 시대는 한 가지 직업을 평생직장 삼아 살아갈 수 없다. 지금까지는 두 마리 토끼를 잡으려는 것을 한 가지에 집중하지 못한다고 부정적인 시각으로 바라보았다. 그러나 인공지능 시대는 다양한 영역에서 영향력을 나타낼 수 있는 인재를 요구한다. 십진분류 독서법을 통해 신앙교육의 지평을 넓혀 가는 기회를 갖게 될 것이다. 나의 독서 이력을 살펴봄으로써 오늘의 자신을 있게 한 프로세스가 무엇인지 확인할 수 있게 해 준다. 자신의 현재를 바로 알 때, 이후 나아갈 구체적인 방향을 설계하는 계기도 마련할 수 있다.

넷, 독서 방법 디자인 - 박이정 독서법

십진분류 독서법의 실행 독서법이다. 십진분류 독서법을 통해 교양 독서의 큰 그림을, 박이정 독서를 통해 학습 독서와 연구 독서로 나아가는 지침을 제공할 것이다. 독서의 수준을 높여 가며 교양 지식뿐 아니라, 전문적인 지식과 능력을 소유하는 방법을 제시한다. 전문가로서 자신을 바로 세우는 독서 방법인 동시에 두세 마리 토끼를 함께 잡을 수 있는 독서법이다. 십진분류의 방대한 내용 중에서 관심사를 따라 독서의 질을 높여 가면 된다. 박이정 독서법은 과정이 전개되어 갈수록 그 힘을 더해 간다.

다섯, 독서 기술 디자인 - 트리비움

모든 독서 활동의 실행 체계다. 아는 것이 힘이라고 했던가! 트리비움 독서법에서는 아는 것의 힘에 더해, 시대를 선도했던 이들이 공통적으로 지녔던 '알아내는 힘'을 어떻게 키워 갈 것인지에 대해 구체적인 로드맵을 제시한다. '배우는 방법을 배우는 학습법'에 대한 안내다. 자신의 사고체계를 점검하고 인지하는 사고 훈련 독서법이다. 생각이 무엇이며 사고의 작용이 어떻게 이루어지는지 이야기한다. 누군가 알아낸 사실을 배우는 독서에 머물지 않는다. 훌륭한 지식을 뛰어난 방법으로 기존 지식과 연결 지어 가며 새로운 세계를 창조해 내는 인간지능의 원천 기술, 하나님의 형상으로 창조된 인간에게 하나님이 부여하신 능력 '트리비움'을 소개한다.

여섯, 독서 앵커 디자인 - 아웃풋 독서법

앵커Anchor란 바다에 배를 정박할 때 사용하는 닻을 의미한다. 닻은 항해를 마치고 항구로 들어온 배를 고정하는 장치다. 흐르는 파도에 떠밀려 가지 않도록 배를 붙잡아 준다. 앵커는 작지만 커다란 배의 안전에는 필수적인 도구다.

　앵커 독서는 성공 독서를 위한 마무리 과정이다. 독서를 통해 배운 내용을 온전히 자신의 것으로 체화하는 과정이다. 책을 읽는 궁극적인 목적은 내용을 있는 그대로 수용하는 데 있지 않다. 수용과 이해, 표현의 과정을 통해 자신만의 생각을 정립해 가는 데 있다. 말하기, 질문하기, 글쓰기 등 다양한 앵커 독서, 아웃풋 독서법을 활용하면 수용된 정보와 지식이 자신만의 독창적인 지식으로 재창조되어 가는 과정을 경험할 수 있게 된다. 앵커 과정을 거친 지식은 사람들의 힘과 무기가 되어 준다. 아는 힘을 넘어 '알아내는 힘'을 세워 가는 것도 앵커 독서를 통해서만 가능하다.

독서에서 희망을 노래하다

세상을 변화시키고 주도하는 사람들의 공통점은 모두 독서가라는 것이다. 책을 읽다 보면 어디서나 독서를 통해 성공한 사람들의 이야기가 등장한다. 이것은 책을 읽어야 성공적인 삶을 살 수 있다는 말처럼 들리기도 한다. 상투적으로 들릴지 모르겠지만, 실제 삶의 현장에서 나타나는 모습이다.

토머스 에디슨의 창의성, 빌 게이츠의 비전. 이들의 업적은 어디서 비롯되었을까? 바로 독서가 그들의 핵심 동력이었다. 샴쌍둥이 분리 수술로 유명해졌고 미국 공화당 대통령 경선에까지 나왔던 세계 최고 신경외과 의사 벤 카슨의 영향력도 독서를 빼놓고는 이야기할 수 없다. 비폭력 저항으로 역사를 바꾼 마하트마 간디의 삶은 독서를 통해 얻은 지혜와 용기가 있었기에 가능했다. 마더 테레사는 헌신적인 봉사로 세상에 따뜻한 사랑을 전파했고, 넬슨 만델라는 인종 차별에 맞서 평등을 이루었다. 그들의 숭고한 정신은 삶의 현장과 더불어 독서를 통해 탄생했다. 그들의 정신이 본래 숭고했기 때문이 아니다. 그들은 역사의 유산으로서의 정신을 마주하며 삶의 현장에서 조금씩 성장했고, 그 결과를 우리가 바라볼 뿐이다.

마틴 루터 킹 주니어는 평화 시민 운동으로 인권 역사를 새롭게 썼고, 레오나르도 다빈치는 예술과 과학의 경계를 허물었다. 그들의 혁신적인 사고는 독서의 힘이 아니고는 설명할 길이 없다. 그들은 독서를 통해 생각했고, 정보를 얻었다. 새로운 아이디어의 마중물은 언제나 책을 통해 얻을 수 있었다. 사람들은 솔로몬을 지혜의 대명사로 기억한다. 기독교인만이 아니다. 솔로몬은 세상 모든 사람에게 지혜자로 기억된다. 우리 기독교인들은 솔로몬의 지혜를 기도응답의 결과라고만 생각한다.

"기브온에서 밤에 여호와께서 솔로몬의 꿈에 나타나시니라 하나님이 이르시되 내가 네게 무엇을 줄꼬 너는 구하라 솔로몬이 이르되 주의 종 내 아버지 다윗이 성실과 공의와 정직한 마음으로 주와 함께 주 앞에서 행하므로 주께서 그에게 큰 은혜를 베푸셨고 주께서 또 그를 위하여 이 큰 은혜를 항상 주사 오늘과 같이 그의 자리에 앉을 아들을 그에게 주셨나이다 나의 하나님 여호와여 주께서 종으로 종의 아버지 다윗을 대신하여 왕이 되게 하셨사오나 종은 작은 아이라 출입할 줄을 알지 못하고 주께서 택하신 백성 가운데 있나이다 그들은 큰 백성이라 수효가 많아서 셀 수도 없고 기록할 수도 없사오니 누가 주의 이 많은 백성을 재판할 수 있사오리이까 듣는 마음을 종에게 주사 주의 백성을 재판하여 선악을 분별하게 하옵소서 솔로몬이 이것을 구하매 그 말씀이 주의 마음에 든지라 이에 하나님이 그에게 이르시되 네가 이것을 구하도다 자기를 위하여 장수하기를 구하지 아니하며 부도 구하지 아니하며 자기 원수의 생명을 멸하기도 구하지 아니하고 오직 송사를 듣고 분별하는 지혜를 구하였으니 내가 네 말대로 하여 네게 지혜롭고 총명한 마음을 주노니 네 앞에도 너와 같은 자가 없었거니와 네 뒤에도 너와 같은 자가 일어남이 없으리라 내가 또 네가 구하지 아니한 부귀와 영광도 네게 주노니 네 평생에 왕들 중에 너와 같은 자가 없을 것이라"왕상 3:5-13

솔로몬이 하나님께 지혜를 구했고 하나님은 그에게 지혜를 주셨다. 그가 구하지 않은 부귀와 영광도 주셨다. 그것은 부정할 수 없는 사실이다. 그러나 솔로몬은 지혜를 얻는 데 그치지 않고 지혜를 발전해 나가기 위해 자신도 노력했다.

"하나님이 솔로몬에게 지혜와 총명을 심히 많이 주시고 또 넓은 마음을 주시되 바닷가의 모래 같이 하시니 솔로몬의 지혜가 동쪽 모든 사람의 지혜와 애굽의 모든 지혜보다 뛰어난지라 그는 모든 사람보다 지혜로워서 예스라 사람 에단과 마홀의 아들 헤만과 갈골과 다르다보다 나으므로 그의 이름이 사방 모든 나라에 들렸더라 그가 잠언 삼천 가지를 말하였고철학 그의 노래는 천다섯 편이며예술 그가 또 초목에 대하여 말하되 레바논의 백향목으로부터 담에 나는 우슬초까지 하고식물학 그가 또 짐승과동물학 새와동물학: 조류 기어다니는 것과동물학: 파충류, 양서류

등 물고기에 대하여 말한지라동물학: 어류 사람들이 솔로몬의 지혜를 들으러 왔으니 이는 그의 지혜의 소문을 들은 천하 모든 왕들이 보낸 자들이더라"^{왕상 4:29-34}

지혜로운 솔로몬은 수없이 많은 분야의 책을 읽고 섭렵해 나갔다. 읽고 끝내지 않았다. 그것에 대해 말했다고 전해진다. 배움을 제대로 설명하기 위해 그것에 대해 메모를 했을 것이고 요약도 했을 것이다. 그가 기록한 것이 비단 잠언 삼천과 노래 천다섯 편만은 아니었을 것이다. 하나님이 은혜로 주신 지혜를 활용해 하나님과 세상, 자신을 알아 가기 위한 독서, 글쓰기에 최선을 다했을 것이다. 그랬기 때문에 천하 모든 왕들조차 그 지혜를 듣기 위해 찾아왔고 사람들을 보내 문제에 대한 해답을 구했음을 기억해야 한다.

금수저와 흙수저 계급론으로 현실을 바라보며 희망을 가질 수 없는 사회 현실을 비판하는 이들도 적지 않다. 청년 세대의 투정으로만 받아들이기에는 현실의 벽이 너무 높다. 개천에서 용 난다는 말은 이제 옛말이 되어 버렸다. 인공지능 시대의 도래로 그 어려움은 배가된 듯하다.

그럼에도 어려운 시대를 돌파할 도구가 있다. 한 치 앞을 예측하기 힘든 인공지능 시대를 이길 비법도 존재한다. 그것이 바로 독서다. 독서는 계급과는 상관없이 누구에게나 동일한 기회를 준다. 그것을 믿는 것으로 출발해야 한다. 허황된 믿음이 아니다. 역사가 그것을 증거하고 현실에서도 그것은 여전히 살아있는 스토리를 써가고 있다. 독서를 한다고 당장 자신이 처한 상황이 바뀌지는 않는다. 다만, 어려운 현실을 발판 삼아 원하는 목표로 도약할 수 있는 기회를 우리에게 가져다준다. 너무도 빠르게 변화하고 예측이 어려운 시대에도 독서가 희망임을 노래해 본다. 하나님께 은혜를 구하고 지혜를 구한 자여, 독서하라. 그것이 하나님이 주신 지혜의 열매 맺음임을 고백하라.

하나님 형상의 비밀,
트리비움 회복하기

인간의 육체 능력은 과학기술의 발달과 함께 해마다 한계를 넘어서고 있다. 모든 스포츠 종목에서 기록이 갱신 중이다. 육체의 한계를 넘어선 이들의 신체 능력은 경이롭기까지 하다. 그 특별함에 매료되어 많은 사람이 그들에게 관심을 갖고 동경하곤 한다.

그러나 그토록 놀라운 인간의 육체 능력을 동물과 비교하면 상황은 달라진다. 인간은 100미터를 10초 이내에 돌파하는 육상 선수에 환호하지만 3초 만에 시속 100km 속도를 내는 치타와 속도로 경쟁할 순 없다. 수 킬로미터 거리에 있는 동료의 소리를 음파로 탐지하는 돌고래의 청력, 시력 6.0을 가진 독수리는 인간을 압도한다. 인간 근육의 강함을 이야기한다지만 회색 불곰과 고릴라의 신체 능력과는 비교 불가다. 인간의 육체 능력을 뛰어넘는 생명체들은 수없이 많다.

그런데 인간은 동물을 다스리고 지배한다. 나약한 인간이 강력한 힘을 가진 동물들을 다스릴 수 있는 힘은 어디에서 비롯될까. 답은 분명하다. 하나님의 형상이다. 다른 모든 생명체를 말씀으로 창조하신 후 하나님의 형상대로 인간을 창조하셨다. 그리고 인간에게 세상을 다스릴 권한을 부여하셨다. 모든 창조물 위에 인간을 두신 하나님의 선택이다. 하나님의 창조 섭리다. 하나님이 선택하셨고 섭리하셨기에 육체적으로 약한 인간은 만물의 영장으로 생존할 수 있다. 그렇다면 하나님의 형상대로 창조된 인간에게 부여하신 '하나님의 형상'은 구체적으로 무엇이며 그 특징은 무엇인가? 하나님의 형상을 인간의 언어로 설명하는 것은 불가능하다. 그런 어려움 속에서도 하나를 이야기한다면 필자는 '트리비움'이라 말한다.

하나님 형상의 그림자, 트리비움

트리비움Trivium이란 라틴어로 삼학三學을 의미한다. 세 가지 학과, 세 가지 배움이라는 뜻이다. 중세의 모든 대학의 기본 과정이며 고전교육의 핵심 커리큘럼이었다. 트리비움은 문법Grammar, 논리학Logic, 수사학Rhetoric으로 구성되어 있다. 트리비움은 배우는 과정 속에서 능력을 세워 가는 인간지능의 핵심 구성 요소이다. 모든 학문의 기반이며 모든 능력의 기초가 된다.

문법 (Grammar)	⇔	논리학 (Logic)	⇔	수사학 (Rhetoric)
읽기/듣기		생각하기		쓰기/말하기
수용		이해		표현
정보		이해		적용
정보력	⇒	논리력	⇒	표현력
지식의 수용성		지식의 관계성		재구성된 지혜
입력		정보처리		출력
입수		심화		표출
문심혜두		관주위보		융합창의

<트리비움 프로세스>

트리비움은 수많은 독서 기술 중 하나가 아니다. 여러 교과목 중
하나도 아니다. 인간 사고의 근간을 이루는 힘이다. 인간으로 인간
되게 하는 힘의 근본이다. 인간과 동물의 차이를 말할 때면 사고 능
력의 차이를 강조한다. 그 차이가 바로 트리비움 역량의 차이를 의
미한다. 트리비움은 인간 사고의 작동원리다. 트리비움이라는 용어
로 의미를 규정하기 전부터 있던 인간의 고유 역량이다. 하나님이
창조하신 생명의 신비요 하나님 형상의 발현이다.

인간의 사고 역량은 어느 한 가지 요소로 훈련할 수 있는 것이 아
니다. 여러 요소가 복합적으로 작용한 결과다. 배움의 여러 과정이

유기적으로 연결되고 지속될 때 사고 역량은 자란다. 그 복합적인 작용, 유기적인 연결 과정이 트리비움의 프로세스다.

하나님의 형상이 무엇인지 설명할 때면 흔히들 도덕성, 이성, 창조성, 관계 능력 등의 개념을 말한다. 하나님 형상의 흔적이 인간을 나머지 창조물과 구별 짓는 기준이 된다. 인간에게 자기 결정권, 자유의지, 창조적 능력이 부여된 결과도 하나님의 형상으로 인함이다. 하나님의 형상은 추상적인 개념만이 아니다. 사람마다 다른 영적인 의미 가운데서만 해석 가능한 것이 아니다. 매일의 삶 속에서 구체적으로 사용되는 매우 현실적인 힘이다. 하나님의 형상에 대한 설명은 트리비움의 원리를 배제하고는 불가능하다. 트리비움의 프로세스에 문제가 생기면 지성에 문제가 생긴다. 트리비움이 제 역할을 하지 못하면 신앙과 영성도 문제가 생긴다. 문제는 우리는 배움의 과정에서 트리비움의 역량을 강화하는 커리큘럼의 지원을 받지 못했다는 것이다. 교육은 진행되었지만 트리비움의 역량 강화는 이루지 못했다. 학교만의 문제는 아니다. 기독교교육에서도 트리비움 역량을 강화하기 위한 구체적인 노력은 진행되지 않았다. 교회와 가정에서 수많은 신앙교육이 진행되었지만, 하나님의 형상을 회복하고 능력을 회복하기에는 너무도 부족한 보통 사람을 위한 대중 교육만이 진행되어 왔다.

인간지능을 향상시키는 열쇠, 트리비움

우리가 받아 온 교육은 내용을 전달하고 습득하는 것이 중심이었다. 정해진 진도에 집중하는 교육 과정이 진행되었다. 학년이 올라갈수록 내용의 수준을 조금 높이고 과목 수를 늘렸다. 지식 전달 중심의 교과 학습, 내용 학습을 통해 정보력은 조금씩 향상되었다. 그러나 생각하는 능력을 향상하는 일에는 성공적이지 못했다. 당연한 결과다. 내용 중심의 과목 학습 자체가 사고 능력을 향상하는 데 최적화된 교육 과정으로 디자인되지 않았기 때문이다.

교과 학습에서 중요한 것은 진도를 나가는 것이다. 전해야 할 내용과 시간이 커리큘럼으로 정해져 있다. 진도를 다하면 교육 과정도 끝난다. 부족이 발견되어도 보충하기는 현실적으로 어렵다. 학생들에게 열심을 요구하고 교사의 열정에 기댄다고 해서 해결될 문제가 아니다. 이것은 시스템의 문제며 교육의 방향성, 철학의 문제다.

과목 학습을 전제로 한 교육 과정에서도 좋은 성적을 거둔 이들은 있기 마련이다. 명문 대학에 진학하여 밝은 미래를 꿈꾼다. 그러나 문제는 여전하다. 학력은 얻었지만, 사회가 요구하는 능력은 준비하지 못한 이들이 많다. 사회가 요구하는 능력은 그렇다 해도 대학에서 학문을 탐구하기 위한 사고 역량도 준비하지 못한 이들이 많다. 초·중·고 교육 과정에서 생각하는 능력을 훈련하지 못했기에 대학교에서조차 교육 과정의 한계가 답습되고 있다. 자신의 분야에서 사고하며 탐구하는 가운데 학문의 길을 열어 가는 것이 아니라 책에 나와 있는 지식의 조각들을 받아 적고 암기하는 데 많은 시간을 쏟는 것이 현실이다. 수많은 시간을 교육받고 공부했지만 기존의 지식을 아는 것에 집중한 교육이었기에 사회에 진출해서도 경쟁력을 가지지 못한다. 자기 스스로 인생을 주도하고 변화를 추구하는 사람이 적은 이유가 여기에 있다. 인생의 갈림길 앞에서 스스로 길을 모색하고 새로운 영역으로 뛰어들어 창조적인 산물을 만들어 내는 데 주저하는 것도 교육 체계의 문제 속에 있다.

특이점의 시대는 이미 우리 삶 깊숙이 침투해 있다. 특이점 시대에 남아 세상을 주도하려면 우리가 받아 온 내용 학습을 답습해서는 안 된다. 창조적인 능력을 요구하는 시대에 구시대 교육 시스템의 익숙함에 머물러서도 곤란하다. 이것은 배움의 과정에 있는 학생들만의 이야기가 아니다. 기독교교육의 현장, 교회와 그리스도인의 배움에 변화가 필요하다. 질을 높여 가는 노력이 있어야 한다.

이제는 독서가 사람을 변화시킨다고 말하지 말자. 좋은 내용을 담은 책을 읽으면 사람이 변화된다 하지 말자. 그럼 무엇이 그 차이를 만드는 것일까? 바로 트리비움이다. 그냥 독서가 아니라 트리비움 독서다. 독서를 통한 성장도 트리비움 능력에 좌우된다. 책을 읽는 과정에서 트리비움이 훈련되었는가 아닌가의 차이가 성공과 실패를 결정한다는 것이다. 책을 많이 읽어도 트리비움 능력이 작동되지 않는다면 의미 있는 결과를 만들어 낼 수 없다. 다독을 하든, 정독을 하든, 슬로우리딩을 하든, 포토리딩을 하든, 암송을 하든, 성경공부를 하든 그 성공과 실패는 트리비움 능력을 얼마나 준비했느냐, 진보를 이루어 가느냐에 따라 결정된다.

조선시대의 실학자인 다산 정약용은 탁월한 능력을 바탕으로 생산성 있는 삶을 살았다. 그는 수원화성을 거중기로 축조한 과학자이자 건축가이며 학자였다. 그가 뛰어난 능력을 발휘할 수 있었던 바탕에는 트리비움이 있었다. 그의 독서법은 문심혜두文心慧竇를 여는 것이었다. 문심혜두는 문법Grammar에 속한다. 책을 읽고 수용하는 자세를 문심혜두, 즉 글을 이해하는 지혜의 구멍을 여는 것에 둔 것이다. 글쓴이의 마음을 읽어내 깨닫게 하고, 두뇌 속에 숨어 있는 지혜의 문을 여는 독서를 강조했다. 그러고 나서 논리학Logic으로 이해하고 지식의 관계성을 정립했다. 이 과정에서 사용한 도구가 초서抄書이다. 핵심 되는 구절을 파악해 그것을 따로 정리한 것이다. 자기 마음을 울리고 깨달음을 준 대목도 옮겨 적으며 소화했다. 그렇게 정리된 것을 바탕으로 재구성하여 자신만의 고유한 창조물을 만들었다. 수백 권의 저작물을 펴냈으며 실학자로서 실생활에 도움이 되는 창의적인 산물들을 만들어 냈다. 그 비결은 트리비움 능력 강화에 있었다.

변화를 이루는 독서, 차별성을 이루는 독서를 하고 싶은가? 트리비움 독서만이 사람을 변화시키고 하나님이 맡기신 사명을 감당하도록 이끈다. 독서가 트리비움의 역량을 향상시키고, 향상된 트리비움 능력으로 다시 책을 마주할 때 그 독서가 우리의 인생을 변화시킨다. 인공지능 시대가 우리에게 던지는 질문에 대한 해법은 하나님의 형상으로 창조된 인간지능, 트리비움의 역량을 세워 가는 것에서부터 찾아야 한다.

성경 시대의 예언,
인공지능 시대는 예측력이다

성경 시대, 선지자의 예언 능력

성경 시대, 선지자는 하나님과 인간 사이의 중재자 역할을 했다. 하나님은 선지자들을 통해 메시지를 전달하셨다. 선지자의 예언에는 참과 거짓이 공존했다. 참 예언자들은 하나님의 뜻을 전달하는 데 집중했다. 때때로 대중에게 불편한 진실을 전달함으로써 박해를 받았다. 반면, 거짓 선지자들은 자신의 욕심과 목적을 이루기 위해 예언이라는 이름 아래 거짓말을 전했다. 이들은 사람들을 현혹해 진리에서 멀어지게 했다.

구약과 신약의 말씀이 인류에게 주어진 이후, 예언은 예전과 같은 의미로 받아들여지고 있지 않다. 하나님은 성경을 통해 말씀하고 계신다. 사람들은 성경을 통해 하나님의 뜻을 이해하고 그것을 삶에 적용하는 방식으로 믿음을 지켜 가고 있다. 하나님의 뜻을 이해하고 순종하기 위해 말씀을 읽는 능력의 향상이 요구된다. 바르게 생각하고 해석하는 능력은 가치와 철학의 혼돈 시대에 어느 때보다 필요한 역량이다. 성경 시대 하나님의 말씀을 받아 선포하는 예언이 있었다면 지금은 말씀을 읽고 생각하고 해석하며 예측하는 능력이 필요한 시대다.

인공지능 시대, 그리스도인의 예측 능력

독서를 통해 트리비움의 역량을 강화하며 얻게 되는 사고력의 정점, 인간지능의 최고 능력은 무엇일까? 예측력이다. 추론을 바탕으로 한 예측력에 따라 사람들의 인생은 전혀 다른 결과를 얻게 된다. 진행하는 일의 실패 이유 중 가장 큰 것은 예측 능력의 부족이다. 실패 원인은 복합적이겠지만 모든 실패의 중심에 추론 능력의 부족, 예측력의 부재가 있다는 것은 부인할 수 없다.

예측력은 특별한 것이 아니다. 우리 주변은 수많은 예측으로 가득하다. 기상예보가 대표적이다. 기상예보로 어부들은 고기잡이를 준비하고, 농부들은 농사를 계획한다. 기업도 날씨 예측을 참조하여 활동 계획을 잡기도, 연기하기도 한다.

스포츠에서도 예측은 일반적이다. 축구는 상대 경기를 분석하며 움직임을 예측해 전술을 준비하고 훈련한다. 예측 능력에 따라 기적 같은 승부를 연출하기도 한다. 야구에서도 예측 능력은 중요하다.

타자는 투수의 투구 모습과 구질, 구속을 관찰해 통계를 낸다. 포수의 리드 성향을 파악해 다음 공을 예측한다. 투수도 타자의 스윙 궤적과 타격 자세를 파악하며 동작을 예측하여 약점을 공략한다.

바둑과 장기의 한 수 한 수는 끊임없는 관찰과 분석을 전제로 한 추리, 예측을 바탕으로 진행된다. 경제 전문가의 예측은 누군가에게는 이익을, 누군가에게는 절망을 안겨 주기도 한다.

같은 상황에도 예측은 사람마다 제각각이다. 전문가들은 서로 다른 예측을 내어놓는다. 정치와 교육에서의 예측은 이후 삶의 궤적을 결정하는 중요한 요인으로 작용한다.

예측은 전문가들만 하는 것이 아니다. 우리 모두 예측하며 살아간다. 아이들의 가위바위보 놀이조차도 상대방의 수를 읽는 예측 싸움이다. 부모는 자녀의 마음을 예측하고 행동한다. 아이들은 부모와 친구들의 마음을 예측한 후 그것을 전제로 말하며 행동한다. 자신의 미래에 대한 예측으로 누군가는 꿈을 이루고 누군가는 절망에 빠진다.

예측력을 키우는 것이 기독교교육의 가장 중요한 목표는 아니다. 분명한 것은 기독교교육이 바르게 진행되었다면 그 대상자들에게는 뛰어난 예측 역량이 세워져야 한다는 사실이다. 예언과 예측은 서로 다른 의미를 가지고 있다. 그러나 예측 능력을 바로 활용한다면 오늘 우리가 살아가는 시대를 향해 하나님의 뜻을 전하는 하나님의 사람으로의 역할을 훌륭히 감당해 낼 수 있다는 것을 기억해야 한다. 사람들에게 웃음과 울음을 주는 예측력은 구체적으로 무엇인가? 그 능력을 갖추기 위해 오늘 우리에게 필요한 것은 무엇일까?

첫째, 예측력의 시작은 문제를 발견하는 힘이다.

미국의 금융 통신회사 웨스턴유니언The Western Union Company은 미래 예측의 실패 사례를 언급할 때 자주 인용되는 회사이다. 전화기를 발명한 알렉산더 그레이엄 벨은 이 회사에 자신이 발명한 음성통신 기술 특허를 팔고 싶다며 제안한다. 비용은 당시 통신기술 문제를 해결한 혁신적인 기술치고는 비싸다고 볼 수 없는 10만 달러현재 가치로 약 170만 달러였다. 제안을 들은 사장 윌리엄 오톤은 벨의 제안을 거절한다. 투자할 가치가 없다고 생각했다. 벨은 직접 투자자를 모집해 1877년에 회사를 설립한다. 자신의 특허 상품으로 승승장구하던 벨은 1910년, 웨스턴유니언사의 주식을 매입해 경영권까지 확보한다. 자신의 제안을 거절했던 회사의 경영권을 30여 년이 지나 차지하게 된 것이다. 벨이 세운 회사가 바로 세계 최대의 통신기업인 AT&TAmerican Telephone & Telegraph Company이다.

예측력은 과거를 분석하고 현재를 직시하는 힘이다. 예측력은 문제를 문제로 보는 것에서부터 출발한다. 수많은 징후를 포착해 낼 수 있는 능력이 필요하다. 현상의 문제를 제대로 파악하지 못하면 미래 예측은 불가능하다. 예측은 누구나 할 수 있겠지만 예측의 결과는 전혀 다른 형태로 다가온다.

미래 예측은 기업과 국가뿐만 아니라 개인의 삶에도 매우 큰 영향을 끼친다. "사람을 보는 눈이 있다", "촉이 좋다", "센스가 있다", "생각이 깊다", "배려심이 특별하다" 이런 말들은 인간지능 사고력, 예측력과 관계가 있다. "배려심이 있다"는 것은 상대방에게 필요한 것이 무엇인지 알고 미리 대처하는 태도를 일컫는다. 상대방이 말하지 않았지만 여러 징후를 종합해 스스로 예측하고 행동하는 것이 배려다. "센스가 있다, 생각이 깊다"는 표현도 깊은 생각, 예측력을 전제로 한 표현들이다.

예측력의 출발은 정보력과 사고력을 기반으로 한다. 이를 바탕으로 문제를 문제로 보는 것이다. 문제를 인식하지 못하면 그 문제는 인생의 걸림돌이 된다. 삶의 발목을 잡고 구렁텅이로 빠지게 만든다. 결국 잘못된 예측은 자기 삶을 삼키게 된다.

둘째, 예측력은 문제 해결을 위한 과정을 기획하는 능력이다.

예측력은 정보력과 이해력, 사고력을 기초로 한다. 수용하고 인식하는 이해력 없이 예측력은 향상되지 않는다. 비교하고 분서하며 종합하는 사고력 없는 예측은 틀릴 수밖에 없다.

예측이 되어야 기획도 가능하다. 기획은 가 보지 않은 길에 대한 지도를 그리는 과정이다. 예측 능력이 바탕이 되어야 세밀하고도 구체적인 기획을 할 수 있다. 그 능력이 승부를 가른다.

누구나 보험 한두 개 정도는 가입해 두고 있다. 왜 그럴까? 하나는 예측할 수 없는 미래를 준비하기 위해서다. 언제 병에 들고, 생각지 못한 사고로 힘들어질지 모르기에 보험에 가입한다. 보험에 가입하는 또 다른 이유는 예측이 가능하기 때문이다. 자신의 미래 상태와 앞으로 일어날 일을 미리 대비하는 차원에서 보험에 든다.

예측을 한다고 해서 삶이 평탄하게 흘러가는 것은 아니다. 중요한 것은, 예측한 것에 대해 문제 해결 능력이 있느냐 하는 것이다. 누구나 문제를 발견하고 걱정할 수는 있지만 그것을 대비하는 계획은 누구나 세울 수 없다.

2002년 한·일 월드컵을 1년 6개월 앞둔 한국 축구는 절망적이었다. 시드니 올림픽 8강 진출 실패, 아시안컵 3위. 당시 성적은 월드컵에 대한 위기의식을 느끼게 했다. 그때 거스 히딩크가 한국 축구 대표팀 감독으로 선임되었다.

히딩크는 한국 선수들과 훈련을 시작했다. 그는 훈련 과정에서 한국 팀의 문제는 기술이 아니라 기초체력이라고 판단했다. 그 문제를 해결하기 위해 히딩크는 기초체력 향상 훈련 로드맵을 설정하여 선수들을 고된 훈련에 돌입시켰다. 그러나 이후 진행된 평가전에서 연패를 당했다. 언론들은 감독을 비판했고 히딩크를 선임한 축구협회를 비난하기 시작했다. "한국 선수들은 개인기가 부족하니 빨리 베스트 11을 선정하여 조직력과 전술 훈련에 집중해야 한다"라며 기초체력 훈련 프로그램을 비판하는 목소리도 늘어났다. 여기저기서 비판의 목소리가 커졌지만 히딩크는 반응하지 않았다. 평가전에서 질 때도 "많은 걸 배웠다. 우리는 계속 강팀과 붙어 경험을 쌓아 갈 것이다"라며 자신의 계획을 하나, 둘 진행해 갔다. 그리고 월드컵 본선에서 4강 신화를 이룩했다.

히딩크는 한국 축구의 문제를 간파했다. 그리고 문제 해결을 위한 프로세스를 디자인했다. 그 길은 아무도 가지 않는 길이었다. 히딩크는 익숙한 길을 가듯 자신을 향한 비판에 아랑곳하지 않고 앞으로 나아갔다. 자신이 파악한 문제점을 해결하기 위한 훈련 계획을 세우고 전진했다. 결과론적인 이야기지만 히딩크의 판단은 옳았다.

인간의 예측 능력은 진행되는 사안의 성공과 실패를 결정하는 가장 중요한 요소다. 문제를 문제로 보는 능력이 필요하다. 나아가 그 문제를 해결하기 위한 과정을 기획하고 실행해 가는 능력도 있어야 한다. 더 높은 사고력과 추론을 바탕으로 한 예측력이 없다면 미래를 대비할 수 없다. 문제를 해결할 수도 없다.

추론은 추상도 상상도 아니다. 문제를 발견하고 비교, 분석, 분류를 통해 종합적으로 해결 방법을 찾는 과학적 사고 과정이다. 인류의 지혜자들은 모두 이 방법을 통해 다가올 미래 문제를 예견했고 그것을 대비하는 프로세스를 제시했다. 율곡 이이의 십만양병설도 이런 추론 과정을 전제로 한 예측이었다. 하지만 당시 권력은 자신들의 부족한 정보력, 사고력을 근거로 이이의 경고를 무시했다. 그 결과 임진왜란이라는 비극을 초래하게 된다.

아는 것의 힘은 낮은 수용 능력으로도 세울 수 있다. 낱개의 정보를 기억하고도 힘을 키울 수 있다. 그러나 알아내는 힘은 정보 자체보다 정보를 내 것으로 만드는 프로세스를 갖추어야 세워지는 핵심 역량이다. 예측력에 있어서도 알아내는 힘은 추론의 원천 기술이요 핵심 능력이 된다.

셋째, 예측력은 새로운 가치를 만들어 내는 창조력이다.

인공지능 시대는 첨단정보기술 융합의 시대다. 거의 모든 영역에서 융합을 통한 변화를 추구하고 있다. 새로운 가치를 창조하는 융합은 예측력이 있어야 가능하다. 미래를 효과적으로 예측하지 못하면 더 나은 단계로 나아가기 힘들다. 아니, 발전시켜야 한다는 생각조차 할 수 없다. 미래를 주도할 삶의 패턴과 가치, 기술 발전을 읽어 낼 줄 알아야 나에게 준비된 것들을 활용해 의미 있는 결과물을 만들어 갈 수 있다. 예측력은 새로운 세계를 창조하는 원동력이다.

미래를 예측하지 못해 비운의 운명을 맞이했던 기업이 노키아다. 노키아는 1998년부터 2011년까지 13년 동안 세계 핸드폰 시장점유율 1위를 차지했다. 그런 노키아가 시대의 흐름을 읽어 내지 못하고 자만한 것이 몰락의 길에 빠진 원인이 되었다. 애플보다 7년 먼저 스마트폰을 개발했지만 그것을 과소평가했다. 애플이 아이폰을 출시했을 때 "저건 조크 같은 제품"이라고 비아냥거렸지만, 얼마 지나지 않아 세계 핸드폰 시장에서 철수하기에 이른다. 시대의 변화 징후를 읽어 내지 못했고 기존 기술과 새로운 기술을 융합하여 새로움을 창조해 내는 일에 실패했기 때문이다.

그런데 영원히 소생할 수 없을 것 같았던 노키아가 통신 장비와 네트워크 인프라 분야의 글로벌 선두 주자로 인정받기 시작했다. 특히 5G 기술과 관련된 통신 장비 제조 분야에서 눈에 띄는 위치를 차지하고 있다. 이러한 변신은 단순히 운에 의한 것이 아니다. 노키아는 몇 가지 중요한 전략적 결정을 통해 이를 실현했다.

먼저, 노키아는 자신들의 코어 비즈니스를 새롭게 재정의했다. 핸드폰 제조 사업에서 철수한 후, 그들은 통신 네트워크 및 서비스 제공에 집중하기로 결정했다. 이는 기존에 축적해 온 통신 기술과 인프라에 대한 깊은 지식을 활용할 수 있는 분야였다. 다음으로, 노키아는 연구개발에 대한 투자를 대폭 강화했다. 이러한 노력은 노키아가 5G 기술 분야에서 중요한 표준을 설정하는 데 기여했다. 마지막으로, 전략적 제휴와 파트너십을 통해 시장에서의 입지를 강화했다. 노키아는 다양한 통신 서비스 제공업체, 기술기업, 그리고 연구기관과 협력하여 기술과 솔루션을 널리 보급하고 있다.

노키아의 변화와 성공은 자신들이 실패했던 시장의 변화를 예측하고 능동적으로 대응하는 일에 성공했기 때문에 가능한 일이었다.

한때 시대를 앞서가는 혁신으로 세계를 제패했으나, 변화의 물결을 제대로 타지 못해 몰락했던 노키아가 자신들의 실패에서 교훈을 얻어, 다시 한번 산업의 선두로 도약하는 이야기는 우리에게도 중요한 교훈을 준다.

기독교교육은 오랜 시간 진리와 신앙의 교육을 통해 세대를 거듭하며 성도의 영적 성장을 도모해 왔다. 그러나 시대가 변함에 따라, 교회는 기독교교육의 방식도 변화시킬 필요가 있다는 점을 인식해야 한다. 본질과 진리의 말씀을 지키면서도, 배움의 기술과 방법을 시대에 맞게 변화시키는 노력이 필요하다. 이러한 노력은 미래 사회의 변화를 예측하고 준비하는 데 있어 더욱 강력한 기반이 될 것이다. 교회가 현대 사회에서 지속적으로 영향력을 발휘하고, 성도의 영적 성장을 촉진하는 데 중요한 역할을 할 것이다.

어제보다 더 나은 교회와 그리스도인의 미래를 소망한다면 과거를 철저하게 분석하라. 무엇이 지금의 자신과 교회, 믿음을 가능하게 했는지 살펴라. 오늘의 문제가 무엇이며 그것을 해결하기 위해 선결해야만 하는 문제점이 무엇인지 살펴야 한다. 그 과정을 통해 현재를 직시할 수 있다. 현재를 직시해야 나아갈 미래도 통찰력 있게 바라볼 수 있다. 그리스도인으로서 어떻게 살아가야 하는지, 교회가 어떻게 대처해 가야 하는지 예측한다면 효과적으로 준비할 수 있다. 다가올 문제는 그렇게 극복될 수 있다. 우리로 기도하게 하시고 행동하게 하시는 이러한 과정을 통해서 말이다. 그럴 때라야 그리스도인의 미래에 희망이 있다. 교회교육의 빛이 세상을 비추는 하나님의 능력이 될 수 있다.

인성 역량 관계력,
독서로 세우다

우리는 기독교교육적 차원에서 독서를 통해 추구해야 할 목표에 대해 논의했다. 세상을 변화시키는 그리스도인들이 지녀야 할 핵심 능력에 대해 탐구했다. 이들 능력—주도력, 이해력, 사고력, 표현력, 예측력—은 참된 변화를 위해 필수적이며, 인간의 지능을 구성하는 핵심 요소들이다. 이러한 능력들은 위기의 순간을 극복하고 문제를 해결하는 원천이며, 목표를 성취하기 위해 필요한 기반이 된다.

하지만 인간지능 독서법이 추구하는 마지막 퍼즐이 하나 남아 있다. 바로 인성 역량 관계력이다. 기독교 신앙과 교육의 맥락에서 인성 역량 관계력의 중요성은 더욱 강조된다. 기독교는 사랑과 용서, 약속을 중시하는 공동체다. 세상은 기독교를 사랑의 종교라 말한다. 성경은 하나님이 사랑이시라 강조한다. 그리스도인들에게 사랑은 하나님과의 연결 고리인 동시에 세상에서 빛과 소금으로서 가져야 할 핵심 가치다. 기독교 신앙에서도 인성 역량 관계력은 필수적인 요소다. 사랑은 관계를 구축하고 유지하는 데 있어 가장 근본적인 동기이며, 용서는 관계를 회복하고 강화하는 신앙의 원리다. 공동체에 대한 약속은 개인이 사회적 책임감을 갖고 행동하도록 돕는다.

인성 역량 관계력은 인간 능력의 마침표이자 모든 능력의 인프라가 되는 원천 능력이다. 인간을 인간답게 만드는 능력이다. 모든 능력이 준비되었어도 인성 역량 관계력이 형성되지 않으면 미완성작품에 지나지 않는다. 관계력을 통해 인간은 참 행복으로 들어갈 수 있다. 삶의 의미와 행복을 관계력으로 느끼는 것이다. 목표한 바를 성취할 때도 관계력 없이는 불가능하다. 자기 존재 이유와 삶의 의미도 관계력을 통해 얻는다.

인성 역량 관계력은 구체적으로 어떤 힘인가? 독서를 통해 개발되어야 할 다른 능력들과는 어떤 연관이 있는가?

인성 역량 관계력은 상황 이해력이다. 이는 사람을 이해하는 힘이며 사람과 일의 관계를 파악하는 힘이다. 인간이라면 누구나 관계를 통해 자신의 존재감을 확인한다. 페이스북은 그런 인간의 성향을 활용했다. 서로와 서로를 연결 짓는 관계망으로 존재를 드러내도록 한 것이다. 페이스북의 출발은 주변 사람들의 필요를 채워 주는 것이었다. 과정은 체계적이고 전문적이었다. 사람들의 필요를 채워 주었을 뿐 아니라 일의 관계를 예측하며 한발 앞선 행보로 관심의 끈을 놓지 못하게 했다. 관계력에서 상황 이해력은 인간관계를 중심으로 한 예측력이다. 약삭빠르게 행동해 이익을 추구하는 것이 아니라 관계를 제일 중요한 목표로 삼는다. 관계 안에서 형성된 인간애가 인성 역량 관계력이 추구하는 상황 이해력이다.

관계력은 룰과 약속을 지키는 힘이다. 인성 역량은 자신과의 관계에서 드러나는 인간의 성질이 아니다. 다른 이들과 관계 속에서 드러나는 품성이다. 공동체의 일원으로서 갖는 마음으로 나와 남이 연결되어 있음을 인정하는 것이다. 인생이 추구하는 행복은 나 혼자만의 힘으로 얻을 수 없는 것임을 아는 지혜다.

진정한 관계력은 보이는 법을 넘어 보이지 않는 법을 지킴으로 세워진다. 성문법成文法은 제도를 유지하지만 불문법不文法은 관계를 지킨다. 노블레스 오블리주가 보이지 않는 법의 대표적인 예다. 자신에게 주어진 부와 명예, 인기에 대하여 사회적 책임감을 갖는 것이다. 나와 남이 연결되어 있음을 인정하는 것이다.

프랑스 항구도시 칼레에는 오귀스트 로댕의 작품 '칼레의 시민' 동상이 있다. 백년전쟁1337-1453년 당시 칼레는 영국군에게 정복당한다. 영국 왕 에드워드 3세는 칼레 시민 중 6명을 처형하겠다고 선포한다. 이에 칼레 시민들은 충격에 빠졌다. 두려움에 사로잡혀 있는 시민들 속에서 자신이 처형당하겠다고 자원하는 이들이 나오기 시작했다. 그들은 칼레 시장, 법률가, 귀족, 부유한 상인 등 칼레의 상류층들이었다. 그럼에도 그들은 기꺼이 목숨을 버리겠다고 나섰다. 처형의 날이 밝았다. 6명의 자원자는 목에 밧줄을 감고 에드워드 3세 앞으로 나아갔다. 바로 그때 처형이 취소되었다.

1884년, 칼레시는 여섯 명의 용기와 희생정신을 기념하기 위해 동상 제작을 결정하고 로댕에게 맡긴다. 로댕은 5년 동안 심혈을 기울여 작품을 만든다. 그 동상이 바로 '칼레의 시민'이며 노블레스 오블리주의 대표적인 예로 꼽히고 있다.

노블레스 오블리주는 글로 정해진 성문법이 아니다. 불문법이며 양심의 법이다. 부유한 자, 지도자로서의 책임 의식이다. 관계력이 이와 같다. 사회의 일원으로 살아가면서 맺어진 무언의 룰이며 약속을 지키며 사는 것이다. 자신이 공동체의 일원임을 알고 인정하는 것으로부터 시작되는 힘이다. 인성 역량 관계력은 사회 공동체를 지키는 보이지 않는 신호등이다. 이 룰과 약속의 전제 속에서 자신의 비전을 완성할 때 가치 있는 것이 된다. 준비된 정보와 사고력은 자신뿐만 아니라 남을 살리는 것이 되어야 함을 의미한다.

스트레스를 조절하는 능력도 인성 역량 관계력의 중요한 요소다. 대부분의 인간관계는 스트레스를 중심으로 연결되고 끊어진다. 자신에게 스트레스를 주는 사람이 있으면 거리를 두게 된다. 불편함을 조금이라도 느끼면 대면하기조차 싫어한다. 마르틴 부버가 『나와 너』에서 언급한 '나와 그것'과의 관계로 살아가는 것이다. 자신과 어떤 관계도 없지만 그 대상그것과 만남을 유지하며 살아간다. 일정한 거리를 유지한 채 말이다. 이것이 보통 사람들이 맺는 관계라 볼 수 있다.

관계력이 끈끈한 사람들은 다르게 행동한다. 스트레스를 준다고 해서 관계를 단절하지 않는다. 속이 상하고 마음이 아플지라도 관계의 끈을 끊지 않는다. 삶을 무너뜨리는 적일지라도 함께하는 방법을 찾는다. 삶의 가장자리일지라도 마음 한편을 내어 주는 일을 포기하지 않는다.

링컨은 대통령 선거 당시 자신을 무시한 사람들을 내각에 등용한다. 자신을 "숲속의 고릴라"라며 원색적으로 비난했던 에드윈 스탠턴을 장관에 임명한다. 스탠턴은 링컨의 재임 초기에 여러 차례 링컨을 공개적으로 비난했다. 주변에서는 그런 스탠턴을 보고만 있을 것이냐며 링컨을 향해 우려를 표했다. 그때마다 링컨은 "스탠턴은 자신만의 의견을 가질 자격이 있다. 그리고 그가 무엇인가 의견을 말할 때면 대체로 그의 말이 옳았다"라며 미소를 짓곤 했다고 한다. 한번은 대통령 집무실 수리 문제로 부하직원이 스탠턴에게 링컨의 명령을 전달한 적이 있었다. 링컨의 명령을 들은 스탠턴은 "대통령은 바보다"라고 말하며 화를 냈다. 이 말은 링컨에게 전달되었다. 링컨은 "스탠턴이 나를 바보라 말했는가?" 재확인하고는 "내가 그를 만나러 가야겠다. 스탠턴이 이 일에 대해 나를 바보라고 했다면 내가 잘못했음이 분명하다. 왜냐하면 거의 모든 일에 그는 옳은 의견을 내었고 그는 핵심을 이야기하는 사람이니까." 감정적으로 대응하기보다 그의 성향과 능력을 고려한 링컨의 반응이었다.

국무장관으로 윌리엄 헨리 슈어드를 등용할 때도 많은 사람이 반대했다. 슈어드는 "소가 말을 알아들을 수만 있다면 슈어드는 소마저도 선동할 만한 사람이다"라는 소리를 들을 정도로 탁월한 달변가였다. 사람들은 링컨에게 그를 등용하면 오히려 쓴맛을 볼 수 있다며 반대했다. 그럼에도 링컨은 그의 능력을 보고 일을 맡겼다. 수많은 반대 가운데 등용된 슈어드는 훗날 알래스카를 단돈 720만 달러에 매입하는 협상에 성공했다. 쓸모없다고 여긴 땅이 블루오션을 낳는 땅이 되어 오늘날 미국이 강대국이 되는 데 일조했다. 역사에 가정은 없다고 하지만 링컨이 슈어드를 국무장관으로 등용하지 않았다면 어떻게 되었을까? 자신의 입맛에 맞는 사람만으로 내각을 구성했다면 우리가 아는 미국은 존재하지 않을 수도 있다.

링컨도 자신을 적대했던 이들이 마냥 좋지는 않았을 것이다. 자신을 향해 던진 말을 생각하면 화가 치밀어 올랐을 것이다. 가진 권력으로 멋지게 복수하고 싶은 마음도 들었을 것이다. 그러나 링컨은 그렇게 하지 않았다. 오히려 스트레스를 조절하며 나아갔다. 합리적인 사고와 자신의 감정을 분리해 판단했다. 공공의 이익을 위해서라면 자신에게 아픔을 준 사람도 포용했다. 넓은 마음으로 관계의 끈을 이어 가며 의미 있는 결과를 만들어 갔다.

인성 역량 관계력을 세워 가려면 사사로운 감정에 휩싸이지 않아야 한다. 스트레스를 준다고 복수의 칼을 가는 것이 아니라 넓은 마음으로 포용할 수 있을 때 관계력이 향상된다. 참 쉽지 않은 일이다. 아무나 할 수 있는 것도 아니다. 그래서 더더욱 훈련하고 준비해야 한다. 인성 역량 관계력이 성공의 마침표이자 시작점이기 때문이다. 플라톤은 말한다. "남을 행복하게 할 수 있는 자만이 또한 행복을 얻는다." 올바른 관계없이는 행복한 삶을 살 수 없다. 아무리 뛰어난 사고력과 능력이 있어도 관계가 엉망이면 결국에는 실패로 마감된다. 그러니 관계력을 세우는 데 온 힘을 쏟아야 한다. 인간지능 독서법으로 다져진 능력들은 관계력과 함께 어우러져야 그 빛을 발할 수 있다.

기독교 신앙과 교육 안에서 인성 역량 관계력을 발달시키는 일은 개인적 성장을 넘어, 보다 건강하고 풍요로운 공동체를 만드는 데 기여한다. 이는 기독교의 핵심 가치인 사랑, 용서, 공동체를 실천하는 데 있어 필수적인 요소다. 인성 역량 관계력을 세우는 일은 자신뿐만 아니라 타인의 삶에도 긍정적인 변화를 가져올 수 있다.

인성 역량 관계력의 강화는 우리가 독서를 통해 추구해야 할 목표 중 하나다. 관계를 통해 우리는 자신의 존재감을 확인하고, 사회적 연결망을 구축하며, 서로를 이해하고 지지할 수 있다. 기독교 신앙과 교육은 이러한 관계력의 중요성을 강조하며, 이를 통해 우리 모두가 더 나은 그리스도인이자 사회 구성원이 될 수 있도록 지원해야 한다.

그런 의미에서 독서는 하나님 사람으로의 완성, 거룩을 추구해 가는 중요한 신앙 여정 중 하나다. 기독교교육은 이러한 능력이 어떻게 신앙의 삶 속에서 실현될 수 있는지를 가르쳐야 한다. 진리를 선포하는 이들에게 인성과 관계성의 문제가 발견된다면 그것은 곧 영성의 어그러짐이다. 인성 좋은 모든 사람이 영성의 사람은 아니다. 관계성 좋은 사람이 모두 하나님의 사람은 아니다. 그러나 모든 하나님의 사람, 그리스도인은 최고의 인성을 가져야 한다. 관계 안에서 인정받는 사람이 되어야 한다. 복음은 우리를 그런 존재로 세워 가기 때문이다. 예수 그리스도의 가르침과 삶이 보여 주는 그의 사랑과 용서를 기억해야 한다. 어려움과 여러 반대 속에서도 사람들을 이해하고 평화를 이루신 예수 그리스도를 본받아야 한다. 기독교교육을 통해 참된 인성 역량 관계력이 세워져 갈 수 있도록 기도하자. 기독교 가정과 교회, 학교가 그것을 가능하도록 지원하는 공동체로 세워져 가야 한다.

가치의 동기부여,
신앙교육의 시작이다

동기는 세상을 움직이는 힘이며 사람을 움직이는 힘이다. 세상을 파괴하는 힘이 되기도 하며 세상을 살리는 힘이 되기도 한다. 동기가 부여되면 세상에 흩어져 있던 모든 것이 내 안에서 질서를 이룬다. 동기가 부여되지 않으면 어떤 것도 능력을 발휘하지 못한다.

사람에게 있어 가장 큰 동기부여는 무엇일까? 인정을 받는 것이다. 공부하는 이들은 부모님과 선생님, 사람들에게 인정받고 싶어 공부에 열심을 낸다. 입신양명의 목표도 누군가를 기쁘게 해 주기 위한 것일 때가 많다. 학문을 탐구하는 이들은 학계의 인정을 받기 원한다. 운동하는 사람들이 승리를 위해 노력하는 것도 다 인정받고 싶은 욕구 때문이다. 인정을 받는 만큼 자기 몸값도 상승한다. 무슨 일을 함에 있어 인정받는 것이 유일한 목표는 아니지만 제일의 목표임에는 분명하다. 사람에게 인정 욕구는 본능에 가깝다.

다른 사람의 인정도 중요하지만 가장 큰 동기부여는 자신에게 인정받는 것이다. 인간은 삶의 변화를 스스로 느끼면 자신감이 솟아난다. 도전하고 싶은 욕구가 불일 듯 일어난다. 실패 가운데서도 포기하지 않게 된다.

일의 성공을 원한다면 이유를 먼저 찾아야 한다. 인생을 살아야 하는 이유를 찾고, 돈을 벌어야 하는 이유를 찾아야 한다. 승진해야 하는 이유를 찾고 고통을 감수하며 참아야 하는 이유를 찾아야 한다. 그 이유가 분명하고 가치 있는 것이라면 그것은 나를 움직이게 만든다. 고통 가운데 인내하게 만들고 새로운 도전에 뛰어들게 만든다. 오늘과 다른 내일, 목표의 성취를 경험하는 사람들 대부분은 노력해야 할 분명한 이유를 찾고 그 일에 전심전력한 사람들이다.

의무를 원함으로 만들어라

독서해야만 하는 이유를 찾았다고 해도 독서를 삶의 일부로 삼는 일은 만만치 않다. 독서가 그저 해야만 하는 의무일 때는 진정한 변화로 연결되지 않는다.

독서가 취미일 때의 장점은 '즐거움'에서 찾을 수 있다. 부담도 없고 그저 즐거운 것이다. 모든 취미가 그러하다. 의무감이 없기 때문이다. 만일 취미를 넘어 의무감이 부여되면 상황은 달라진다. 즐거움은 사라지고 부담감이 밀려온다. 독서도 마찬가지다. 취미 독서를 넘어 학습 독서의 차원으로 넘어간다는 것은 의무적인 독서가 되어야 한다는 것이다. 변화와 발전을 위한 독서는 어느 정도의 부담을 안고 가야 하는 배움의 길이다.

여기에 한 가지 해결해야 할 과제가 발생한다. 독서가 의무로만 남아 있어서는 안 된다는 사실이다. 어느 정도의 의무감이 필요하다는 것은 독서 시작 지점에서의 마음가짐과 태도에 대한 것이다. 의무적인 마음가짐이 계속되면 문제점이 되어 자신을 괴롭힌다. 아무리 힘들더라도 그것이 주는 괴로움이 독서의 즐거움보다 커서는 지속할 수 없다. 독서로 진정한 변화를 추구하려면 의무를 원함이 되도록 해야 한다. 독서가 스스로 원하는 삶의 일상이 될 때라야 힘든 학습 독서, 연구 독서 과정을 견디어 내며 변화를 맛볼 수 있다.

설득적 동기부여에서 경험적 동기부여로 나아가라

동기부여는 설득적 동기부여와 경험적 동기부여로 나눌 수 있다. 설득적 동기부여는 새로운 일을 시작할 때 주로 외부로부터 주어진다. 사람들은 누군가의 도움과 조언으로 새로운 일에 도전하는 경우가 많다. 필요성에 의해 시작했더라도 그 일을 지속해 가는 과정에서 외부의 설득적 동기부여는 필요하다. 시작도 힘든 일이지만 지속해 나가는 과정이 더 힘겹기 때문이다.

독서도 마찬가지다. 누군가의 독려와 조언으로 책을 읽어야 하는 마음을 품을 수 있다. 유튜브의 짧은 영상과 인터넷으로 본 짧은 신문 기사를 통해서도 동기를 부여받을 수 있다. 독서의 위력을 체험하지는 않았지만 다양한 설득적 동기부여를 통해 책을 읽어야 하는 당위성을 부여받는다. 힘겨운 삶의 여정에서 설득적 동기부여는 일을 시작하고 지속할 힘을 제공해 준다. 그 힘을 덧입어 실패 가운데 다시 일어날 힘도 더해 준다.

그러나 설득적 동기부여의 한계는 분명하다. 외부의 동기부여가 끊어지는 순간 지속해야 할 동기와 의지도 힘을 잃기 때문이다. 이때 필요한 것이 경험적 동기다. 설득적 동기가 외부의 설득을 통한 내적 변화라 한다면 경험적 동기는 과정의 진보, 성취의 경험을 통해 얻게 되는 내적 동기를 말한다. 동기의 뿌리가 외부가 아닌 자신에게 존재한다. 이 책을 읽고 독서로 삶을 변화해 가야겠다는 동기를 부여받았다면 그것은 설득적 동기부여의 상태다. 경험적 동기부여는 이 책의 메시지대로 실천해 봤더니 생각이 변화되고 실력이 향상되며 인생이 변화되는 것을 경험하고 느꼈을 때 생긴다. 그렇게 스스로의 변화를 경험하면 독서와 글쓰기에 더욱 매진하게 된다. 이 책에서 전하는 메시지를 지속적으로 실천할 동기, 분명한 이유를 경험적으로 소유했기 때문이다.

무슨 일을 시도하는 데 있어 설득적 동기를 부여받았다면 중요한 것은 지속하는 것이다. 변화를 경험할 때까지 포기하지 않아야 한다. 변화를 느끼고 경험하면 그때부터는 누구도 예측하지 못하는 폭발력이 생긴다. 방송인 자니 카슨은 말한다.

"재능 하나만으로는 성공할 수 없다. 알맞은 시간, 알맞은 장소에 있다고 해도 당신이 준비되지 않았다면 성공은 찾아오지 않는다. 그러니 가장 중요한 것은 이것이다. '준비는 되어 있는가?'"

이 책을 읽는 당신이 이전과 다른 마음과 태도로 책을 읽을 동기를 부여받았다면 변화의 날갯짓은 이미 시작된 것이다. 그리고 잃어버린 읽기와 쓰기의 실행을 결심하라. 지금 당장 시작해 보라. 시작은 미약할 수 있다. 또다시 작심삼일의 유혹에 빠질 수도 있다. 그 위기만 견디어 내라. 다음 장부터 제안하는 지침을 따라 차원이 다른 독서를 실행해 보라. 그거면 충분하다. 그 과정을 통해 진보를 경험하게 될 것이다. 당신에게 이미 준비되어 있는 기존 지식과 인간지능 독서법의 다양한 지침이 만나며 이전에 없던 진보를 이룰 것이다. 그 작은 성공 경험들은 당신으로 하여금 한 단계 더 높은 수준의 독서 세계로 인도해 줄 것이다.

필요의 동기에서 가치의 동기로

기독교교육의 높은 목표를 이루기 위한 독서에는 또 다른 차원의 동기가 필요하다. 가치의 동기다.

사람들은 대부분 특정 동기에 의해 독서를 시작한다. 학습을 위해, 자기 계발을 위해 독서한다. 처음에는 의무 독서로 시작하는 이들 중 소수는 원함의 독서로 넘어간다. 그러나 기독교교육 차원의 독서는 여기서 한 걸음 더 나아가야 한다. 가치의 독서다. 독서의 이유인 모든 교육적 목표를 포괄하되 근본적인 이유를 찾고 독서에 임해야 한다.

하나님이 말씀하셨고 당신의 말씀을 통해 삶의 방향과 목적을 제시하셨다. 우리는 그 말씀에 주목하므로 그분의 뜻 가운데로 나아간다. 이것이 기독교의 독서다. 그리스도인에게 독서가 단순한 지식의 축적일 수 없는 이유다. 하나님과의 관계를 깊게 하고, 그분의 뜻을 우리 삶에 구현하는 과정이다. 어찌 그리스도인으로서 독서를 게을리할 수 있겠는가? 세상은 성공을 위해, 자기 계발적 차원에서 독서를 강조하지만 그리스도인은 한 걸음 더 나가야 한다. 필요로 인해 실천하는 독서를 넘어, 가치의 독서를 행하고 누리자. 자기 계발을 위한 독서를 넘어, 믿음의 행위로서의 거룩한 독서가 우리 일상이 되게 하자.

PART 3

아무 책이나 읽지 마라

독서 내용 디자인

어떤 책을, 어떤 기준으로 선택해야 하는가?

하나님의 사람,
어떤 책을 읽을 것인가?

어떤 책을 읽을 것인가?

많은 사람의 공통된 고민이다. 독서를 많이 하는 사람, 이제 막 독
서할 결심을 한 사람 모두가 이 질문을 던진다. TV 프로그램, 책을
소개하는 유명 유튜브 채널에서 명사가 소개하는 책이 다음 날 베
스트셀러가 되는 일은 어렵지 않게 볼 수 있다. 자신이 읽을 도서
목록을 정하기 위해 교육 기관과 교육 전문가들의 추천 도서 목록
을 살펴보기도 한다. 도서 선정은 항상 조심스럽다. 책이 한 사람의
인생에 지대한 영향을 준다는 사실을 알기 때문이다. 이전에 읽은
책이 오늘의 나를 만드는 데 영향을 미쳤다. 앞으로 읽을 책은 미래
의 나를 결정짓는 중요한 요소가 될 것임을 안다. W. 딜런은 "친구
를 선택하듯이 작가를 선택하라"라고 했다. 책을 선택하는 것은 친

구 이상으로 중요한 선택 중 하나다. 인생의 목표가 있는 사람이라면 자신의 도서 선정 기준을 살펴보아야 한다. 나만의 분명한 도서 선정 기준을 정하는 것은 미래의 자신에게 주는 최고의 선물이요 지혜로운 선택이다.

독서 관련 책을 보다 보면 빼놓지 않고 도서 선택에 대해 조언한다. "고전을 읽어라", "시대의 흐름을 이끈 사상서를 읽어라", "주제를 정하고 한 가지 주제씩 집중 읽기를 하라", "작가 중심으로 읽어라", "한 작가의 책을 섭렵하는 전작 독서를 하라." 어떤 이들은 다음과 같이 이야기한다. "관심 가는 대로 읽어라", "베스트셀러도 좋다. 어떤 책이든 읽어라."

모두 맞는 말이다. 고전이든 베스트셀러든 도서 선정에 대한 어떤 조언도 틀린 것은 없다. 서로 전제를 달리할 수 있기에 이것만이 정답이라고 우길 수 없다. 다만, 신앙교육적 차원에서 최선의 도서 목록 정하기, 책을 통해 하나님의 사람 세우기에 대해 고민하는 이들에게 더 좋은, 더 옳은, 더 성경적인, 더 원리적인 방법들이 있지 않을까 수없이 많은 질문을 던졌다.

'모두가 정답이지만 그중에서 조금이라도 더 나은 방법이 있지 않을까?'
'전문가 도움 없이도 누구나 쉽게 도서를 선정하는 체계적이고

지속 가능한 독서법은 무엇일까?'

'독서의 즐거움뿐만 아니라 세상이 필요로 하는 역량을 함께 키울 수 있는 독서법은 어떤 것일까?'

'세상에 빛과 소금이 되기 위한 영향력 있는 크리스천을 세우는 독서 방법은 무엇일까?'

'어떻게 하면 다양한 관점을 제공하는 책을 균형 있게 선택할 수 있을까?'

'특정 주제에 대해 심층적으로 이해하기 위한 독서 전략은 무엇일까?'

'독서를 신앙생활의 일부로 만드는 습관은 어떻게 형성할 수 있을까?'

'다양한 장르의 책을 읽는 것이 신앙을 세워 가는 일에 어떤 도움을 줄까?'

이러한 질문을 던지고 해답을 찾는 과정을 거쳐 탄생한 것이 바로 인간지능 독서법의 십진분류 독서다.

신앙 독서에 왕도는 있다

"공부에 왕도는 없다"라는 말이 있다. 학창 시절이나 자기 계발에 임하는 모든 이가 이 말을 들으며 자랐다. 그런데 2000년대 이후 공부에 왕도가 있다고 주장하는 사람들이 등장하기 시작했다. 이제는 왕도는 없다, 왕도는 있다는 말이 필요에 따라 성격을 달리하며 사용되고 있다. 이토록 서로 다른 두 정의의 의미를 바로 알기 위해서는 전제를 살펴야 한다.

"공부에 왕도가 없다"라는 말은 동기부여의 문제를 강조한 말이다. 공부 동기 문제와 그 결과로써의 태도를 전제하고 있다. 동기가 부여되지 않아 의지가 없는 사람에게는 어떠한 방법과 수단도 필요 없다는 것이다. 공부할 마음이 없는 사람이 온종일 도서관 자리를 지킨다고 배움에 열정이 생기던가? 운동에는 조금의 관심도 없는 사람에게 올림픽 메달리스트를 개인 코치로 붙여 준들 그 자체로 무슨 의미가 있겠는가? 태도가 준비되지 않은 사람, 무엇을 해야만 할 이유가 없는 사람에게는 좋은 방법과 기술이 무의미하다. 먼저 태도에 변화를 주어야 하며 그것은 동기를 부여하는 일로부터 시작되어야 한다. 태도가 준비되지 않은 이들에게 왕도란 동기를 찾는 것이요 무언가를 할 이유를 회복하는 것이다.

공부에 왕도가 없다는 말이 동기와 태도를 전제한 것이라면 '공부에 왕도가 있다'는 말은 방법과 기술을 전제로 한 말이다. 의지가 있는 사람에게는 더 좋은 방법과 기술이 있다. 더 효과적이고 효율적인 과정도 있다. 영어를 배워야 할 목적이 분명한 사람에게는 공부에 왕도가 있음을 알려 주어야 한다. 더 좋은 길이 분명 존재하고 누군가는 그 길을 통해 탁월한 결과를 끌어냈음을 말이다.

나는 대학생 시절, 방학 아르바이트로 공사 현장에서 일하곤 했다. 기술자 보조로 잔무를 담당하는 계약직이었다. 다양한 이들의 업무를 도왔는데 목수 팀을 쫓아다니며 일한 적이 있다. 가끔 못질도 하곤 했는데 당시에는 콘크리트 벽에 직접 망치로 못을 박았다. 그러다가 손을 내려쳐 크게 다친 경험도 있다. 시간이 지나자 공사 현장에 타카Air Nailer라는 공구가 도입되기 시작했다. 타카에 못을 넣고 총을 쏘듯 발사하면 공기압을 이용해 튼튼한 못질이 가능하게 되었다. 못질은 더 이상 큰 기술을 요하는 일이 아니었다. 타카의 도입으로 목수의 작업 속도는 빨라졌고 공사 기간도 단축되었다. 이렇듯 모든 일을 진행하는 데는 더 좋은 방법이 있다. 더 좋은 기술이 있으며 그것을 지원하는 도구도 있다.

십진분류 독서법

독서의 세계도 다르지 않다. 책을 읽을 이유가 있는 이들에게 더 좋은 방법은 있다. 무엇보다 하나님의 사람으로 변화하고 성숙하기를 원하는 이들이라면 더욱 그렇다. 인간지능 독서법은 '어떤 책을 읽을 것인가' 고민하는 이들에게 도서관의 분류 체계인 십진분류 독서법을 제시한다. 십진분류 체계는 책을 체계적으로 읽어 나가며 독서 효과를 누리는 도서 선택의 왕도라 할 수 있다.

십진분류 독서법의 장점은 적용이 쉽다는 것이다. 이 세상의 모든 지혜와 지식을 배우고 알아야 한다는 큰 목표를 추구하고 있지만, 독서 전문가가 아니어도 누구나 실천할 수 있는 방법이다. 십진 분류 독서법은 현장에서 어린 자녀들을 지도하는 독서법으로 활용하며 좋은 결과를 얻어 왔다. 성인들의 독서 습관을 점검하는 도구로도 활용되고 있다. 독서로 진로를 지도하는 교사들에게는 탁월한 도구가 되어 주고 있다. 무엇보다도 인공지능 시대에 지속 가능한 신앙교육에 대해 고민하는 그리스도인이라면 자신을 변화시키고 이웃을 사랑하며 하나님의 나라를 이루기 위한 독서 커리큘럼으로 최고의 독서법이 되어 줄 것이다.

천지창조의 세계로 행진하는
십진분류 독서법

문헌정보학자의 눈으로 세상 보기

십진분류는 책을 효율적으로 관리하고 이용하기 위한 도서관의 분류 방법이다. 우리나라에서는 KDC와 DDC가 대표적인 분류법으로 활용되고 있다. 십진분류는 도서관의 방대한 자료에 질서를 부여하는 분류 체계다. 인간지능 독서법이 추구하는 이 세상의 모든 지혜를 가장 체계적으로 정리해 놓은 분류 체계이기도 하다.

십진분류는 주 분류 10가지, 강목 분류 100가지, 요목 분류 1,000가지. 그리고 셀 수 없이 다양한 형태로 확장되는 세목으로 분류하고 있다. 주류는 10가지 주제로 분류된다. 000 총류, 100 철학, 200 종교, 300 사회과학, 400 자연과학, 500 기술과학, 600 예술, 700 언어, 800 문학, 900 역사로 나누어 분류한다.

이 열 가지 그릇 안에 세상의 모든 것을 담아내려는 문헌정보학자들의 위대한 도전은 매우 성공적이었다. 비록 책이지만 세상을 향한 첫 여행의 도구로 이만큼 훌륭한 것은 없다. 도서관이 가치 있는 것은 이렇듯 체계적으로 세상의 모든 주제를 분류해 놓았기 때문이다. 도서관의 수많은 책이 분류되지 않은 상태로 쌓여 있다고 생각해 보라. 분류되지 않은 책은 그저 종이 더미에 지나지 않는다.

한국십진분류 주류표 (10분류)

000	총류
100	철학
200	종교
300	사회과학
400	자연과학
500	기술과학
600	예술
700	언어
800	문학
900	역사

한국십진분류 강목표 (100분류)

000 총류
010 도서학, 서지학
020 문헌정보학
030 백과사전
040 강연집, 수필집, 연설문집
050 일반 연속간행물
060 일반 학회, 단체, 협회, 기관, 연구기관
070 신문, 저널리즘
080 일반 전집, 총서
090 향토자료

100 철학
110 형이상학
120 인식론, 인과론, 인간학
130 철학의 체계
140 경학
150 동양철학, 동양사상
160 서양철학
170 논리학
180 심리학
190 윤리학, 도덕철학

200 종교
210 비교종교
220 불교
230 기독교
240 도교

250 천도교
260
270 힌두교, 브라만교
280 이슬람교(회교)
290 기타 제종교

300 사회과학
310 통계자료
320 경제학
330 사회학, 사회문제
340 정치학
350 행정학
360 법률, 법학
370 교육학
380 풍속, 예절, 민속학
390 국방, 군사학

400 자연과학
410 수학
420 물리학
430 화학
440 천문학
450 지학
460 광물학
470 생명과학
480 식물학
490 동물학

500 기술과학

510 의학

520 농업, 농학

530 공학, 공업일반, 토목공학, 환경공학

540 건축, 건축학

550 기계공학

560 전기공학, 통신공학, 전자공학

570 화학공학

580 제조업

590 생활과학

600 예술

610

620 조각, 조형미술

630 공예

640 서예

650 회화, 도화, 디자인

660 사진예술

670 음악

680 공연예술, 매체예술

690 오락, 스포츠

700 언어

710 한국어

720 중국어

730 일본어 및 기타 아시아 제어

740 영어

750 독일어

760 프랑스어

770 스페인어 및 포르투갈어

780 이탈리아어

790 기타 제어

800 문학

810 한국문학

820 중국문학

830 일본문학 및 기타 아시아 제문학

840 영미문학

850 독일문학

860 프랑스문학

870 스페인 및 포르투갈 문학

880 이탈리아문학

890 기타 제문학

900 역사

910 아시아

920 유럽

930 아프리카

940 북아메리카

950 남아메리카

960 오세아니아, 양극지방

970

980 지리

990 전기

세계는 우리의 배움터

십진분류 독서법은 '곁눈질로 하는 세계 여행'이라 생각해도 좋다. 십진분류 독서법 여행의 시작은 단순하다. 관심 있는 주제로부터 시작하면 된다. 예를 들어 주 분류 300 사회과학을 잠시 들여다보자. 그중에서도 370 교육학 관련 책에 관심이 간다면 관련 주제의 책을 들고 살펴보는 것이다. 인간의 실생활과 직접적으로 연관 있는 500 기술과학의 주제들도 곁눈질해 보라. 예술이라고 꼭 몸으로만 체험해야 하는 것은 아니다. 600 예술의 다양한 분야도 책을 통해 잠시 들여다보자. 정독할 필요는 없다. 부담을 갖지 말고 여러 주제를 살펴보면 된다. '아! 이런 주제도 있구나!' 정도로 충분하다. 책을 분류하기 위해 만든 도서관의 분류법을 세상을 내다보는 창문으로, 세계로 행진하는 문으로 삼아 보는 것이다. 십진분류라는 문을 통해 세상으로 한 걸음 전진하는 것으로 생각하면 된다. 한 걸음, 두 걸음 내딛는 것으로 족하다.

대신, 십진분류의 다양한 주제를 시간을 두고 하나둘 섭렵해 보는 것이 좋다. 그렇게 한 주, 한 달, 일 년, 3-4년을 십진분류로 다양한 여행을 지속하면 된다. 아이쇼핑을 하듯이 하루에 한 주제씩 하루 2-30분이어도 좋다. 십진분류 독서법의 효과는 시간이 지나면 지날수록 배가될 것이기에 급하게 서두를 필요가 없다. 그렇게 다양한 여행을 하는 이들에게 다음 장에서 소개하는 박이정 독서법을 통해 질을 높여 가며 진행하는 독서의 진면목을 확인하게 될 것이다. 그 영향력은 상상 이상의 변화로 나타난다. 십진분류 독서법으로 관심의 지평을 넓혀 보라. 자녀들의 교양 지식을 디자인해 보라. 책을 통해 세상과 소통하며 변화되는 자신과 자녀의 모습을 보는 것만큼 기쁜 일은 없다.

천지창조의 세계로 행진하라

나는 십진분류 체계를 천지창조의 세계라 말한다. 문헌정보학자들은 인류의 흔적을 도서관의 십진분류 체계로 구조화해 놓았다. 발로 뛰어다니는 세계 여행과는 또 다른 차원의 세계 여행이 가능한 분류 체계다. 하나님의 사람들에게는 더욱 가치 있다. 진리로 무장한 우리가 살아갈 필드가 세상이기 때문이다. 신앙의 리더 역할을 맡게 되는 목사직만 성직이 아니다. 세상 속으로 보냄받아 직업을 갖고 살아가는 모든 이의 현장이 믿음의 자리요, 성직이다. 그 자리에서 진리에 순종하며 빛과 소금의 존재로 살아간다면 그곳이 하나님의 영광이 선포되는 자리다.

그리스도인은 성경을 바로 알아야 한다. 그리고 세상을 바로 알아야 한다. 성경을 통해 하나님의 뜻을 알게 되고 그분을 사랑하게 된다. 세상을 통해 하나님의 창조 세계를 더 깊이 알게 되고 아는 만큼 사랑하게 되는 신비를 경험한다.

교육신학자 코메니우스는 "세상에 태어난 모든 사람은 이 세상의 모든 지혜, 세상의 모든 것을 모든 포괄적인 방법으로 배우고 알아야 한다!"라는 범교육학을 주창했다. 이를 위한 구체적인 교육 과정도 제시했다. 십진분류 독서법을 포함하여 인간지능 독서법이 제시하는 모든 독서법은 코메니우스가 지향하는 범교육학과 그 목표를 같이한다.

'세상의 모든 지식과 지혜를, 모든 포괄적인 방법으로, 인간의 모든 기본 역량을 강화하며!'

인간지능 독서법을 통해 교회와 모든 그리스도인의 삶에 실현하고 싶은 목표다. 십진분류 독서법은 그 시작 지점에 있는 배움의 길이요 방법이다.

교회교육을 디자인할 때 십진분류의 세계를 전제로 하여야 한다. 모든 그리스도인은 모든 족속으로 제자를 삼아 가르쳐 지키게 하는 자로 부르심을 받은 이들이다. 그들의 일터는 세계다. 세계로 나가 쓰임받을 하나님의 사람들에게 세계를 보여 주자. 하나님의 창조세계를 보여 주자. 창조 이후 인간이 살아간 흔적을 살피고 공부하며 진리 안에서 바라보고 깨달음을 얻을 기회를 줘야 한다.

자녀교육을 디자인할 때도 마찬가지다. 자녀들에게 십진분류의 세계를 보여 주어야 한다. 하나님이 그들 마음에 소원을 두고 행하게 하실 일이 무엇인지 부모는 알지 못한다. 그러하기에 그들에게 더욱 넓은 세계를 보여 주는 것은 부모로서 마땅히 할 일이다. 부모의 세계가 그들의 한계가 되어서는 안 된다. 교회교육이라고 예외겠는가? 생각해 보라. 가정교육을 통해, 교회교육을 통해 세상을 바라보며 세상으로 보냄받을 우리의 자녀 세대를 교육하는 데, 그리고 천지창조 세계를 담아내는 데 십진분류만큼 훌륭한 체계가 있는지 말이다. 십진분류 독서법을 통해 천지창조의 세계로 행진하는 그리스도인들의 발자취를 기대해 본다. 인간지능 독서법의 모든 내용은 그것을 돕고 지원하기 위해 고민과 기도 가운데 준비된 내용이다. 다른 누군가를 위해 먼저 준비되지 않았다. 나를 위해 공부하는 가운데, 나의 자녀들, 공동체의 구성원들을 사랑하기 위해 기도하며 고민하는 가운데 체계화된 내용이다. 이 나눔이 의미 있는 발걸음이 될 줄 믿는 이유 중 하나다.

한국십진분류 요목표 (1000분류)

000 총류

001 지식 및 학문 일반

002

003 이론 체계 및 시스템

004 컴퓨터과학

005 프로그래밍, 프로그램, 데이터

006

007

008

009

010 도서학, 서지학

011 저작

012 필사본, 판본, 제본

013 출판 및 판매

014 개인서지 및 목록

015 국가별 서지 및 목록

016 주제별 서지 및 목록

017 특수서지 및 목록

018 일반서지 및 목록

019 장서목록

020 문헌정보학

021 도서관 행정 및 재정

022 도서관 건축 및 설비

023 도서관 경영, 관리

024 수서, 정리 및 보존

025 도서관 봉사 및 활동

026 일반 도서관

027 학교 및 대학 도서관

028 기록관리

029 독서 및 정보매체의 이용

030 백과사전

031 한국어

032 중국어

033 일본어

034 영어

035 독일어

036 프랑스어

037 스페인어

038 이탈리아어

039 기타 제언어

040 강연집, 수필집, 연설문집

041 한국어

042 중국어

043 일본어

044 영어

045 독일어

046 프랑스어

047 스페인어

048 이탈이아어

049 기타 제언어

050 일반 연속간행물

051 한국어

052 중국어

387

388 민속학

389 문화인류학

390 국방, 군사학

391 군사행정

392 전략, 전술

393 군사 교육 및 훈련

394 군사 시설 및 장비

395 군특수기술근무

396 육군

397 해군

398 공군

399 고대병법

400 자연과학

401 철학 및 이론

402 잡저(편람, 제표, 서지, 인명록)

403 사전, 백과사전

404 강연집, 수필집, 연설문집

405 연속간행물

406 학회, 단체, 기관, 회의

407 지도법, 연구법 및 교육, 교육자료

408 전집, 총서

409 과학사

410 수학

411 산수

412 대수학

413 통계학

414 해석학

415 기하학

416 위상수학

417 삼각법

418 해석기하학

419 기타 산법

420 물리학

421 고체역학

422 유체역학

423 기체역학

424 음향학, 진동학

425 광학

426 열학

427 전기학 및 전자학

428 자기

429 현대물리학

430 화학

431 이론화학과 물리화학

432 화학 실험실, 기기, 시설

433 분석화학

434 합성화학 일반

435 무기화학

436 금속원소와 그 화합물

437 유기화학

438 고리형화합물

439 고분자화합물과 기타 유기물

440 천문학

441 이론천문학

442 실지천문학

십진분류 독서법으로 관심의 지평을 넓혀 가는 그리스도인 되기

도서 선택의 기준이 없을 때의 도서 선택은 마음 가는 대로 한다. 마음 가는 대로 책을 선택하는 것은 잘못된 선택이 아니다. 대다수의 사람이 관심사를 중심으로 살아가고 그때 행복을 누린다. 이때 점검해야 할 두 가지가 있다.

첫째, 나의 관심의 주체가 누구냐이다. 자신의 내적 관심사를 따라 책을 읽는다면 그나마 다행이다. 다만, 유명인의 책 추천에 마음이 가고 그것이 기준이 되는 사람들이 있다. 책 추천받는 것이 잘못은 아니지만, 그것이 중심이 돼서는 안 된다. 내가 주도해야 할 관심의 주도권을 남에게 내어 주어서는 안 된다. 그것이 반복될 때 기준 없는 인생, 중심 없는 인생이 된다.

둘째, 나의 관심의 넓이다. 자기 관심사를 중심으로 책을 읽는 사람들에게 편향된 독서, 특정 분야에 편중된 독서 습관을 발견하곤 한다. 대다수가 300 사회과학, 800 문학, 900 역사에 편중된 경향을 보인다. 다시 강조하지만 관심사에 따른 주제 선정은 동기부여 측면에서는 긍정적인 방법이다. 관심이 독서의 출발이요 마중물이기 때문이다. 그러나 지속 가능한 독서를 위해서는 주제의 균형을 맞춰 가는 것이 중요하다. 항상 읽어 온 분야의 책만이 아니라 자신의 전공과 관심사 외의 새로운 주제를 접하는 기회를 갖는 것이 필요하다. 그 과정을 통해 사람은 성장한다. 자신의 관심 영역과 전혀 다른 책을 읽다가 생각지도 못한 통찰과 깨달음을 얻을 수 있기 때문이다. 그 주체가 아이, 자녀일 때는 더욱 그렇다. 아이의 관심 분야 독서를 적극 지원하라. 동시에 그들의 관심이 삶의 편향이 되지 않도록 도서 주제 선택에 균형을 유지할 필요가 있다. 어떤 책을 읽느냐가 그들의 미래를 결정하곤 한다. 어린 시절 다양한 분야의 책을 접해 가며 시·공간의 한계를 극복해 갈 수 있는 간접 경험의 기회를 줘야 한다. 그것은 부모의 몫이요 교사의 몫이다.

관심의 지평 넓히기

십진분류 독서법은 현재 관심 세계를 넘어 다른 세계로 나아가도록 인도하는 가이드이다. 동시에 오케스트라의 심포니 독서법이다. 서로 다른 주제의 책, 서로 다른 생각의 소리가 뒤섞여 들어온다. 정보와 지식이 들어올 때면 혼란스럽기도 하다. 정리되지 않으니 어디에도 써먹을 수 없다. 시간이 흐르며 정보와 지식이 연결되어 간다. 서로 다른 분야의 정보와 지식이 상합하여 가며 화합하기 시작한다. 결국 멋진 하모니를 이루며 이전에 없는 창의적인 생각을 창조해 내는 십진분류 독서법은 하나님의 독서법, 하나님의 교향곡이다.

내가 운영하는 호도애도서관과 트리비움 아카데미에서는 관심의 지평을 넓혀 가도록 돕는 십진분류 독서 지도 방법을 활용한다. 예를 들어, 과학과 문학, 역사에 편중돼 책을 읽는 회원들이 있다고 하자. 그들에게 사회과학 분야주류 300의 책을 접할 수 있는 프로그램을 권하고 진행한다. 모든 지도의 시작은 동기부여를 통해 해당 분야에 대한 관심을 갖게 하는 것으로부터 시작된다. 300 사회과학은 크게 310 통계, 320 경제, 330 사회·사회문제, 340 정치, 350 행정, 360 법, 370 교육, 380 풍습·민속, 390 국방·군사 등 9가지의 강목 주제로 분류된다. 회원들이 법과 정치, 사회문제에 관한 책을 선택하도록 이끄는 것이다. 세미나를 열거나 독서 토론회의 주제로 잡아 기회를 제공할 때도 있다. 그렇지 않으면 평생 그 주제는 자신들과 상관없는 이야기로 남을 수 있다. 강목의 어떤 주제도 가벼운 것은 없다. 이 세상을 살면서 상관없는 주제 또한 없다. 책 한 권을 읽는다고 그 주제에 정통하는 것도, 생각이 갑자기 바뀌는 것도 아니다. 그럼에도 자신의 관심 분야와 다른 영역을 만나는 과정이 필요하다. 그 과정이 때로는 마중물처럼 새로운 영역에 대한 탐구 정신을 불러일으키기 때문이다. 한 바가지의 마중물은 비교할 수 없는 양의 지하수를 만나는 기회의 통로가 되어 준다. 단지 책 한 권을 읽었을 뿐인데 그 책이 인생의 중요한 터닝 포인트가 되기도 한다. 독서가 가진 가장 큰 매력이 바로 여기에 있다.

물론 서너 바가지의 마중물로 샘물을 길어 올리지 못할 수 있음을 아는 것도 지속 가능한 독서를 위해 필요하다. 첫술에 배부를 수 없고 조급해서는 안 되는 이유다. 오늘 사회과학도서 중 정치에 관한 책을 보았다면 내일은 500 기술과학 중 510 의학에 관한 책을 읽어 보는 것도 괜찮은 선택이다. 관심을 따라 주제 이동이 이루어져도 무방하다. 너무 편중된 독서를 하고 있다고 판단될 때 다른 주제로 관심의 지평을 넓혀 보는 것이다. 그런 과정을 자신의 삶에 디자인해 균형 잡힌 독서를 해 나가야 한다. 그것이 자기 삶의 기초석이자, 배경지식이 되기 때문이다. 기초가 탄탄하면 어떤 주제의 건물을 올려도 끄떡없다. 그때를 대비해 십진분류 독서법으로 관심사를 넓혀 가는 것이다.

세계를 여행하는 독서 트램펄린

호도애도서관 마당에는 독서 트램펄린이 있었다. 10년간 무료로 운영했던 도서관 놀이기구다. 코로나를 전후로 철거했지만 독서 트램펄린을 활용한 십진분류 독서법의 적용은 매우 성공적인 프로그램 중 하나였다. 대부분의 동네 어린이가 시설을 이용했다. 기구의 이용 조건은 단 하나다. 책을 10분 읽는 것이다. 10분 독서에 참여한 아이들에게만 10분 동안 탈 수 있는 티켓을 발급해 주었다. 하루에 7-80여 명의 아이가 트램펄린을 타기 위해 도서관을 찾았다. 이때 읽는 책은 자신이 읽고 싶은 주제의 책이 아니다. 트램펄린을 이용하기 위해서는 그날의 주제 책을 읽어야 한다. 예를 들어 월요일은 독서법에 대한 책, 화요일은 세종대왕과 한글, 수요일은 동물학에 대한 책, 목요일은 수잔 와이즈 바우어의 세계역사 이야기, 금요일은 숲 이야기, 토요일은 물 이야기. 그다음 주도 매일 주제를 바꿔 가며 아이들에게 다양한 주제를 제공한다. 단 10분일지라도 자신이 자유의지로는 집어 들지 않을 주제의 책을 아이들의 손에 들게 하는 것만으로도 십진분류 독서법의 목표는 달성된 것이다. 그중 단 5분만 집중하여 읽어도 좋다. 처음 접한 세상의 주제와 존재에 대한 인식을 갖게 된다. 그렇게 그 세계로 첫발을 내딛는 계기가되어 주는 것만으로도 충분하다. 읽은 내용을 잊어도 좋다. 십진분류 독서법의 1단계 적용은 암기나 연구에 목적을 두지 않는다. 새로운 세계와의 조우를 목표로 한다.

어느 날, 주제 독서는 '유엔과 국제기구'였다. 트램펄린을 타러 온 초등학교 5학년 아이가 의무 독서 시간10분이 지나도 밖으로 나가지 않았다. 트램펄린을 타러 가도 된다고 알려 주어도 꼼짝하지 않았다. 오히려 "잠시 책 더 읽다 타러 갈게요"라며 계속해서 책을 읽

어 나갔다. 혹시 아는가? 국제기구와 관련된 10분, 20분의 짧은 독
서를 통해 그 아이가 국제기구에서 일하는 외교관이나 NGO의 전
문가를 꿈꿀지 말이다.

나의 역할은 매일 주제를 바꿔 주며 아이들에게 세상의 모든 주
제를 그 손에 들려 주는 일이다. 초등학교 4학년 아이가 6학년까지
매주 월-금 단 10분씩이라도 호도애도서관에 트램펄린을 타러 온다
면 수백 가지의 주제, 수천 가지의 직업 세계를 접할 수 있는 기회
를 제공받는다. 특별한 독서 지도가 아니라 세상에 존재하는 다양
한 주제를 만나게 해 주는 것만으로 이 놀라운 일이 진행된다.

십진분류 독서는 하나님의 손길이자 그분의 음성이다

십진분류 독서법 실행이 어렵다고 생각하는가? 전혀 어렵지 않다.
중요한 것은 다른 영역의 책을 읽어 가는 것에 있다. 하루 10분이어
도 좋다. 좀 더 시간이 연장된다면 물론 더 좋다. 첫 번째 목표는 장
시간 독서를 하는 데 있지 않음을 기억하라. 세상의 모든 지혜를 잠
깐이라도 엿볼 기회를 주는 것이다. 반복적으로, 지속적으로 말이다.

이 과정이 계속되다 보면 수백의 스쳐 지나가는 주제도 있겠지만
자신의 마음이 머무는 주제를 만날 때가 분명 있다. 그 시간이 개인
삶의 터닝 포인트가 된다. 오늘 자신이 머물고 있는 자리를 더 의미
있게 만들어 주기도 한다. 의무가 아니라 원함으로 일상을 살도록
동기를 부여한다. 때로는 지금까지 걸어왔던 길과 전혀 다른 길로

자신을 인도한다.

이제 자신에게도 기회를 주어라. 세상은 크고도 넓다. 현재 삶에서 벗어나 더 다양한 것을 경험할 기회를 주어라. 평생의 관심사를 마흔 살, 예순 넘어 만나지 말라는 법은 없다. 어쩌면 당신을 기다리는 그 어떤 직업의 세계가, 취미의 세계가, 당신의 존재를 더욱 의미 있게 만들 분야가 어딘가에서 기다리고 있을지 모른다. 오늘의 현실에 불만을 품고 더 크고 위대한 꿈을 추구하라는 말이 아니다. 돈이 아니라, 명예가 아니라 참된 행복을 누리며 살 수 있는 그 무엇이 있음에도 이 사회 시스템에 속해 살다 보니 한 번도 선택의 기회를 가져 보지 못했을지도 모른다. 오늘에 감사하되 내일 새롭게 떠오를 태양을 기대하며 나아가는 발걸음은 더 멋진 일이다. 그러니 다양한 세계로 항해를 시작해 보라. 한곳으로 치우쳐 온 지난 시간 자신의 관심사, 그 지평을 넓혀 가는 기회를 십진분류 독서법을 통해 가져 보라. 하나님의 인도하심의 손길, 그분의 음성을 그 과정을 통해 듣게 될 것이다.

십진분류 독서법으로
신앙적 진로 설계 과정을 디자인하라

선택할 수 있는 환경과 선택할 수 없는 환경

인간의 삶에서 환경이 미치는 영향은 간과하기 어려운 요소다. 어디에서 태어나고, 어떤 환경 속에서 성장하며, 무엇을 접하게 되는지는 우리의 관심사, 성향, 심지어 장래 희망에까지 영향을 미친다. 하지만 모든 환경을 우리가 선택할 수 있는 것은 아니다. 가족, 사회적 배경, 그리고 태어난 지역 같은 조건들은 우리가 태어나면서부터 이미 정해진 부분들이다. 이러한 사실은 우리가 어떤 사람으로 성장할지, 어떤 분야에 관심을 가지게 될지에 큰 영향을 준다.

직업이 결정되는 과정을 보아도 그렇다. 누군가는 진로를 설계하고 그것에 따라 삶을 디자인해 간다. 그러나 많은 경우 선택할 수 없는 환경에 영향을 받아 미래의 삶이 결정되곤 한다. 음악가 집안에서는 음악인이 많이 배출된다. 미술인 부모를 둔 자녀들의 미술 전공 비율도 높은 편이다. 비단 예술계에만 적용되는 이야기만은 아니다. 교육과 운동도 마찬가지다. 그 이유는 무엇일까? 여러 가지 이유가 있겠지만 환경의 영향이 크다. 해당 분야의 노출 빈도수는 직업 결정에 중요한 요소로 작용한다. 진입 장벽을 낮추는 환경적 요소는 결코 무시할 수 없다. 부모가 가진 직업 세계를 어릴 적부터 옆에서 보아 온 아이들은 그 영역의 정보에 수없이 노출되고, 그러다 보면 자연스럽게 부모가 속한 분야로 진출한다. 이미 자주 접했기 때문에 두려움보다는 친근함을 느낀다. 무엇보다 옆에서 그 길로 나아가는 최선의 코칭을 일상에서 받을 수 있다. 그 분야에 대한 큰 꿈이 없는 경우도 허다하다. 동기가 부여되어 있지 않은 이들임에도 부모의 직업을 자신의 직업으로 삼아 살아간다. 해당 분야의 정보에 오감이 많이 노출되어 있었기에 관심을 가질 기회가 많았을 뿐이다. 피아노를 마주한 적도 없고 연주를 들어 보지 못한 사람이 피아니스트를 꿈꿀 수는 없는 법이다. 컴퓨터를 본 적도 그 정보를 접하지 못한 사람이 컴퓨터 공학자를 꿈꿀 수는 없다. 사람의 직업이 모두 이런 과정을 통해서만 결정되지는 않는다. 어떤 이들은 환경적 도움이 전혀 없는 가운데 인생을 디자인해 가기도 한다.

그러나 부인할 수 없는 사실은, 미래 우리의 삶의 형태는 지금 무엇을 보고 듣고 경험하고 있는가에 의해 영향을 받는다는 사실이다. 아이일 경우는 더욱 그렇다. 그들의 꿈과 비전도 중요하지만 그들에게 주어진 환경은 천천히 그들의 삶에 영향을 미치기 시작한다.

십진분류 독서법으로 환경의 결핍을 보완하라

십진분류 독서법을 진로 설계의 도구로 활용해 보라. 자녀들의 진로지도를 어떻게 할지 고민인가? 갈팡질팡한 진로 교육의 대안이 천지창조의 세계로 행진하는 십진분류 독서법에 있다. 학부모에게만이 아니다. 학생을 가르치는 교육자에게도 훌륭한 진로 설계의 도구가 되어 준다. 목회자라면 신앙적 진로 설계 커리큘럼으로 십진분류 독서법을 활용해 보라. 성경적인 진로를 설계하고 지도해 가는 데 훌륭한 모판이 되어 줄 것이다.

십진분류의 세계는 다음세대가 살아갈 미래 세상을 담고 있다. 그래서 책을 통해 살아갈 세상을 미리 만나도록 해 줘야 한다. '콩 심은 데 콩 나고 팥 심은 데 팥 난다'라는 말은 십진분류 독서법에도 똑같이 적용된다. 십진분류가 진로 설계를 위해 직업을 체계적으로 분류한 도구는 아니다. 그러나 독서를 통해 새로운 주제와 영역을 넘나들다 보면 관심의 지평이 열리고 눈이 열리기 시작한다. 다양한 세계를 살아가는 사람들의 이야기를 책을 통해 접하는 과정에서 그 분야로 진입할 수 있는 기회의 문이 조금씩 열리는 것을 경험하게 된다.

'어떤 책을 읽을 것인가?'라는 질문에 반응하는 태도는 자신의 미래와 깊이 관련된다. 목표가 분명하면 할수록 그에 걸맞은 책 읽기가 진행되어야 한다. 만일 당신이 최고의 사업가가 되기를 원한다면, 최고의 사업가가 되기 위해 필요한 도서 목록이 당신 앞에 펼쳐져 있어야 한다. 사업가로 세상에 영향력을 나타내고자 한다면, 지금 그것을 위한 책 읽기가 진행되어야 한다. 사업 방법, 이론서만으로 충분하지 않다. 사업은 사람을 대상으로 하기에 사람을 알아야 한다. 심리학, 정치, 경제, 사회, 경제, 경영 도서 등 다양한 책 읽기가 필요하다. 사업이란 일상과 삶 모든 것을 포괄하는 큰 영역이기에 언어, 역사, 관련 기술서 그 어떤 것도 제외되어서는 안 된다.

　'어떤 책을 읽을 것인가?'라는 질문은 '나에게 어떤 것이 필요한가, 이 세상은 무엇을 필요로 하는가?'라는 질문과 맥락을 같이한다. 자신이 병에 걸렸다고 생각해 보자. 그러면 치료해야 할 증상이 나타난다. 의사나 약사를 찾아가 증상을 이야기하고 치료받거나 필요한 약을 처방받는다. 의사의 처치와 약 복용으로 증상은 완화된다. 어떤 책을 읽을 것인가에 대한 문제도 다르지 않다. 자기 삶의 문제를 해결할 약을 구하는 과정과 같다. 독서로 삶을 바꾸고 싶다는 것은 살아갈 인생을 새롭게 계획하는 것이요 디자인하는 작업이다. 그래서 십진분류 독서법이 필요하다. 다양한 선택지를 통해 자신이 원하는 인생을 발견할 수 있다. 독서로 축적해 가는 배경지식의 초깃값 유무, 질적 차이가 자신이 속한 분야의 경쟁력의 차이로 나타난다는 사실을 잊지 말아야 한다.

미래의 직업 세계를 예측하는 수많은 미래학자가 공통적으로 말한다. 미래는 평생 직업을 갖고 살아가기 힘든 사회라는 것을 말이다. 이전과 달리 사회의 변화 속도가 더욱 빨라질 것이며 평생을 살며 적어도 5-11개의 직업을 거치게 될 것이라고 예측한다. 그중 8개정도는 아직 만들어지지 않은 직업이라고 한다. 두세 개의 분야를 넘나들며 직업을 가진다고 하니 다양한 영역을 만나게 해 주는 일은 너무나도 중요하다. 십진분류 독서법은 자녀들에게 미래의 일과 직업을 생각해 보도록 기회를 제공하는 최적의 도구인 셈이다. 십진분류 독서법을 어떻게 활용해야 진로 설계의 훌륭한 도구가될 수 있을까? 이 질문에 대한 해답은 독서 방법과 기술을 다루는 PART 4까지의 내용을 천천히 살피는 가운데 얻을 수 있을 것이다. 그러기 위해 십진분류 독서법에 대해 조금 더 자세히 알아 가며 개념을 잡아 가는 시간이 필요하다. 이 내용을 읽는 가운데 끊임없이 질문을 던져야 한다.

"어떻게 적용할 것인가?"

"십진분류 독서법을 자녀들의 독서 지도, 미래 설계 도구로 어떻게 활용할 것인가?"

"교회교육에 적용한다면 무엇을 어떻게 적용할 것인가?"

질문의 양과 질에 따라 이 책이 독자들에게 전하는 이야기는 전혀 다른 것이 될 수 있음을 기억하라.

크리스천의 진로 설계,
문제를 보여 주라

문제를 보여 주라

어떤 책을 읽을 것인가? 자녀에게 어떤 책을 읽게 할 것인가? 고민하는 이들에게 주는 답변 중 하나다. '문제를 보여 주라!'

문제는 해결이 필요한 미해결 과제다. 곤란하게 만들고 고민거리를 던져 주는 골치 아픈 것일 수 있다. 그런데 왜 문제를 보여 줘야 할까? 모든 그리스도인은 문제를 마주하고 그 문제를 해결해야 할 사명을 부여받은 존재이기 때문이다.

문제의 또 다른 이름은 목표다. 달성해야 할 꿈과 비전도 미해결된 과제, 달성해야 할 목표 중 하나다. 문제는 현실에서는 불편을 안겨 주지만, 세상의 변화는 언제나 발견된 문제를 해결하는 과정을 거쳐 진행되었다. 스승과 지도자, 전문가는 모두 자신들이 사는 시대, 분야에서 문제를 해결하는 자들이다. 문제 영역이 다를 뿐 문제가 있는 곳에 언제나 문제 해결사들이 등장한다. 영화의 영웅도 마찬가지다. 문제를 일으키는 악당이 나타나는 곳이면 어김없이 영웅이 나타난다. 영웅이 영웅인 것은 문제를 해결하는 존재이기 때문이다. 차원이 다르지만 예수님도 마찬가지다. 문제 해결사로서의 예수님을 기억해야 한다. 병을 고쳐 주셨고 고민을 해결해 주셨다. 무엇보다 십자가의 보혈의 피로, 죽음에서 부활하심으로, 죽음의 문제와 죄의 문제를 해결하셨다. 그리고 우리에게 배턴을 넘겨주셨다. 모든 족속을 제자 삼으라 명하시며 파송하셨다. 그리스도인은 전 세계로 나아가 예수께서 분부한 모든 것을 가르쳐 지키게 할 과제를 부여받은 사명자들이다. 그리스도인 그 누구도 예외는 없다.

그리스도인이라면 전 지구적 문제에 관심을 가져야 한다

SDGsSustainable Development Goals, 지속 가능한 발전 목표는 2015년 유엔 총회에서 193개국 정상들의 서명으로 채택된 국제 사회의 17가지의 목표다. 인류가 직면한 전 지구적 문제 해결을 위한 프로젝트요 인간, 지구, 번영을 위한 인류의 행동 계획이다. 빈곤의 종식, 기아 해결 및 양질의 교육 보장, 성별 평등 달성, 물과 위생에 대한 접근 개선, 불평등 감소, 기후 변화에 대응, 수중 육상 생태계 보호 문제 해결 등 17가지 글로벌 목표를 포함한다. "누구도 뒤처지지 않는다"No one left behind라는 기치 아래 도움이 필요한 국가뿐만 아니라 선진국도 예외로 두지 않는다.

SDGs는 크게 세 가지 상황을 문제로 보았다. 사람과 번영, 환경적 상황을 해결해야 할 문제로 판단하여, 문제 해결을 위한 행동 계획으로 기획된 프로젝트다. 첫째, 사람의 문제다. 국가 내, 국가 간 현격한 사회적 불공평 상태가 편만해 있음을 문제로 보았다. 둘째, 번영이다. 소득과 불균형, 경제 성장의 결실 또한 널리 공유되지 못하고 있음을 문제로 보았다. 셋째, 환경이다. 한번 지나치면 돌이킬 수 없는, 갑작스러운 환경 파괴를 초래할 티핑 포인트 '지구 위험 한계선'에 다가가고 있기에 그것을 해결할 수 있는 대안에 대해 생각하게 된 것이다.

오랜 시간 교육 현장을 지키다 보니 진로 설계로 고민하는 아이들을 자주 접하게 된다. 장래 직업에 대해 고민하는 이들만 있는 것은 아니다. 자신의 직업을 통해 어떻게 하나님의 뜻을 이뤄 갈 것인지에 대해 고민하는 성숙한 청소년, 청년들도 자주 만나게 된다. 그런 이들에게 십진분류의 개념과 SDGs 17에 대해 자주 언급하곤 한다.

"그리스도인들은 비전을 설계하고 진로를 설계할 때 재능만을 중심으로 디자인해서는 안 된다. 문제 중심의 비전 설계, 진로 설계가 필요하다. 자신의 재능을 발견하고 발전시켜 직업 삼는 것은 가장 좋은 길, 지혜로운 선택일 수 있다. 그러나 많은 경우 아이들의 재능은 자신의 진정한 원함, 하나님이 주신 은사와 재능이라기보다 어린 시절 제한된 환경에서 가장 많이 받은 영향에 의해 잘하는 것일 경우가 많다. 십진분류의 개념을 배우고 그 속에서 해결되어야 할 문제를 찾아보라. 무엇을 잘하기에 그것을 직업으로 삼는 진로 설계도 의미 있지만, 변화가 필요한 영역, 해결되어야 할 문제를 발견하고 그 문제를 해결하기 위해 필요한 능력을 키워 가며 사명을 감당해 가는 진로 설계, 비전 설계는 그리스도인이라면 고민해 봐야 할 진로 설계의 방법 중 하나다. 유엔 총회에서 결의된 SDGs 17에도 관심을 가져 보라. 여러분에게 하나님이 은혜를 주셔서 관심 분야의 전문가가 되고 경제적으로 독립적인 존재로 세우심이 세상의 문제를 해결하기 위한 인도하심일 수 있다. 재능 중심의 진로 설계에 더해 문제 중심의 진로 설계, 비전 설계를 해 나간다면 하나님의 인도하심의 손길을 경험하게 될 것이다."

역사를 보면 그리스도인들은 언제나 문제의 중심에서 문제를 해결하는 존재로서의 영향력을 나타내 왔다. 오늘날 기독교에 대한 사회적 인식이 예전과 같지 않음을 우리 모두가 알고 있다. 그럼에도 부정할 수 없는 것은 교회와 그리스도인의 사랑과 섬김은 여전히 사회 변혁의 중심에 서 있다는 것이다. 세상의 문제 현장에서 봉사하는 이들 중 다수는 믿음의 결단으로 삶을 헌신하겠나 다짐한 그리스도인이라는 사실이다. 우리는 약하나 복음은 강하다. 우리의 죄 된 본성은 매 순간 좌로나 우로나 치우치려 하지만, 우리 하나님은 그 순간에도 하나님의 큰일을 이룰 준비된 사람들을 곳곳에 세우시고 역사하신다는 사실을 믿는다. 기독교교육의 입장에서 독서는 책상과 교실, 예배당에서 진행될지언정 그 방향성은 문제 가득한 세상을 향해 나아가는 도구요 무기임을 알아야 한다. 우리의 머리를 살찌우는 독서가 아니라 아는 힘 너머 알아내는 힘을 키우고, 자기 계발뿐 아니라 세상을 살리며 빛 되고 소금 된 존재로서 영향력을 발해야 한다. 그 자리가 하나님의 영광을 선포하는 자리다.

자녀들에게 문제를 보여 주라!
다음세대에게 세상의 미해결 과제들을 보여 주라.

십진분류와 SDGs 17 등의 창문을 통해 사람을 보고 세상을 보며 우리를 향한 하나님의 마음을 바라보는 성경적 독서 과정으로부터 시작하라. 시작은 미약할지라도 하나님이 이루실 큰일을 위한 오늘의 작은 일임을 알기에 이 작은 몸짓에 희망을 갖게 된다.

십진분류 독서법은 분과학문 시대에 통합을 추구하는 독서법이다

18세기 이전에는 통합학문이 교육의 주를 이루었다. 누구든 본질에 대한 질문을 던졌고 원리가 무엇인지를 물었다. 칸트 시대를 기점으로 통합학문이 아닌 분과학문 시대의 서막이 올랐다. 통일된 이해가 힘들다는 이유에서다. 나누니 쉬웠고, 세분되니 효과적인 배움이 가능해졌다.

시간이 지나며 분과학문의 전문화로 인한 문제점들이 나타나기 시작했다. 개별적인 학문은 발전을 거듭했지만 학문 간의 소통이 제대로 이루어지지 않았다. 인간은 누구이고 세상이 무엇인지에 대해 누구도 답해 주지 못했다. 설명이 이루어진다 해도 분야마다 각기 다른 해법을 제시하며 혼란을 일으켰다. 전문가들은 많이 생겼는데 전체를 폭넓게 바라보며 방향을 설정해 주고 질서를 잡아 주는 지도자들은 부족했다. 오늘 우리가 사는 시대의 모습이다.

우리가 받아 온 학교 교육 과정도 분과학문 시스템 속에서 디자인되었다. 전문화되었지만 파편화도 동시에 진행되었다. 이런 경향은 사회 전반에 퍼졌다.

인공지능 시대에 필요한 역량 중 중요한 덕목을 차지하는 것도 융복합이다. 융복합은 사람과 기술, 과학과 인문정신이 조화를 이루는 것을 말한다. 뛰어난 분과학문 능력이 아니라 통합적인 시야와 능력을 가진 역량을 필요로 한다. 그래서 독서는 인생의 큰 그림을 그리는 과정이어야 한다. 다른 학문 분야의 내용을 서로 연결해 질서를 부여하고 통합적인 역량을 기르도록 이끌어야 한다. 파편화된 배움의 프로세스의 한계를 극복하는 것으로부터 시작되어야 한다. 인공지능 시대를 관통하며 영향을 나타낼 수 있는 사람은 학문간의 통합, 융합을 통한 창의적 해법을 제시할 수 있는 사람들이다. 십진분류 독서법이 바로 그런 인재를 세우기 위한 최선의 학습 체계다.

십진분류 독서법은 우리의 자녀, 다음세대만을 위한 학습법이 아니다. 모든 그리스도인이 믿음 안에서 성장하고 발전해 나갈 수 있는 길을 제시한다. 자신의 전문성이 분명하다면, 그 분야를 둘러싼 다양한 지식의 풍경을 탐험하는 도구로 십진분류 체계를 활용해 보라. 이는 단순히 지식의 양을 늘리는 것이 아니라, 지식 간의 연결고리를 찾아내어 전문 분야의 사고를 다각화하고, 보다 풍성한 융합을 이루게 해 준다. 이러한 과정은 집중하고자 하는 전문 분야의 질을 향상하는 데 꼭 필요한 것이다. 예를 들어, 역사학을 전문으로 한다면, 경제, 문화, 사회학 등 다른 학문의 관점에서 역사를 바라보는 시도를 해 보라. 다양한 관점에서 역사를 바라볼 때 역사를 깊게 이해할 뿐 아니라, 역사적 사실과 사건들을 다양한 각도에서 분석할 수 있는 능력도 향상해 갈 수 있다.

필자는 목회자로서 30년 이상을 사역해 왔다. 목사로서 성경을 연구하는 일은 기본기인 동시에 전문가적 역량을 갖춰야 하는 일이다. 그 일을 위해 성경과 신학을 공부하는 일에 열심을 다했다. 동시에 십진분류의 다양한 주제를 살피는 일에도 최선을 다했다. 신학을 이야기하려면 다양한 철학 사조를 학습해야 한다. 기독교 역사와 신앙을 연구하는 과정에서 유대인과 이슬람에 대한 정보를 정리할 필요를 느꼈다. 그 과정에서 공부한 자료들을 바탕으로 유대인과 관련한 책도 세 권 출간했다. 기독교학교를 설립하는 일에 동참했고 커리큘럼을 기획하는 일을 주업무로 삼아 20년 이상 사역했다. 그 과정에서 배움의 기본기인 독서와 글쓰기를 연구해야 했고 그 결과물은 『더 넓고 더 깊게 십진분류 독서법』, 『목사의 독서법』, 『목사의 글쓰기』 등 다양한 책으로 출간되었다. 2022년 12월, 챗GPT가 대중에게 공개되었고 생성형 인공지능의 핵심 기능인 프롬프트 기술을 공부한 결과를 모아 챗GPT 질문법 책도 출간했다. 출판사의 요청으로 청소년을 위한 세계인물사에 관한 책도 집필 중이며 건강과 관련한 책도 준비 중이다.

목사인 필자가 왜 성경 이외의 주제에 이토록 관심을 갖고 수많은 시간을 투자한 것일까? 필자의 관심은 성경과 하나님의 사람을 세워 가는 기독교교육에 있었다. 이 분야에 전문가가 되기 위해서는 그 분야뿐 아니라 관련 학문, 분야에 대한 학습과 연구도 병행되어야 했다. 그 과정을 통해 성경에 대한 이해의 깊이는 더욱 깊어져 갔다. 여전히 갈 길은 멀지만 어떠한 배움도 하나님과 천지창조의 세계, 하나님의 형상으로 창조된 인간과 나 자신을 알아 가는 데 도움이 되지 않은 분야는 없었다. 십진분류의 다양한 분야를 공부하면 할수록 하나님에 대한 앎은 더욱 깊어져 갔다. 십진분류 독서법의 목표는 많은 분야의 지식, 다양한 정보를 쌓는 데 있지 않다. 하나님-세계-인간을 더 깊이 알아 가며 세상에 보냄받은 존재로서의 사명을 잘 감당하는 데 있다.

독서를 통한 배움의 과정에 조급해서는 안 된다. 변화 속도가 빠른 인공지능 시대지만 하나님 사람으로의 변화와 성숙을 추구하는 독서만큼은 큰 그림을 그리고 단계를 밟아 가며 접근해야 한다. 씨앗을 심어 놓고 얼마나 자랐는지 자꾸만 씨앗을 확인하면 튼실한 열매를 기대할 수 없듯이 독서를 통해 삶의 변화를 끌어내려면 차분한 마음으로 다가가야 한다. 그 시작을 십진분류 독서로 도전해 보라. 천지창조 세계의 다양한 장르를 접하며 인식의 지평을 넓혀 보는 것이다. 그러는 과정에서 깨달음이 생기고 변화의 물결이 일 렁이기 시작한다. 우리의 인생은 그렇게 서서히 하나님의 뜻을 이루어 가는 청지기의 삶으로 세워져 간다.

독서 편향, 확증 편향에서
벗어나기

어떤 책을 읽을 것인가, 어떤 기준으로 책을 선택해야 하는가에 대해 고민하지 않는 이들이 빠지는 함정이 있다. '독서 편향'이라는 함정이다. 독서의 편향성은 여러 원인에 의해 발생한다.

첫째, 인간의 자연스러운 경향성에 있다. 사람은 자신의 선입견과 믿음을 강화해 주는 정보를 선호하는 경향 때문이다. 이를 확증 편향이라고 하는데, 비판적으로 사고하는 습관이 없는 사람들에게 쉽게 찾아든다.

둘째, 인공지능 알고리즘의 영향 때문이다. 인공지능 시대를 사는 우리는 정보를 검색하고 콘텐츠를 소비할 때 대부분 알고리즘의 도움을 받는다. 알고리즘은 사용자의 과거 활동 데이터를 기반으로 관심 있을 만한 정보를 제공한다. 이 과정에서 사용자는 자신의 의도와 상관없이 선호하는 정보만을 지속적으로 접하게 되고, 사고의 다양성을 제한받는 상황에 빠지게 된다. 알고리즘의 배신이라고나 할까?

셋째, 환경 때문이다. 사람은 사회적 존재고 자신을 둘러싼 환경의 영향을 받는다. 자라나는 가운데 부모의 영향은 절대적이다. 부모의 신앙, 가치관이 자연스럽게 자녀에게 자리 잡곤 한다. 부모의 정치관에 따라 자녀도 같은 정치관을 갖곤 한다. 책을 선택할 때도 마찬가지다. 자신이 속한 공동체의 영향을 받는 것은 이상할 것 없는 자연스러움이다. 자신이 속한 공동체 내에서 인기 있는 책이나 관심 주제에 치우쳐 독서하는 경우, 다양한 관점을 접할 기회를 상실하게 되고 자연스럽게 독서의 편향성을 갖게 될 뿐 아니라 확증편향의 상태에 빠져들게 된다.

신앙의 에코 챔버

독서는 인간이 지식을 쌓고, 세상을 이해하는 데 있어 중요한 역할을 한다. 신앙생활에 있어서도 마찬가지다. 자신을 알아 가고 세상을 알아 가는 데 있어 경험만큼 좋은 게 어디 있겠는가! 그러나 시공간의 한계 속에서 독서는 항상 우리의 한계를 극복하고 결핍을 채워 주는 역할을 감당해 왔다. 간접 경험을 통해 삶의 길을 끌어올리고 관계를 세워 갈 수 있음을 알기에 독서는 언제나 강조되어 왔다. 하나님을 알아 가는 데 있어서도 독서는 제일의 선택이다. 하나님은 성경을 통해 말씀하셨고 성경 독서는 설교의 시작이요, 기도의 시작이며 우리 신앙생활의 출발점이다. 그러나 무의식적으로 빠져들게 되는 독서의 편향은 우리의 의지와 상관없이 우리를 진리에서 멀어지게 만든다.

에코 챔버 효과에 대해 알고 있는가? 반향실이라고 불리는 에코 챔버Echo Chamber는 특수재료로 벽을 만들어 소리가 밖으로 나가지 않고 메아리처럼 울리게 만든 방을 말한다. 반향실에서는 어떤 소리를 내도 똑같은 소리가 되돌아온다. 즉, 에코 챔버 효과는 비슷한 생각을 가진 사람이 함께 모여 있으면 그들의 사고방식이 돌고 돌면서 서로를 도와주어 신념과 믿음이 증폭되고 강화하는 현상을 말한다. 결국 에코 챔버에 갇힌 사람들은 자기가 보고 싶은 것만 보고 듣고 싶은 것만 들으며 자연스럽게 사실과 진실에서 멀어져 가는 상황에 빠질 수 있다.

에코 챔버 효과는 일종의 커뮤니티화된 확증 편향이라고 할 수 있다. 비판적으로 사고하지 않는 상태에서 자신의 신념과 관점이 끊임없이 반사되는 사회적, 지적, 영적 영역에 있다고 상상해 보라. SNS에서의 가짜뉴스에 영향력을 받아 정치적 극단주의에 빠질 수 있다. 자신이 알고 있는 정보와 지식만이 참이라 말하며 다른 이들의 생각에 배타적인 태도를 갖게 될 수 있다. 무엇보다 잘못된 신학, 믿음 안에 빠져들었음에도 진리의 말씀에 귀를 닫고 자신이 속한 이단 공동체의 내부 메시지만을 신뢰함으로 벌어지는 안타까운 일들을 주변에서 어렵지 않게 발견할 수 있다. 확증 편향이 무섭다지만 신앙적 확증 편향만큼 참담한 결과로 우리를 이끄는 것은 없다.

독서의 편향에서 벗어나기

이 모든 편향에서 벗어날 수 있는 방법은 없다. 다만, 그것을 예방할 수 있는 방법은 있다. 독서의 편향성에 빠지지 않는 것이다. 내가 좋아하는 생각을 담은 책만 읽는 습관에서 벗어나야 한다. 나와 다른 생각을 가진 이들의 메시지에도 귀를 기울여야 한다. 모르고 비판해서는 안 된다. 비판의 대상이라면 그들에 대해, 그들의 주장에 대해 누구보다 잘 알고 있어야 한다. 편향된 독서는 우리의 사고를 좁히고, 관점의 지평을 넓혀 가는 기회를 잃게 만든다. 문제에 대한 균형 잡힌 이해가 어려워지므로 올바른 판단을 내리기 힘든 상태에 빠지게 된다.

편향된 독서의 함정에 빠지지 않기 위해서는 의식적인 노력이 필요하다.

첫째, 다양한 분야의 책을 읽으려는 노력이 필요하다. 자신이 평소 관심 가지지 않던 분야나 반대되는 관점의 책을 선택함으로써, 지식의 스펙트럼을 넓히기 위해 힘써라. 십진분류 독서법을 통해 000 총류, 100 철학, 300 사회과학, 400 자연과학, 500 기술과학, 600 예술, 700 언어, 800 문학, 900 역사 등 다양한 주제에 관심을 가져 보라. 이 단순한 독서 습관은 우리로 하여금 독서 편향에 빠지지 않게 만든다. 확증 편향에 빠져 편협한 그리스도인으로 전락할 위험에서 우리를 지켜 줄 수 있다.

둘째, 비판적 독서 습관을 갖는 것이 중요하다. 책을 읽을 때 단순히 정보를 수용하는 것이 아니라, 그 정보가 어떤 근거에 기반하고 있는지, 다른 관점에서는 어떻게 볼 수 있는지 등을 고민해 보는 훈련이 필요하다.

셋째, 독서 모임이나 토론 그룹에 참여하는 것도 도움이 된다. 다른 사람들과 책에 대해 토론하면서 자신의 생각을 검증하고, 다양한 관점을 접할 수 있는 기회를 자신에게 선물하라.

독서는 우리의 지평을 넓히고 세상을 이해하는 중요한 수단이다. 그리스도인에게 독서의 의미는 더욱 크다. 독서의 편향에서 벗어나 균형 잡힌 지식을 추구할 결심을 하라. 진리를 증거하는 그리스도인으로서의 사명을 감당하기 위해 확증 편향에 빠져들지 않도록 자신을 관리하는 일은 중요하다. 십진분류 독서법으로 그러한 결심을 어렵지 않게 실행할 수 있다. 최소한의 투자로 얻게 되는 결과는 결코 작지 않다. 한 사람의 변화는 교회의 변화로 이어지고 하나님의 나라가 확장되어 가므로 하나님을 영화롭게 하는 향기로 나타나게 된다.

두 권의 책,
창조의 책과 하나님 말씀의 책

기독교인의 삶에는 두 권의 책이 있다. 하나는 창조의 책이요 다른 하나는 하나님 말씀의 책이다. 이 두 책은 하나님-세계-인간, 나 자신을 알아 가며 신앙을 세워 가는 데 필수 요소다.

창조의 책

창조의 책은 우리를 둘러싼 천지창조의 세계와 하나님이 창조한 세상을 살아간 인류의 모든 발자취, 흔적을 포함한다. 창조의 책은 하나님의 전지전능하심과 영광을 보여 준다. 산과 강, 식물과 동물, 별빛이 가득한 밤하늘은 모두 하나님의 손길이 닿은 작품이다. 자연을 관찰하고 탐구할 때마다 창조주의 위대함과 세심함에 놀라게 된다. 자연의 아름다움과 질서는 우리에게 하나님의 사랑과 세상을 향한 그분의 계획을 느끼게 한다. 동시에 인류의 모든 발자취, 현재를 살아가는 모든 사람, 그들을 둘러싼 세상과 모든 주제도 하나님의 창조세계의 일부이기에 우리가 보고 듣고 읽고 살펴야 할 중요한 창조의 책이다.

하나님 말씀의 책

성경은 하나님 말씀의 책이다. 성경은 하나님과 인간, 그리고 이 세상에 대한 깊은 이해를 제공한다. 성경은 창세부터 종말까지, 인간의 역사와 하나님의 구원 계획을 담고 있다. 이 책을 통해 우리는 하나님의 성품, 그분의 뜻, 우리가 하나님과 어떤 관계를 맺어야 하는지를 배울 수 있다. 무엇보다 내가 누구이며 어디서 와서 무엇을 하다가 어디로 가는지 알려 준다. 하나님 말씀을 향한 나의 마음을 성경 말씀으로 엮어 시로 표현해 보았다.

성경 사랑 詩

하나님은 우리를 사랑하십니다. 요일 4:16
주 안에서 하나 된 우리는 하나님께 속하였으니 서로 사랑함이 마땅합니다.
사랑 안에 거하는 우리는 하나님께로 나서 하나님을 아는 그의 백성입니다. 요일 4:7-8

하나님을 아는 자들은 성경을 사랑하며 그분의 말씀에 귀를 기울입니다. 시 49:1

하나님은 성경을 통해 말씀하십니다.

나에게는 성경이 있습니다.

성경은 하나님의 감동으로 된 것으로 진리를 가르치고 잘못을 책망하며, 허물을 고쳐 주고 올바르게 사는 훈련에 유익합니다. 딤후 3:16

성경은 나의 마음의 변화를 이루어

하나님의 선하시고 기뻐하시고 온전하신 뜻이 무엇인지 분별하도록 합니다. 롬 12:2

성경은 내가 어디서 와서, 무엇을 하다가, 어디로 가는지 알려 줍니다. 롬 11:36

성경은 나를 성숙한 자로 세우며 행 20:32

믿음 안에서 구원에 이르는 지혜로 나를 인도합니다. 딤후 3:15

성경 말씀을 읽는 나는 복이 있습니다. 듣는 나에게 복이 있습니다.

기록된 말씀을 지키는 나는 복 있는 자입니다. 계 1:3

하나님!

오늘도 말씀 앞으로 나아가오니 스 10:1

깨닫는 마음과 보는 눈과 듣는 귀를 허락하여 주십시오. 신 29:4; 사 6:9-10; 렘 5:21

하나님은 말씀하시며 나는 배우고 확신한 일에 거할 것이오니 딤후 3:14

주의 말씀은 내 발에 등이요 내 길에 빛이니이다. 시 119:105

주께서 나의 행보를 성경 말씀 위에 굳게 세우시고

그 어떤 죄악도 나를 주장치 못하게 하오리니 시 119:133

내게 능력 주시는 자 안에서 나는 모든 것을 할 수 있습니다. 빌 4:13

세상 끝날까지 나와 항상 함께하시는 마 28:20

예수님의 이름으로 기도합니다. 골 3:17

아멘. 시 106:48

독서, 하나님의 음성을 듣기 위한 스트레칭

나에게 독서는 스트레칭이다. 가장 중요한 일은 아닐 수 있다. 가장 우선되어야 하는 일도 아닐 수 있다. 다만, 일상에서 항상 준비해야만 언젠가 빛을 발하는 것임이 분명하다. 나는 스트레칭을 즐겨한다. 스트레칭을 한다고 당장 몸이 건강해지는 것은 아니지만, 스트레칭이 몸의 건강도를 천천히 올려 준다는 사실은 알고 있다. 힘든 운동을 할 때도 일상에서 스트레칭으로 준비된 신체는 힘든 과정을 감당해 낸다.

독서는 나를 알아 가는 스트레칭이다. 책을 읽는 가운데 나의 진면목을 마주하게 된다. 죄인 중의 괴수는 바울만이 아니다. 책을 읽으면 읽을수록 나의 부족을 마주한다. 다듬어지지 않는 나의 죄성을 마주한다. 동시에 내 안의 하나님의 형상을 마주한다. 사랑할 수밖에 없는 나, 사랑해야만 하는 나를 알아 간다. 읽는 것은 책인데 깨닫는 것은 나에 대한 앎이다. 십진분류의 다양한 주제를 거울삼아 나를 비추어 본다. 연약함을 들추어내고 하나님 형상으로 창조된 존재임을 다시 한번 확인하게 된다. 독서 과정에서 누리는 축복이다.

독서는 하나님 말씀의 책 성경을 읽기 위한 스트레칭이다. 하나님과 세상을 알고 이해하기 위해서 준비해야 할 배경지식을 쌓고 토대를 만들어 가는 독서 과정은 참으로 복되다. 세상의 독서와 달리 그리스도인의 독서는 모든 것이 하나님과 연결되어 있음을 느끼게 된다. 과학, 역사, 문학 등 어떠한 주제의 책을 읽든지 우리는 창조의 책과 하나님 말씀의 책 사이의 연결고리가 더 든든히 세워져 감을 발견하게 된다. 이러한 지식은 우리가 세상을 더 깊이 이해하고, 하나님의 창조와 말씀에 대한 우리의 신앙을 더욱 풍부하게 만든다.

창조의 책과 하나님 말씀의 책은 우리가 하나님을 이해하고, 그

분과의 관계를 깊게 하며, 우리 삶을 그분의 뜻에 맞게 살아가도록 하는 데 필수적인 자원이다. 그리스인은 두 책 모두를 균형 있게 읽는 법을 배우고 익혀 가야 한다. 가르치고 지켜 행하게 해야 한다. 그 속에서 하나님의 음성을 듣게 된다. 그 음성에 순종하며 삶에 적용하는 가운데 조금씩 자라게 하신다. 하나님의 창조세계와 말씀의 책을 통해 우리는 세상을 더 넓고 깊은 시각으로 바라볼 수 있게 된다. 나를 더 깊이 알게 되며 그럴수록 하나님에 대한 이해와 믿음이 더욱 풍요로워진다. 그리스도인의 축복된 배움의 여정, 독서의 여정을 통해 끊임없이 성장하고 변화하는 우리 모두가 되기를 소망한다.

인문학 독서로
목적적 지식을 추구하라

자기 삶에 동기를 찾고 부여하는 데 인문학만큼 도움이 되는 것도 없다. 인문학도 대중에게는 유행의 대상이 되곤 한다. 도서 시장에서 인문학 관련 책이 사랑받는 시기도, 외면받는 시기도 있다. 최근 몇 년 전부터 다시 인문학 관련 책들이 베스트셀러 상단을 차지하고 있다.

인문학이 과연 무엇이기에 시대와 국가를 불문하고 대중의 관심을 받으며 시대의 핵심 키워드로 자리하곤 하는 것일까? 인문학人文學은 말 그대로 사람에 대한 학문이다. 철학을 통해 일상에 질문을 던지고, 문학으로 오늘 우리의 삶을 그려 본다. 역사를 통해 과거를 살피고 우리가 살아갈 미래를 가늠하며 인간의 존재, 마음, 생각과 행동, 꿈과 소망을 탐구한다. 거창하기도 하지만 소박함을 담고 있다. 추상적이기도 하지만 우리 삶의 실제를 다룬다.

"나는 누구인가? 나는 어디서 와서 어디로 가는가? 행복이란 무엇인가? 결혼이란 무엇인가? 역사란 무엇인가? 공부한다는 것은 무엇인가? 진리란 무엇인가? 정의란 무엇인가? 아름다움이란 무엇인가?"라는 질문을 던지며 인생을 탐구한다.

살면서 누구나 한번쯤은 던져 보았을 질문이다. 해답은 명확하지 않으나 분명히 던져야 하는 질문이다. 왜 이런 질문에 답을 찾아야 할까? 그것은 바로 목적적 지식 때문이다.

인공지능 시대, 인문학과 신학적 질문이 필요한 이유

인문학은 인생의 방향성에 대한 질문이며 현실의 고뇌다. 목적적 지식은 모든 것의 이유가 되어 준다. 왜 공부하고, 결혼하고, 돈을 벌고, 성공하려는가? 누구나 던지는 질문들이지만 분명한 답을 내놓지 못하는 이들이 많다. "하루하루 살아가기도 바쁜데 그런 질문에 답을 내릴 시간이 어디 있나? 숨이 붙어 있으니까 살아가는 것 아니냐?"라고 항변하기도 한다.

그러나 목적적 질문에 답을 내놓지 못하면 인간은 방황하기 마련이다. 어느 순간 '내가 고작 이런 것을 추구하려고 몸부림치며 살았어?'라며 자조적인 넋두리를 하게 된다. 목적적 지식은 삶의 이유와 방향과 인생의 본질을 알게 해 주는 가장 기본적인 질문이기 때문이다. 가치 있는 목적적 지식을 가진 자들은 어디에 있든, 무엇을 하든, 어떤 상황 속에 있든 행복하다. 고난이 닥쳐와도 견뎌 내야 할 이유가 분명하기에 그렇다.

인생의 명확한 동기를 부여받으려면 목적적 지식을 제공하는 책을 읽어야 한다. 전문가가 되려면 전공 서적을 읽어야 그 분야의 전문성을 키워 갈 수 있듯이 인생을 사는 사람은 인생을 논하는 책을 읽어야 한다. 그 책이 바로 인문 고전이다. 인문 고전은 아주 오랜 시간 살아남아 여전히 사람들의 사랑을 받고 있는 책이다. 세월이 흘러도, 최첨단 기술이 밀려와도 인간이기 때문에 필연적으로 고민하는 질문들이 있다. 바로 인문학이 추구하는 본질적인 질문들이다. 이 질문에 대한 답이 고전이라 불리는 인문학 책 안에 숨겨져 있다.

인문학은 속도에 대한 이야기가 아니다. 방향에 대한 이야기다. '무엇을 해야 하는가?'에 대한 이야기가 아니라 '왜 해야 하는가?'에 집중한다. 모든 사람이 오른쪽을 향해 달려가도 나 홀로 왼쪽을 향해 나아갈 수 있는 당위성을 제공한다. 모두 앉아 있을 때 홀로 일어설 수 있는 용기, 모두 "예"라고 외칠 때 "아니오"라고 말할 수 있는 용기는 목적적 지식을 가진 사람만이 할 수 있다. 세상을 움직이는 힘이 바로 여기에 있다.

문학과 역사 서적에 관심을 갖자. 학창 시절 배웠던 역사는 시험과 관련하여 따분한 것이겠지만 인생을 살며 사회생활을 하는 이들에게 있어 역사만큼 재미있는 것도 없다. 시대를 불문하고 고민하고 갈등하며, 사랑하고 미워하며, 행복을 추구하는 인간 군상들의 문학과 역사의 이야기 속에서 자신을 만나게 된다. 성공과 실패, 다스리는 자와 다스림을 받는 이들의 이야기 속에서 잊고 있던 자신의 모습을 발견하게 된다.

철학의 여러 책이 도움을 줄 것이다. 형이상학, 인식론, 인과론, 인간학, 동양철학, 서양철학, 논리학, 심리학, 윤리학, 도덕철학의 주제들에 관심을 가져 보자. 딱딱해 보이는 용어들이지만 서점과 도서관의 철학 코너를 찾아보라. 이러한 주제를 통해 사람과 인생, 사물과 사건, 꿈과 직업, 정의와 진리에 대해 질문을 던지고 고민하며 추구하는 철학의 목적적 지식을 담은 책들이 가득하다.

최근 몇 년간 공자와 니체, 쇼펜하우어의 책들이 대중의 사랑을 받고 있다. 철학자들의 사상이 현대 사회에서 여전히 큰 호응을 받는 이유는 그들이 제시하는 인간 삶의 근본적인 문제와 해결 방안이 시대를 초월한 보편적 가치를 지니고 있기 때문이다. 모두가 그들의 생각에 동의하는 것은 아니다. 그럼에도 그들의 철학은 개인의 내면 탐구와 사회적 관계에 대한 깊은 통찰을 제공해 준다. 서로 다른 문화와 시대를 넘어 다양한 사람의 다양한 생각은 우리에게 영감을 주기에 부족함이 없다.

신학과 신앙 서적에도 관심을 가져 보자. 인문학의 꽃은 신학이다. 신학은 인문학의 광범위한 분야 중에서도 인간 존재의 근본적인 질문들과 삶의 의미, 목적성에 대해 깊이 있는 통찰을 제공해 준다. 신학은 철학이 포기한 형이상학적 의문에 대해서 여전히 질문을 던지며 진리를 추구해 가고 있다. 인간의 정체성, 존재의 의미, 삶과 죽음, 하나님과 인간 사이의 관계 등 근본적인 문제들을 탐구한다. 이러한 주제들은 인문학이 추구하는 핵심 질문들과 맞닿아 있으며, 신학적 탐구는 이러한 질문들에 대한 해답을 찾는 데 중요한 역할을 한다.

인문학 독서는 개인의 삶에 목적과 방향성을 점검하고 균형을 맞춰 가는 기회를 제공한다. 시대를 초월한 보편적 질문들에 대한 탐구를 통해 인간 존재의 본질을 깊이 있게 이해할 수 있는 기회를 제공한다. 인문학 독서는 단지 과거를 이해하는 수단이 아니라, 현재를 사는 우리에게 진정한 가치와 목적을 찾도록 도와주는 소중한 도구다. 지식을 넓히는 행위를 넘어 삶의 의미를 탐구하고, 자신만의 답을 찾아가는 과정이다. 인문학을 통해, 신학적 질문을 통해 나를 사랑하고 이웃을 사랑하며 하나님의 나라를 이루는 그리스도인으로 세워져 가기를 기도한다.

인물 독서로
비전을 디자인하라

어떤 책을 읽을 것인가 고민하는 이들에게 또 한 가지의 길을 제시해 본다. 가장 쉽고 재미있으면서도 그 유익은 결코 가볍지 않다. 바로 인물 독서다.

인문학 독서를 통해 목적적 지식을 찾아볼 수 있었다면, 인물 독서를 통해 자기 인생의 비전을 찾고 디자인해 볼 수 있다. 인문학 독서로 인생의 방향을 찾고 추구해 나가는 이라면, 인물 독서를 통해 자신의 전문성을 세워 갈 분야의 앞서간 이들을 탐구하며 현실과 이상의 간극을 좁혀 가는 노력이 뒤따라야 한다. 자신이 걸어갈 길을 아는 것만큼 동기부여가 되는 것은 없다. 꿈은 이상이고 목표지만 과정의 설계를 통해 실현 가능성을 높여 갈 수 있다. 자신의 적성을 찾고 비전을 찾아가는 인물 독서는 비단 자녀, 다음세대만의 과제는 아니다. 40대, 50대라 하더라도 인물 독서를 통해 제2의 인생을 설계하기에 조금도 늦지 않은 시기다. 인물 독서는 그런 이들에게 훌륭한 나침반이 되어 준다.

위인들, 분야의 리더들은 누구인가?

위인들은 각기 자신의 분야에서 전문성을 갖고 살아간 사람들이다. 단순한 전문가가 아니다. 그것만으로 위인이라는 칭호를 받을 수는 없다. 전문성을 가지고, 자신을 넘어 타인을 위해 사용한 이들이 바로 위인이며 리더이다. 일회성 봉사, 선심성 기부나 활동이 아니다. 전 생애에 걸쳐 지속성을 유지할 수 있는 진심을 가진 이들의 일상을 사람들은 다른 가치로 인정한다.

위인들, 지도자들에게 빠지지 않는 공통점이 있다. 바로 삶에 찾아든 고난과 역경이다. 자신의 실수로 인해 닥친 불행이 아니다. 자신의 실수와 전혀 관계없이 타인을 위해 헌신하는 가운데 찾아든 고난이다. 찾아든 고난이라는 표현보다는 스스로 그 길을 걸어갔다고 해야 맞다. 자신이 추구하는 삶의 방향에 아픔이 있는 줄 알면서도 뛰어든다. 자신의 가족과 친지와 이웃이 아니어도 도움이 필요한 사람들에게 기꺼이 다가가고 함께한다. 가만히 있으면 편한 삶을 살아갈 수 있지만 정의와 보편적인 가치를 위해, 더불어 행복을 누리도록 하기 위해 불편을 선택한 이들이 위인이요 지도자이다.

이렇게 훌륭한 인생을 산 사람들의 이야기를 책을 통해 들여다보면 누구나 감동을 받는다. 감동은 차이에서 온다. 누구나 할 수 없는 것을 할 때, 예상치 못한 것에 뛰어들 때, 선한 일을 위해 자신을 희생한 이들에게 드는 감정이다.

위인 전기를 통해 받은 감동은 자기 삶의 방향성을 점검하는 계기를 선물해 준다. 위인들과 똑같은 삶을 살지는 못하더라도 흉내 정도는 내도록 동기를 부여한다. 흉내라고 무시해서는 안 된다. 사람의 변화와 성숙은 언제나 그 과정을 통해 이루어져 간다. 삶에서 무엇이 좋은지, 중요한지, 먼저 해야만 하는 일이 무엇인지에 대한 깨달음을 얻는다. 삶의 기준을 재정리해 보는 시간을 갖도록 이끌어 준다.

역사의 위인들에게서만 배움과 깨달음을 얻는 것은 아니다. 우리와 동시대를 살아가고 있는 인생의 선배, 이웃 동료들을 통해서도 새로운 배움은 발생한다. 한 분야의 전문가로 살아가며 자신이 경험한 이야기를 풀어낸 자서전도 자기 비전을 디자인하는 데 큰 도움이 된다. 위인전이 인문학 서적들과 같이 삶의 의미와 방향성을 찾는 데 도움이 된다면 인물전, 자서전은 자신이 관심 갖고 있는 분야에 대한 큰 그림을 그리게 해 준다.

인문학 독서를 통해 추구하는 목적적 지식은 추상적이다. 그러나 인물 독서를 통해 디자인하는 비전은 구체적이다. 비전은 자기 미래를 이미지화한 것이다. 방향성인 동시에 구체적인 미래상이기도

하다. 관심 분야 핵심 인물의 책을 통해 자신의 미래 모습을 그려 볼 수 있다.

살아 있는 인물의 자서전도 좋고 그들의 에세이도 괜찮다. 방향이 정해졌으면 도달할 목적지를 구체화하는 과정이 뒤따라야 한다. 비전을 발견하고 디자인해야 하는 것도 다 이 때문이다. 비전이 그려지면 책을 읽어야 하는 이유와 동시에 읽어야 할 내용, 책의 분야와 종류가 결정된다. 수많은 사람이 먼저 달려간 길, 그들의 족적을 뒤따라가는 여정이다. 책을 통한 간접 경험은 직접 경험한 것만큼 가치가 있다. 성공의 요소를 그려 볼 수 있으며 실패의 요인을 살펴 반복된 실수를 줄일 수 있다. 책을 통해 생각이 바뀌고 그 생각이 자기 인생을 바꿔 가는 선순환의 고리가 형성되는 것이다. 자연스레 삶에 동기가 부여돼 인생의 돌파구를 찾게 된다.

PART 4

하나님-세계-인간을 읽는 법

독서 방법 디자인

아이·청년·장년의 책 읽기, 무엇이 달라야 하는가?

독서의 문법이
바뀌고 있다

우리는 정보의 홍수 속에서 살고 있다. 매일 엄청난 양의 정보가 다양한 경로를 통해 제공된다. 과거 어느 때보다 많은 양의 정보에 노출되어 살아가고 있다. 여전히 '아는 것이 힘'이지만 예전만큼은 아닌 듯하다. 인터넷과 디지털 기술, 생성형 인공지능의 발전으로 인해 정보의 허들이 많이 낮아져 지식과 정보 접근성이 대폭 향상되었다. 우리가 살고 있는 오늘은 누구나 원하기만 한다면 거의 모든 정보에 접근 가능한 세상이다.

이러한 가운데 독서 습관에도 큰 변화가 일어나기 시작했다. 독서의 문법에 근본적인 변화가 일어났다고 해도 과언이 아니다. 책한 권을 꼼꼼히 읽고 사유하는 이들은 많이 줄어들었다. 대신, 빠르게 스크롤하며 정보를 훑어보는 것이 일상이 되었다. 독서량은 현저하게 줄어들었지만, 다양한 채널을 통해 읽는 텍스트의 양은 예전과 비교할 수 없을 만큼 늘어났다. 젊은 세대의 정보 습득 양과 수용의 속도는 이전보다 빨라졌다. 젊은 세대는 예전과 비교할 수 없을 만큼 아는 것이 많은 똑똑한 세대, 새로운 세대이다.

이처럼 독서의 문법에 큰 변화가 이는 가운데 여러 문제가 나타나기 시작했다.

첫째, 심층적 사고의 부재다. 정보를 신속하게 수용하고 소비하는 습관이 일반화되면서 심층적 사고를 힘들어하는 이들이 늘고 있다. 복잡한 문제를 힘들어한다. 젊은 세대가 많은 것을 알고 똑똑해진 것은 사실이지만 동시에 사고하지 않고 표면적 이해에 머무는 상태가 보편화되어 나타나는 문제들도 적지 않다.

둘째, 비판적 사고 능력의 약화다. 쉴 새 없이 정보가 쏟아져 들어온다. 정보의 진위를 가리는 능력이 중요한 시대가 되었다. 정보는 쌓여 가는데, 다양한 관점에서 바라보며 비판적으로 사고하는 경향성이 약화하고 있다며 많은 이가 우려하고 있다. 편향된 정보가 사회적 상식으로 자리 잡으며 오해와 편견의 영향을 더 쉽게 받는 시대가 되어 가는 듯하다.

우리가 직면한 사회 변화의 물결 속에서 독서의 본질적인 가치가 재평가되고 있다. 변화하는 독서의 문법 시대 가운데서 독서를 통해 변화를 꿈꾸는 이들이 늘고 있다. 디지털을 넘어 인공지능 시대가 보편화되면서 아날로그적 사고 역량의 가치가 재평가되고 있다. 그중에서도 신앙교육적 차원에서 변화를 기대하는 부모와 기독교교육 관계자들의 관심도 가볍지 않다. 시대적 사명을 감당해야 하는 그리스도인으로서의 정체성 발로일 수 있다.

이번 장에서는 기독교교육적 차원에서 적용 가능한 몇 가지 독서 전략을 살펴보고자 한다. 이전 장에서는 무엇을 읽을 것인가에 대한 지침으로 십진분류 독서법을 소개했다. 이번 장에서 소개할 박이정 독서법은 십진분류 독서법과 연속선상에 있는 독서법으로, 그 다음 단계의 독서법을 제시하고 있다. 독서의 문법이 바뀌고 있는 위기의 시대에 적응할 뿐 아니라 변화를 주도해 가기 위한 지침에 대한 이야기다.

성공 독서를 원한다면 독서의 6단계를 지켜라

첫째, 독서에 성공하기 위해서는 일단 책을 읽어야 한다. 당연한 이야기지만 의외로 책을 읽지 않는 사람이 너무도 많다. 2023년 국민 독서 실태 조사를 보면, 1년 동안 종이책과 오디오 북, 전자책 등을 포함한 성인의 연간 독서율은 43.0%로 나타났다. 종이책으로 한정한다면 한 권 이상 읽었다고 답한 비율이 32.3%였다. 10명 중 7명은 1년 동안 종이책을 단 한 권도 읽지 않는다는 것이다. 문화가 바꿰며 독서 인구가 더욱 줄어들고 있는 추세다.

성공 독서의 첫걸음은 책 한 권을 읽는 것에 성공하는 것이다. 한 권이 두 권이 되며 독서 시간을 쌓아 가는 것이 성공 독서의 중요한 포인트다. 걷지 않고는 뛸 수 없고 날 수도 없다. 피아노를 잘 치기 위해서는 일단 피아노를 치고 있어야 한다. 연주를 잘하느냐 못하느냐는 그다음 이야기다. 시작점을 0으로 세팅하고 교습 계획을 세워야 한다. 독서도 마찬가지다. 한 권을 읽는 것으로 시작해야 한다. 무엇인가를 잘하려면 일단 잘하고 싶은 그것을 하고 있어야 한다. 최고의 독서법도 읽지 않는 자에게는 의미 없다. 무용지물이다. 성공 독서의 주인공이 되고 싶은가? 그렇다면 책을 읽어라. 시작이 반이라는 말이 여기에 해당한다. 책을 읽는다면 벌써 절반의 성공이다.

2013년, 아카데미로 한 남성분이 찾아왔다. 아카데미 독서 과정 수강생의 남편이었다. 그는 대기업 전략마케팅팀의 부장으로 일한다고 했다. 그는 월차까지 내고 찾아온 이유에 관해 이야기했다.

"아내를 누구보다도 가장 잘 아는데 결혼 이후 책 한 권 읽지 않던 사람이었습니다. 어느 날 아내가 독서학교에 등록하더니, 읽지 않던 책을 읽기 시작했고 과제를 하기 시작하더군요. 솔직히 그 결심이 얼마 가지 않을 것이라 생각했습니다. 그런데 한 달이 지나고 두 달이 지나도 독서를 꾸준히 해 나갔습니다. 글쓰기 과제도 성실히 수행하는 것 같았습니다. 대단하다 생각했지요. 아내에게 이전과 다른 변화가 일어나고 있음을 느낄 수 있었습니다. 그러더니 예전에 하지 않던 꿈을 이야기하기 시작했습니다. 일상의 태도도 너무 달라졌습니다. 저도 책은 즐겨 읽지 않는 편인데 궁금하더군요. 독서학교에서 도대체 어떤 일들이 있었기에 이런 변화가 나타났는지 말입니다."

그분의 아내에게 일어난 일은 특별하지 않았다. 그저 책을 읽기 시작한 것뿐이었다. 한 권을 읽고 자신을 돌아보고, 두 권을 읽으며 자신을 살피는 일이 반복되었다. 그런 과정에서 잊고 있던 꿈도 다시 떠올리기 시작했다. 지속적으로 수용되는 책 내용이 아내의 생각에 변화를 일으킨 것이다. 그것이 일상에도 영향을 끼친 것이다.

상담을 마친 남편은 퇴근 후 저녁 강좌에 참여하기 시작했다. 부부가 함께하는 모임이었다. 강의를 듣고 내용을 정리하고 때로는 책을 강독하며 대화를 나누었다. 과정을 마칠 때까지 성실히 참여하고 일정을 마무리했다.

시간이 흘러 2017년 연말, 그분이 아내와 함께 도서관으로 찾아왔다. 손에는 책 한 권이 들려 있었다. 제목은 『듀얼 해피니스』로, 부제는 '일과 삶이 모두 행복해지는 비결'이었다. 과정을 마친 후에도 그분은 지속적으로 책을 읽었고 마침내 자신의 이름으로 책을 낸 작가가 되어 돌아왔다. 그분은 자신이 책을 낸 계기를 페이스북에 이렇게 밝혔다.

"제가 책을 쓰겠다고 마음을 먹게 된 계기가 있습니다. 2013년이 었지요. 책을 싫어하는 딸내미가 책을 읽었으면 하는 마음에 호도 애도서관에서 운영하는 독서캠프에 참여시킨 적이 있습니다. 도서 관과 독서캠프를 운영하시는 목사님은 저한테 자꾸 '책 읽는 부모가 되어라', '아버님은 책도 쓰실 수 있을 것 같다'라고 격려해 주시며 여러 차례 책과 글쓰기를 코칭해 주신 적이 있지요. 돌이켜 보니그때부터 책을 쓰고 싶다는 마음을 가졌던 것 같습니다. 독서도 열심히 했던 것 같고요. 그리고 3년이 지난 지금, 드디어 제가 책을 출간했다는 것 아닙니까! '일과 삶이 모두 행복해지는 비결, 듀얼 해피니스.'"

평범한 직장인이 작가가 될 수 있었던 비결은 무엇이었을까? 바로 책을 읽기 시작했다는 것이다. 독서의 비밀은 여기서부터 시작된다. 일단 책을 읽으면 된다. 읽는 이들에게는 그다음 할 일이 보인다. 또 다른 선택이 필요함을 느낀다. 자녀와 아내로부터 책 읽기에 대한 동기를 부여받고 그것의 소중함을 깨달은 자로 실천에 옮긴 것뿐이다. 그러는 가운데 직장인이자 꿈꾸는 자로, 독자이자 작가로 성장할 수 있었다.

'나는 언제 성공한 사람들처럼 변화를 맞볼 수 있을까?' 하는 생각이 드는가? 지금 할 일은 책을 집어 드는 일이다. 그리고 책을 읽기 시작하라. 책 한 권을 읽어 내는 일에 성공하라. 그것이면 충분하다. 이후는 책이 책을 부르고 지속할 수 있는 동기와 힘을 선물해 준다.

둘째, 책을 읽고 있다면 독서의 양을 늘려 가라. 다독에도 성공해야 한다. 이것이 성공 독서를 위한 두 번째 목표다. 독서는 시간 투자가 필요하다. 또한 일관성과 지속성이 요구된다. 변화를 일으키는 임계점에 도달할 때까지 지속적으로 읽어 가야 한다. 다독이 독서의 최고 목표는 될 수 없다. 그러나 다독이 주는 유익은 결코 적지 않다.

다산 정약용은 강진에서 18년간 유배 생활을 하게 된다. 시간만 나면 멀리 남양주에 사는 두 아들, 학연과 학유에게 편지를 써 위로하고 격려한다. 폐족일지라도 처신을 바로 하고 자기를 갈고닦으라는 애절한 조언을 이어 간다. 집안을 일으키고 어지러운 세상을 바로 잡으라는 이야기도 빠뜨리지 않는다. 그리고 그 일을 이루기 위해 독서를 해야 한다고 강조한다. 큰아들 학연에게 쓴 편지 내용 중 일부이다.

"폐족일수록 좋은 책을 많이 읽어야 한다. 머릿속에 책이 5,000권 이상 들어 있어야 세상을 제대로 볼 수 있느니라."

정약용이 생각한 변화의 임계치는 5,000권이었다. 책이 흔하지 않던 조선시대에 5,000권은 적지 않은 분량이다. 그만큼 다독을 강조한 것이다. 그는 자녀들에게 독서만 강조한 것이 아니다. 그 자신이 독서가요 연구가로서의 태도를 유배 생활 속에서도 멈추지 않았다. 그가 후대에 이르기까지 이름을 전하고 영향력을 나타낼 수 있었던 것은 18년 동안의 고통의 세월, 인고의 세월 속에서도 독서를 멈추지 않았을 뿐 아니라 500여 권의 책을 저술하는 연구자로서의 자리를 지켰기 때문이다.

다독은 다독 자체보다 지식과 정보의 수용이 지속하고 있다는 데서 성공 독서의 요소로 작용한다. 어떤 일이든 지속성과 일관성에서 성공과 실패가 판가름 나곤 한다. 모든 것이 준비되었는데 끈기가 없어 빛을 보지 못한 사람들이 얼마나 많은가. 독서에 있어서도 다르지 않다.

어느 정도가 다독이냐 하는 기준은 없다. 만 권이든 천 권이든, 오백 권이든, 백 권이든 상관없다. 사람마다 출발 당시의 초깃값은 다르다. 변화와 성취, 능력의 성장을 이루는 계기와 시기도 모두 다르다. 읽는 행위 이면에 독서 동기, 방법과 기술, 처한 상황을 일반화할 수 없다. 일관성과 지속성을 유지하면서 정보와 지식을 수용하고 있다면 성공의 기회를 잡을 수 있다.

다양한 책을 읽다 보면 서로 다른 생각들이 내 안에 들어와 부딪히는 경험을 하게 된다. 한 가지 사안을 두고 여러 가지 시각과 관점으로 풀어낸 이야기를 만나기도 한다. 어떤 이야기가 맞는지 헷갈려 고민하기도 한다. 이런 혼란의 과정을 거치면서 생각들이 정리된다. 내적으로 성장해 가는 과정이다. 이런 과정을 다독을 통해 배워 가는 것이다.

엄밀히 말해 다독은 방법과 기술이 필요 없다. 동기만 있으면 된다. 인내와 끈기만 있으면 된다. 다독으로 흩어진 지식과 정보를 효과적으로 정리하고 결과물로 만들어 내는 방법과 기술은 많다. 인간 지능 독서법이 전하는 독서 알고리즘과 독서 커리큘럼이 독서의 새로운 세계를 열어 주는 계기를 마련해 줄 것이다. 성공 독서를 원한다면 시간의 투자가 필요함을 기억해야 한다. 일단 많이 읽어 내는 일에 성공하라. 그 이후 다음 단계로 전진이 가능하다.

셋째, 한 가지 주제에 대한 학습 독서, 연구 독서에 성공해야 한다. 다독을 하다 보면 자신의 관심을 자극하는 분야를 만나게 된다. 이때가 연구 독서의 적기다. 관심 분야, 해당 주제의 책을 한 권, 두 권 읽어 가며 독서량과 질을 높여 가야 한다. 적게는 1-20권, 많게는 4-50권 정도를 읽는 것이다. 읽기를 넘어 핵심을 요약하며 정리하는 일에 도전해 보기를 권한다. 요약이 부담스럽다면 중요 문장을 초서하는 것으로부터 출발해도 괜찮다. 한 주제를 깊이 있게 다루다 보면 내 안의 기존 지식과 새로운 지식이 부딪히고 충돌해 가며 질서를 잡아 가는 놀라운 체험을 하게 된다. 다독을 통해 느낄 수 없던 성취를 경험하게 된다. 연구 독서를 통해서만 얻게 되는 과정의 진보도 경험할 수 있다. 모티머 J. 애들러의 '신토피칼 독서법'이 여기에 속한다. 대학 이상의 교육 과정에서 추구하는 독서도 이와 같은 연구 독서다. 학생뿐만 아니라 직장인, 새로운 분야로 진출을 원하거나 제2의 인생을 준비하는 이들이 도전해야 하는 독서법이다.

연구 독서의 성공을 경험해 본 사람은 독서가 인간지능을 개발하는 최고의 도구임을 확인하게 된다. 연구 독서를 통해 정리된 자신의 생각에 다른 사람들이 관심을 갖기 시작한다는 사실도 경험한다. 나의 학습과 연구가 세상과 연결되어 가며 영향력으로 변해 가는 과정의 경험은 새로운 배움의 단계로 이끈다.

넷째, 독서를 통해 정리된 자신의 생각을 표현하는 일에 성공해야 한다. 책을 통해 다른 사람들의 생각을 만났다면 자신의 언어로 정리해야 한다. 그리고 표현할 수 있어야 한다. 책을 통해 정리된 생각을 다른 사람들이 접할 수 있도록 기회를 제공하는 것이다. 거창한 결과물이 아니어도 된다. 독서 후 감상문도 좋고 편지도 그림도 괜찮다. 나만의 명언록도 좋다. 가족과 친구들에게 말로 요약을 해 주거나 자신의 깨달음을 나누는 것도 좋다. 중요한 것은 표현해야 한다는 것이다.

표현이 일회성으로 끝나면 의미 있는 결과를 기대할 수 없다. 일회성이 아닌 지속성이 중요하다. 지속성은 우리에게 능력을 가져다준다. 반복이 능력의 마중물임을 잊지 말고 꾸준히 표현하는 데 힘써야 한다.

사람을 변화시키는 동력은 누군가가 표현해 놓은 것을 수용하는 순간으로부터 비롯된다. 자신의 생각과 정신과 가치를 말, 글, 그림, 음악 등으로 표현했을 때 사람들에게 영향을 줄 수 있다. 표현하지 않으면 자신에게도 다른 사람에게도 변화는 일어나지 않는다. 독서는 그 자체로도 소중하지만 기존 지식과 융합하며 새로운 시각과 견해를 갖게 하는 도구가 될 때 더 가치 있다.

다섯째, 성공 독서를 위해 자신의 결심을 보호해 줄 동료를 만들어야 한다. 함께 책을 읽고 나눌 동지가 필요하다는 것이다. 작심삼일을 이기는 비법은 '함께'에 있다. 함께해야 멀리, 오래 갈 수 있다. 용기를 북돋아 주고 동기를 부여해 줄 친구와 동료가 있다면 지치지 않는다. 재미와 즐거움을 줄 뿐만 아니라 다양한 생각과 관점도 경험할 수 있어 좋다. 그래서 독서 모임을 만들거나 독서회에 가입하는 일에 적극적이어야 한다. 독서 모임이 의무와 책임감을 부여해 주기 때문이다. 읽을 수밖에 없는 상황이야말로 독서의 지속성에 가장 큰 동력이다. 독서 모임은 자기 의지를 보호해 주는 방어막이 되어 줄 것이다.

여섯째, 성공 독서를 위한 마지막 지침은 독서가 취미를 넘고 학습을 넘어 삶의 누림 그 자체가 되도록 해야 한다는 것이다. 그것이 자기 삶뿐만 아니라 자녀와 가족, 이웃과 나라를 변화시키는 원동력이 되기 때문이다. 김형석 교수는 이야기한다.

"책과 더불어 살아온 저자로서 한 가지 송구스러운 충고 아닌 공감을 위해 남기고 싶은 뜻이 있다. 나는 세계 여러 지역과 나라들을 여행하면서 크게 느낀 바가 있었다. 왜 영국, 프랑스, 독일, 미국, 일본이 선진 국가가 되고 세계를 영도해 가고 있는가. 그 나라의 국민 80% 이상은 100년 이상에 걸쳐 독서를 한 나라들이다. 이탈리아, 스페인, 포르투갈, 러시아 등은 그 과정을 밟지 못했다. 아프리카는 물론 동남아시아나 중남미에 가도 독서를 즐기는 국민적 현상을 볼 수가 없다. 나는 우리 어른들이 독서를 즐기는 모습을 후대에 보여 주는 일이 무엇보다도 중요하며 시급하다고 믿고 있다. 그것이 우리 자신의 행복인 동시에 우리나라를 선진국으로 진입, 유지하는 애국의 길이라고 확신한다. 나이 들어 느끼는 하나의 소원이기도 하다."

1920년도에 태어나 평생을 교육자로, 책과 함께 살아온 김형석 교수가 『백년을 살아보니』의 프롤로그를 마무리하며 쓴 내용이다. 백 년을 살며 후세대에게 남기고 싶은 그의 마지막 메시지는 '독서하라'였다. 독서가 자신뿐만 아니라 우리 모두를 행복하게 해 준다는 것이다. 김형석 교수의 말대로 독서가 목표를 위한 잠깐의 수단이 아니라 평생의 누림이자 소원이 된다면 그것이야말로 성공 독서 그 자체이며 독서를 지속하는 힘이 될 것이다.

인공지능 시대의 응전(應戰),
박이정 독서법

인공지능 시대를 맞이하여 대체되는 존재가 아닌 지속 가능한 존재가 되기 위해 필요한 능력은 무엇일까? 전문가들은 한목소리로 빠르게 학습하는 능력이라 말한다. 비판적 사고 능력, 창의성, 유연성, 디지털 리터러시 역량이 필요하다고도 강조한다. 강화된 핵심적인 역량이 필요하다는 것이다. 미래를 준비하는 학생뿐만 아니라 성인들에게도 이 역량은 필요하다. 평생직장, 평생직업이 없는 인공지능 시대에 자신의 가치를 창조해 내야만 지속 가능한 존재로 살아남을 수 있다. 이전에 준비한 능력만으로는 변화하는 미래에 대응할 수 없다. 그래서 배움의 초깃값, 독서의 질을 높여 가는 노력이 매우 중요하다. 기존의 것을 있는 그대로 받아들이고 유통만 하는 독서로는 안 된다. 스스로 학습하고 창의적인 산물을 만들어

갈 수 있어야 한다. 그래야 미래에 생존할 수 있을 뿐 아니라 희망을 꿈꿀 수 있다. 배움의 질을 높여 가는 일에 성공해야 한다. 빠르게 변화하는 시대인 만큼 빠르게 배우는 능력도 준비해야 한다. 그해답이 박이정 독서법에 있다.

박이정博而精 독서법은 크게 두 가지로 나누어 진행된다. 첫째는 박博, 넓을 박 독서다. 박博 독서는 교양 독서로, 깊이 있는 독서보다 폭넓은 독서를 추구한다. 다음은 정精, 정할 정 독서다. 정精 독서는 깊이 있는 독서를 추구한다. 세밀하게 주제를 탐구하며 나아가는 책 읽기다. 박독서가 교양 독서라면 정독서는 연구 독서이다.

박이정 독서법은 아는 힘을 세우는 것과 지식과 정보를 축적하는 것에 만족하지 않는다. 알아내는 힘을 세워 가는 것에 관심을 둔다. 수용하는 지식과 정보를 융합하며 창의적이고 탁월한 결과물을 만들어 내는 데 목표를 두고 있다.

공부의 배신

『공부의 배신』은 미국 교육 문제를 연구한 윌리엄 데레저위츠 교수의 저서다. 이 책의 부제는 '왜 하버드생은 바보가 되었나'이다. 그는 이 책에서 현대 대학은 창의적 인재를 육성하기보다 실용적인 부분을 고려하는 교육에 초점이 맞춰져 있다고 말한다. 마치 바코드를 찍어 내듯 비슷한 스펙, 비슷한 욕망을 가지는 온순한 양들을 길러 내고 있다고 비판한다. 사회 시스템에 순응하는 그저 '똑똑하고, 온순한 양'Excellent sheep들을 길러 내고 있다는 것이다.

> "교육의 목표는 당장 써먹을 수 있는 기술을 습득하는 것뿐이라고 말하는 사람은 당신을 직장에서 쓸모 있는 인력으로, 시장에서는 잘 속아 넘어가는 소비자로, 국가에서는 순종적인 국민으로 전락시키려고 하는 것이다."

그의 말처럼 현대 교육은 '똑똑하고 온순한 양'을 길러 내는 일을 추구한다. 이런 교육으로는 인공지능 시대를 효과적으로 준비할 수 없다. 성인들도 다르지 않다. 기성세대도 데레저위츠 교수의 말에 귀 기울여야 한다. 산업 시대와 정보화 시대를 살아가는 데 적합한 교육을 받은 우리이기에 변화하는 세상에서 누구도 자유롭지 못한 것이 현실이기 때문이다.

박이정 독서법은 산업 시대와 정보화 시대 시스템에 길들여진 교육의 대안이다. 인공지능 시대를 이길 비법이기도 하다. 현재보다 더 나은 미래로 점프할 수 있는 기회를 제공하는 독서법이다. 트리비움 아카데미에서는 십진분류의 방대한 주제들 가운데 192가지를 박이정 독서 주제로 정하고 활용 중이다. 192가지의 주제는 아카데미 연구진들이 선정한 주제에 설문을 통해 추린 학생들의 추천 주제로 구성되어 있다.

박이정이라는 용어가 생소하게 느껴질 수 있다. 그러나 전혀 새로운 독서 방법론은 아니다. 목표를 지향해 가는 다른 독서법들과 많은 부분을 공유한다. 다만, 신앙교육적 차원에서 독서가 그리스도인에게 어떤 의미인지를 고민하는 가운데 얻은 결과물이다. 하나님, 세계, 인간을 알아 가는 일에 질을 높이기 위해 기획되었다.

기독교교육으로서의 독서는 취미 독서를 넘어 학습 독서와 연구 독서를 지향해야 한다. 박독서로 시작해 정독서로 나아가야 한다. 사람을 알고 세상을 알아 가는 독서 과정이 되어야 한다. 하나님을 더 깊이 알아 가기 위해 성경적 박독서와 성경적 정독서가 신앙생활의 일상이 되도록 해야 한다. 가정과 교회, 학교 현장에서 오랜 시간의 검증 과정을 통과한 박이정 독서를 통해 예수께서 맡기신 지상 명령을 감당해 나가는 사명자가 되기를 원한다. 기독교교육의 현장에서 박이정 독서법의 원리를 이해하고 적용해 가는 일에 성공한다면 세상의 변화의 방향과 속도는 아무 문제로 작용하지 않을 것이다. 그 변화의 중심에서 그리스도인은 세상을 변화시켜 가는 존재로 영향력을 발할 것이다.

호도애도서관의 박博이而정精 192 커리큘럼 사례 및 아이디어

1. 트리비움 아카데미의 192가지 주제를 참조하라.

2. 가정과 교회, 학교의 관심사에 따라 박이정 주제를 선정하라.

3. 선정된 주제의 책은 최대한 많은 수량 확보를 원칙으로 한다.

4. 동일 주제에 대해 다양한 연령층이 볼 수 있는 책을 구비한다.

5. 그림책에서부터 논문에 이르기까지 다양하면 다양할수록 좋다.

6. 호도애도서관의 경우 주제별 최소 30-40권, 최대 600권의 장서가 구비되어 있다.

7. 선정된 주제를 다룬 신간 도서는 가능하면 모두 구입한다.

8. 호도애도서관은 매년 800-1,000만 원 정도의 비용을 신간 구입에 투자한다.

트리비움 아카데미 박博이而정精 192 커리큘럼

1	독서법	**000 총류** **(7)**
2	도서관	
3	코딩	
4	박물관	
5	출판의 모든 것	
6	신문	
7	세계 불가사의, 미스터리 & 음모론	
8	인지사고_인공지능	**100 철학** **(16)**
9	인생설계와 비전디자인	
10	질문법	
11	기억과 암송	
12	동기부여의 모든 것	
13	심리학	
14	철학입문	
15	소크라테스	
16	칸트와 데카르트	
17	윤리학	
18	인간학	
19	논리학	
20	가치론	
21	서양철학	
22	동양철학	
23	인터뷰	
24	성경과 신학	**200 종교** **(13)**
25	교회사	
26	유대인이야기	
27	신앙 인물	
28	믿음과 삶	
29	성경배경사	
30	코메니우스	
31	엘룰과 쉐퍼	

32	종교이야기	
33	창조와 진화 (생명과학 이야기)	
34	석가와 불교	
35	루터와 칼빈	
36	힌두교와 브라만교	
37	법이야기	
38	정치	
39	홈스쿨링	
40	학습법	
41	경제	
42	커리큘럼 디자인	
43	공동체이야기	
44	대통령이야기	
45	NGO이야기	
46	전쟁이야기	
47	지구촌 미해결과제와 SDGs & ODA	
48	복지이야기 : 보건과 웰빙	
49	입양이야기	
50	인권 : 불평등이야기(나이,성,장애,인종,민족,종교,경제,신분)	**300 사회과학**
51	결혼이야기	**(46)**
52	토지, 땅을 말하다(동산과 부동산 포함)	
53	연료_에너지의 지속 가능성	
54	국방, 군사, 무기이야기	
55	문화인류학	
56	장애인	
57	기업과 기업가정신	
58	남과 여	
59	다큐멘터리이야기	
60	학교란 무엇인가	
61	교수법	
62	노벨상이야기	
63	자녀교육	
64	유엔과 국제기구	
65	미래 대학 - 대학 디자인	

66	통계와 통계자료	
67	보험이야기	
68	검정고시와 평가	
69	화폐와 금융	
70	차별 종식(모든 곳에서, 모든 형태의)	
71	평생교육(모두를 위한, 양질의 교육)	
72	모두를 위한 물과 위생시설(접근성과 지속 가능성)	
73	양질의 일자리와 고용보장(지속 가능한 경제 성장)	**300 사회과학**
74	사회기반시설 구축(지속 가능한 산업화)	**(46)**
75	모두가 안전한 지속 가능한 도시, 회복력 있는 거주지	
76	소비와 생산(자연과 조화를 이루는 지속 가능성)	
77	기후변화(회복력과 적응력)	
78	정부와 행정	
79	국회와 국회의원	
80	권리와 의무	
81	NCS와 미래역량	
82	노블레스 오블리주	
83	과학이야기	
84	동물학이야기	
85	식물학이야기	
86	강과 바다, 해양자원의 보존과 이용	
87	산이야기	**400 자연과학**
88	우주와 천문	**(9)**
89	환경, 육지생태계-보존과 이용	
90	숲이야기	
91	반려동물	
92	미래학과 인공지능	
93	화장과 성형	
94	의학, 인체와 건강	
95	농업, 밥상을 논하다	
96	패스트푸드, 밥상을 논하다	**500 기술과학**
97	건축이야기	**(16)**
98	디자인이야기	
99	탈 것(자동차_비행기_배 등)	

100	요리와 맛집	**500 기술과학** **(16)**
101	미디어와 SNS	
102	패션	
103	아로마_향수	
104	홍차와 차茶	
105	커피	
106	목공예 DIY	
107	통신, 미래통신	
108	흙과 도자기	**600 예술** **(20)**
109	음악이야기	
110	미술이야기	
111	만화이야기	
112	사진이야기	
113	스포츠이야기	
114	영화와 연극	
115	주짓수이야기	
116	연예인이야기	
117	영화 속 영웅들	
118	렘브란트와 고흐	
119	음악가이야기	
120	오페라이야기	
121	우리 가곡	
122	미술가이야기	
123	미술작품이야기	
124	인터넷 게임	
125	퀼트이야기	
126	춤이야기	
127	요들이야기	
128	문심혜두 : 사전과 어휘	**700 언어** **(3)**
129	외국어 이야기	
130	듣기학습	
131	책쓰기_사고언어코딩	
132	글쓰기	
133	토론	

134	C.S.루이스와 나니아연대기	
135	우리 고전	
136	세계 고전	800 문학
137	요약과 독해	(11)
138	원유순	
139	시와 시인	
140	J.R.R. 톨킨과 반지의 제왕	
141	조앤 롤링과 해리포터이야기	
142	위인전-자서전	
143	세종대왕과 한글	
144	신사임당	
145	이순신과 임진왜란	
146	다산 정약용	
147	시대의 지성 김형석	
148	벤자민 프랭클린	
149	정조	
150	퇴계 이황	
151	정도전과 국가설계	
152	유일한	
153	함석헌	
154	조지 워싱턴	900 역사
155	율곡 이이	(51)
156	시대의 지성 이어령	
157	간디	
158	레오나르도 다빈치	
159	우당 이회영	
160	김만덕	
161	도산 안창호	
162	프랭크 윌리암 스코필드, 석호필	
163	링컨	
164	공자	
165	프랑스와 혁명	
166	영국과 산업혁명	
167	로마이야기	

박이정 독서법의
두 날개로 비상하라

지속 가능한 존재로 나를 세우기

박이정 독서법이 추구하는 목표는 탁월함이다. 변화를 주도하는 역량을 키우는 독서 학습 과정이다. 알아내는 힘을 극대화할 뿐만 아니라 내가 속한 분야에서 능력을 인정받는 결과물을 만들 수 있다.

박이정 독서법의 출발은 십진분류 독서법처럼 가벼운 발걸음으로부터 시작할 수 있다. 그러나 지향하는 목표는 결코 가볍지 않다. 내용과 방법의 질을 높여 가는 책 읽기를 추구해야 하기에 그렇다.

책은 마음의 양식이고 마음을 살찌운다. 새로운 희망을 주는 축복이다. 그러나 목표가 높아지면 즐거움을 넘어선다. 고난이며 고통일 수 있다. 때로는 벗어나고 싶은 굴레가 되기도 한다. 전문적인 공부를 하고 연구하는 사람들에게 물어보라. 독서가 재미있냐고.

대부분 너무 고통스럽고 힘들다고 말할 것이다. 또한, 머리가 깨어질 것 같고 포기하고 싶을 때도 많다고 이야기할 것이다. 독서를 한다는 것이 부담스러워 어깨가 너무 무겁고 잠을 이루지 못하는 밤도 많다는 것을 알려 줄 것이다. 그런데도 그들은 왜 어렵고 힘든 길을 걸어갈까? 목표가 다르기 때문이다. 원하는 목표가 노력의 과정을 요구하기 때문이다. 그저 즐기기만 해서는 원하는 과정을 성취하고 성장할 수 없기에 죽을힘을 다해 노력한다.

목표가 다르면 읽는 책도 달라진다. 목표가 분명하면 그에 걸맞은 책 읽기가 진행되기 마련이다. 이해하기 어렵더라도 최고 수준의 책에 스스로 도전장을 내민다. 그 과정이 성공적이면 성공적일수록 목표 성취에 가까워질 수 있기 때문이다.

그렇다고 억지로 하는 것은 아니다. 자발적으로 고통과 고난으로 들어간다. 어렵지만 그 속에서 누리게 되는 다른 즐거움이 있다. 차원이 다른 즐거움이다. 과정에서 자신의 성장이 느껴지고 목표에 조금씩 가까워짐을 느낀다. 성장 동기, 자신의 진보에 대한 체험은 내부에서 비롯되는 강한 동기를 끊임없이 부여해 준다. 포기하고 싶은 순간은 있지만 과정의 진보와 목표가 주는 동기가 더 크기에 다시 책을 집어 든다.

지금보다 더 나은 삶을 꿈꾼다면 박이정 독서에 도전하라. 전문성을 갖고 퍼스널 브랜딩을 하고 싶다면 박이정 독서법으로 무장해야 한다. 인공지능 시대 가운데서도 지속 가능한 존재로 자신을 세워 가려면 박이정 독서에 도전할 필요가 있다. 나를 변화시키며 하나님의 큰일을 감당하는 사명자 되기를 원한다면 반드시 박이정 독서가 자신의 일상이어야 한다. 교회교육에 문제가 있다고 생각한다면 박이정 독서법을 교회교육에 적용해 보라. 하나님의 사람들이 세워져 가는 것을 지켜보게 될 것이다.

박독서와 정독서, 교양 독서와 학습 & 연구 독서

박독서와 정독서는 다른 차원의 독서이지만 병행하는 것이 좋다. 누구나 진행 가능하다. 아이들은 아이들 수준에서 병행하면 된다. 어른들도 마찬가지다. 자신의 입장에 맞도록 박독서와 정독서를 병행하면 된다.

박독서와 정독서는 떼려야 뗄 수 없는 관계 속에 있다. 박독서 없이 정독서만으로는 차이를 만들어 내는 탁월함으로 나아가기 힘들다. 박독서를 건축으로 비교하면 기초공사와 같다. 그리고 정독서는 원하는 방향으로 건물을 올리는 공사로 설명할 수 있다. 기초가 탄탄하지 않으면 멋진 건물을 세울 수 없다. 기초만 탄탄한 것은 의미가 없다. 탄탄한 기초 위에 어떤 건물을 세워야 할지 목표가 불분명하면 벽돌 한 장도 쌓을 수 없다. 그래서 두 독서가 조화를 이루어야 한다. 조화로울수록 탁월함을 추구하는 데 도움이 된다.

정독서를 통해 한 분야의 전문가가 된 이들도 끊임없이 박독서를 병행해 가야 한다. 박독서로 진행되는 다양한 정보와 지식, 교양 지식이 전문가의 전문지식과 연결되고 융합되며 창의적인 지식으로 재창조되어 간다. 창의란 기존전문 지식에 새로운교양 지식을 연결하는 과정에 나타나는 역동이다. 창의와 창조는 박독서와 정독서, 교양 독서와 학습&연구 독서가 병행되는 과정에서 자연스럽게 나타나는 결과다.

박이정 독서는 십진분류 독서의 심화 과정이라 보면 된다. 십진분류 독서는 박독서 1단계에 해당한다. 십진분류 독서에 글쓰기가 동반되면 진정한 박독서가 진행되는 것이다. 교양 지식 차원의 십진분류 독서에서는 글쓰기를 하지 않아도 상관없다. 그러나 박이정 독서는 읽기만으로 만족하지 않는다. 학습 독서의 시작인 박독서부터는 글쓰기가 병행되어야 한다. 어떤 형태의 글쓰기라도 상관없다. 시작은 중요한 내용을 발췌하는 수준이어도 된다. 조금 더 수준을 높이고 싶다면 요약 글쓰기를 시도해 보라. 요약도 수준에 맞게 진행하면 된다. 단계별로 요약의 수준을 점진적으로 높여 가는 방식이 효과적이다. 1단계 요약 훈련은 핵심 키워드를 찾고 간단한 문장으로 요약하는 방식이다. 이는 텍스트의 주요 사실과 아이디어를 식별하고, 정보를 간결하게 전달하는 기본적인 능력을 기르는 데 도움을 준다. 2단계 요약 훈련은 이보다 조금 더 발전된 형태다. 문단 단위로 요약하고 주제 문장을 찾아 기록하는 요약 훈련이다. 이 단계부터는 본문의 구조적 이해를 바탕으로 주요 아이디어를 더 명확히 표현하는 방법을 배운다. 3단계 요약은 구조적 요약과 인용을 통해 텍스트를 보다 깊이 분석하고, 주요 아이디어 간의 관계를 탐구한다. 마지막으로는 저자의 주장과 의도를 비판적으로 분석하고 자신의 견해와 통합해 가는 에세이 형태의 요약문을 써 가면 된다.

학습 독서의 기본은 '사실을 사실로 볼 수 있는 눈'을 갖는 것이다. 요약 훈련은 그 능력을 세워 가는 최선의 글쓰기 훈련이다. 박독서와 정독서의 차이는 요약의 수준과 글쓰기의 양과도 밀접한 관계가 있다.

십진분류 독서법이 폭넓은 지식과 정보의 수용에 초점을 맞춘다면, 박이정 독서법은 분야를 특정하여 전문성의 강화를 지향한다. 자연스럽게 논리와 표현이 추가되고 고도화되어 간다. 사고의 훈련을 통해 결과물을 탁월하게 만들어 가는 과정의 진보를 경험해야 한다. 한 분야에 정통하고 능통한 전문가를 세우는 독서법이 바로 박이정 독서법이다.

자신의 주장과 의견을 담은 에세이 글쓰기도 필요하다. 박이정 독서는 단순히 새로운 지식의 수용만을 목표로 하지 않기 때문이다. 수용된 지식과 정보를 정리하고 자신의 생각을 덧입혀 가는 과정을 통해 창조적인 산물을 만드는 역량이 세워져 간다. 지식을 있는 그대로 수용하는 능력을 훈련하면서 연구 독서로 나아가는 연결고리를 튼튼히 만들어 가야 한다. 글쓰기를 통한 사고 훈련은 의미 있는 결과물을 만들어 내는 데 반드시 필요한 과정임을 기억하라.

감동에서 감탄으로 나아가는 책 읽기

탁월함을 추구하는 박이정 독서를 통해 경험하게 되는 성공 독서의 즐거움은 개인의 감동으로 끝나지 않는다. 감동을 넘어 다른 이들의 감탄을 이끌어 낸다. 성인의 박이정 독서는 자신의 분야에서 차이를 만들어 내고 인정받을 만큼의 자기 계발이 진행될 것이다. 목회자의 성공 독서는 교회를 세워 가는 강력한 요인이 되어 준다. 목표가 분명한 그리스도인의 성공 독서는 개인의 성취를 넘어 세상의 빛과 소금으로서의 영향력을 확장해 가는 계기가 될 것이다. 무엇보다 다음세대에 진행하는 박이정 독서는 그들에게 원천 역량으로서의 사고 능력과 가치관을 유산으로 상속하는 통로가 될 것이다. 이 모든 것을 신앙교육을 위한, 차원이 다른 책 읽기를 추구하는 과정에서 얻을 수 있으니 이보다 큰 축복이 어디 있겠는가!

　감동은 성공과 실패 모두를 포괄한다. 실패하더라도 보여 준 과정의 노력과 성실한 태도에 감동을 느낀다. 그러나 감탄은 다르다. 감탄이 항상 감동을 동반하는 것은 아니지만 감탄은 분명한 결과와 업적 뒤에 따르는 훈장과도 같다. 누구나 하는 취미 독서의 결과에 감동은 할 수 있어도 감탄의 느낌표는 쉽게 허락되지 않는다. 오로지 연구와 탐구의 과정을 통해 새롭게 알아낸 것으로 이룬 업적 뒤에 감탄의 찬사가 뒤따른다.

　인간은 누군가에게 선한 영향을 끼칠 때 행복감을 느낀다. 인간 내면 깊숙한 곳에는 좋은 영향을 끼치고 싶다는 마음이 숨겨져 있다. 인간이라면 누구나 품게 되는 자연스러움이다. 십진분류 독서로 지평을 넓히고 박이정 독서로 글쓰기를 하다 보면 자연스레 이러한 마음이 일상에 찾아든다. 책을 읽고 글쓰기로 자기 생각을 만들어 가다 보면 자신도 모르게 선한 영향을 끼치고 싶다는 마음이 더 크고 선명하게 자리 잡아감을 깨닫게 된다. 그래서 스스로 고난을 선택한다. 그 고난의 터널을 통과할 때 비추는 햇살이 어떤 의미인지 알고 있기 때문이다. 그런 과정 후에 비로소 감탄을 이끌어 내는 결과물은 탄생한다.

변화를 꿈꾸는 그리스도인이라면 박독서와 정독서의 두 날개로 비상하라. 하나님 말씀의 책과 천지창조의 책의 두 날개로 비상하라. 세상의 모든 이야기를 넓고 깊게 바라보는 가운데 나를 사랑하고 세상을 사랑하며 하나님을 더 깊이 사랑하는 존재로 세워져 갈 것이다. 이것이 박이정 독서를 통해 누리는 축복이다.

박이정 독서는
이렇게만 하면 된다

박독서에서 정독서로 나아가기

박이정 독서가 탁월함을 추구하는 독서 방법이라고 해서 학문에 능통한 사람만 할 수 있는 독서는 아니다. 어떤 특정 대상이나 연령층만을 위한 독서도 아니다. 사고 능력을 향상해 가기 원하는 사람이라면 누구나 실행할 수 있다. 독서를 통해 배움이 능력이 되는 과정을 경험하기 원한다면 누구나 적용 가능한 독서법이다. 한글을 깨우쳐 글을 읽고 쓸 수 있다면 누구나 박독서로부터 시작 가능하다. 자기 수준에서 시작하면 된다. 천천히 질을 높여 가면서 실행을 강화하면 된다. 결국 정독서를 통해 알아내는 힘을 기르고 전문적인 지식을 겸비해 가는 데까지 나아갈 수 있다.

그러기 위해 필요한 전제가 있다. 시간을 투자해야 한다. 시간을 내어 독서를 지속하는 일만큼은 반드시 성공해야 한다. 박이정 독서가 아무리 효과적이라지만 지속하지 않는 이들에게 원하는 결과를 가져다주지는 않는다.

박독서와 정독서의 차이는 시간 투자의 차이다. 읽는 권수의 차이다. 박독서는 하루 단위의 주제 책 읽기로부터 시작해도 된다. 하나의 주제에 대해 하루 30분만 읽고 감상문, 요약을 해도 상관없다. 정독서를 진행하려면 시간을 늘려야 하고 읽는 책의 권수를 늘려야 한다. 하나의 독서 주제를 위해 적어도 일주일 이상의 시간을 투자해야 한다. 하나의 주제에 대하여 한 권의 책을 발췌독하거나, 한 권 정독 후 요약하는 차원으로 박독서를 진행했다면 정독서는 하나의 주제에 대하여 적게는 두세 권 정독하고 수십 권, 수백 권의 책을 발췌독하는 노력을 기울여야 한다. 당연히 읽었다면 써야 한다. 요약해야 하고 에세이를 작성해야 한다. 책이 이야기하는 사실을 알아야 하고 독자가 이미 가지고 있는 기존 지식과 연결 지어 가며 정보를 통합하고 생각을 정리해 가야 한다.

박독서를 통해서도 수준 높은 교양 지식은 쌓을 수 있다. 매일 한 가지 주제로 책을 30분씩 읽고 10분 동안 글쓰기를 한다고 하자. 일주일에 다섯 가지 주제, 한 달이면 20가지 주제, 1년이면 1,000가지가 넘는 주제에 대해 상식적인 수준의 정보와 지식을 얻게 된다. 간단하지만 요약과 글쓰기를 거쳤기에 얕지만 다양한 분야의 교양 지식을 얻을 수 있다. 만일, 한 분야의 전문지식을 가진 사람이 동일한 방식, 동일한 시간 투자로 박독서를 진행했다면 그에게 준비된 사고 역량으로 인해 박독서의 결과는 교양 지식을 쌓는 독서에 머물지 않는다. 자신의 전문 분야를 강화하는 독서 과정이 되어 준다. 자신이 알지 못한 차원에서 전문 분야를 고찰하는 가운데 창의적인 아이디어를 얻을 수 있다.

그러나 박독서만으로 만족스러운 결과를 얻기란 결코 쉽지 않다. 박독서를 통해 작은 성공 독서를 체험한 이들 대부분은 정독서로 나아간다. 성인뿐만이 아니다. 아이들도 독서가 주는 결과에 동기부여를 받아 더 어려운 독서, 정독서로 나아갈 이유를 갖게 된다. 그런 이들에게 진행되는 정독서는 한 분야의 의미 있는 결과물을 만들어 내는 훌륭한 과정이 되어 준다. 교양 지식을 뛰어넘어, 전문지식을 갖게 만들고 전문지식의 고도화를 경험케 해 준다. 한 가지 분야를 깊이 있게 탐독해 가는 연구 독서를 통해 진정한 배움의 즐거움을 소유한 자로 살게 된다.

박독서와 정독서는 진행하는 대상과 나이, 수준에 따라 달리 적용될 수 있다. 초등학교에서 진행되는 정독서가 중·고등학생이 볼 때는 박독서 수준일 수 있다. 마찬가지로 청년이나 성인의 입장에서는 중·고등학생의 정독서가 박독서로 느껴질 수 있다. 중요한 것은 각 시기와 자신의 실력에 걸맞게 진행하면 된다는 것이다. 배경

지식의 준비 없이 어려운 책에 도전하면 지레 포기하고 만다. 다른 사람을 의식하지 말고 자신의 현재 수준에 맞게 도전하면 된다. 박이정 독서에는 답이 정해져 있지 않기 때문이다. 각기 다른 대상, 각기 다른 수준의 학습자들이 현재 수준을 영점으로 삼아 다음 단계로 한 걸음 진보하도록 돕는 독서법이다.

박이정 독서의 글쓰기도 마찬가지다. 요약과 자기 생각을 정리하는 에세이 정도로 진행하면 된다. 청년들은 자신이 원하는 분야에 도전장을 내밀며 차근차근 지식을 업그레이드하는 것에 포커스를 맞추면 된다. 읽기와 쓰기가 어느 정도 훈련된 사람이라면 정독서의 질을 높여 전문가로 발돋움하는 글쓰기에 목표를 두어야 한다. 정독서는 하면 할수록 우리의 생각을 세밀하게 가다듬어 준다. 깊이 있는 책 읽기뿐만 아니라 정밀하게 사고하도록 돕는다. 당연히 수준 있는 글쓰기가 되고 우리에게 훈련된 지성을 선물해 준다.

박이정 독서로 14년 동안 25권의 책을 집필한 임재성 작가
임재성 작가는 현재 25권의 책을 출간한 작가이다. 랜덤하우스코리아, 경향BP, 한빛비즈, 청림출판, 주니어김영사 등 유명 출판사에서 책을 출간하는 작가이자 강사로 지금도 활발히 활동 중이다. 임 작가가 작가가 될 수 있었던 것도 박이정 독서를 꾸준히 실천했기에 가능한 일이었다.

임 작가를 처음 만난 것은 2004년이었다. 대전에 위치한 독서 아카데미에서 강사와 수강생으로 만났다. 그때만 해도 임재성 작가는 책, 글과는 거리가 먼 분이었다. 첫 번째 과제 감상문은 여섯 줄을 겨우 채워 제출한 정도였다. 교육 과정에 등록한 것도 자신의 필요 때문이 아니었다. 중등교사 자격증을 가지고 있던 아내가 독서와 논술, 질문교재 만드는 과정 참여를 위해 정읍에 있는 집에서 대전에 위치한 독서 아카데미를 매주 오고가야 했다. 아내 홀로 보내는 것이 걱정되어 동반하게 되었고 과정에도 함께 등록했다. 시작은 의지적인 원함에 의한 것은 아니었지만 진행 과정에는 매우 적극적으로 동참하였다. 강좌도 결석하는 일이 없었고 적지 않은 독서 과제도 빼먹는 일이 없었다.

시간이 지나며 임 작가에게 작은 변화가 나타나기 시작했다. 아내보다 독서와 논술, 질문교재 만드는 일에 더욱 적극적으로 관심을 보이고 참여한 것이다. 1년여의 모든 교육 과정을 마치고 연구원 과정에 인턴으로 참여하며 질문교재를 만드는 일에도 동참했다. 초기에 제작된 교재는 완성도가 높지 않았다. 그럼에도 누구보다 성실하게 그리고 적극적으로 연구원 과정에 참여했다. 먼 거리를 오가며 참여하는 것도 쉬운 일이 아니었을 텐데 연구 과제의 수행을 단 한 번도 거른 적이 없었다. 물론 그 과정 또한 만만치 않았다. 그는 자신의 자서전에서 이때의 일을 회상한다.

"독서지도사 공부를 마치고 우리 부부는 더 심화된 공부를 시작했다. 학습 설계사 과정으로 직접 교안을 만들고 기획도 하는 과정의 실무를 배우는 것이었다. 학생들을 가르칠 때 남이 만들어 준 교안으로 수업하는 것과 내가 직접 교안을 기획하고 작성해서 수업하는 것은 많은 차이가 있었다. 책을 읽고 다양하고 깊이 있게 이해하기 위해서는 꼭 필요한 학습이었다. 하지만 학습 과정이 만만치 않았다. 수행해야 할 과제는 산더미 같았고 교안 하나 작성에만 몇십 페이지의 분량이 요구되었다. 매주 과제를 수행하는 것이 너무 벅차고 힘들었다."

"나는 그 후로도 계속 공부를 하러 다니면서 독서문화원의 연구원으로 일하게 되었다. 연구원으로 일하면서 나는 많은 책을 읽고 지도안을 만들었다. 정말 미친 듯이 읽고 지도안을 만들어 댔다. 지도안 만드는 일 말고는 아무것도 하지 않았다. 2년여 동안 천여 권의 책을 읽어 댔다. 사고의 폭도 넓어지고 깊어졌고 다양한 지식을 알 수 있었다."

임 작가는 독서교재를 만드는 연구원이 된 후 하루도 쉬지 않고 질문교재를 만들었다. 처음에는 학생들을 가르치기 위해 어쩔 수 없이 책을 읽고 독서 질문지를 만들었다. 질문만 만드는 것이 아니라 직접 답을 달며 생각을 정리했다. 책 한 권으로 다양한 생각과 가치를 덧입히기 위해 답을 다는 수고까지 마다하지 않았다. 청소년을 대상으로 한 책이지만 추론적이고 사색적인 질문에 답을 다는 것은 쉽지 않았을 것이다. 자신이 만든 질문이지만 생각을 정리해 글로 표현하는 일은 결코 쉬운 작업이 아니다. 그럼에도 질문교재 만들기를 포기하지 않고 오륙 년을 지속적으로 이어 갔다.

시간이 지나며 제작되는 교재의 권수는 늘어났고 교재의 완성도 또한 높아졌다. 그런 과정이 지속되면서 임 작가의 마음에 '책도 한 번 써 볼까' 하는 생각이 깃들기 시작했다. 그 생각이 들기 무섭게 그는 목표를 정하고 실행에 옮겼다. 연구 독서인 정독서 단계로 돌입한 것이다. 그는 그때의 과정을 다음과 같이 고백한다.

"인터넷 국회도서관 논문 코너를 들락거리며 관련된 논문을 읽고 발췌 정리했다. 다양한 책을 읽으며 인용할 거리를 찾아 정리했다. 어떤 내용은 바로 인용하도록 출처를 밝히며 읽었고, 어떤 내용은 윤색요약해서 나만의 언어로 바꾸어 활용했다. 그렇게 연구에 매진하다 보니 어느새 꽤 많은 원고가 완성되었다. 나는 무모할 만큼 큰 용기로 완성된 원고를 최고의 출판사 4곳을 선정해 투고했다. 초보자가 원고 투고로 출간할 확률이 3%라는 사실도 모른 채 도전장을 내밀었다. 그런데 그중 한 곳에서 만나 보고 싶다는 연락을 받았다. 정말 만나 보고 싶다는 말만 믿고 출판사를 방문했다. 그런데 그 자리에서 바로 계약하자는 이야기를 들었다. 첫 책이 그렇게 탄생했다.

한번은 출판사에서 한비자와 관련된 책을 써 달라는 의뢰를 받았다. 일단 알았다고 대답했다. 그때까지 한비자에 대해 아는 지식이 없었다.

도서관으로 향했다. 한비자를 검색해 관련 도서를 모두 빌렸다. 세 군데 도서관을 돌아가며 한비자 책을 빌려다 읽었다. 원문이 잘 해석된 것도 탐색했다. 다양한 해석 글과 인터넷 검색까지 해 가며 나만의 언어로 정리를 했다. 그리고 한비자에서 전하는 메시지를 분석했다. 그것을 바탕 삼아 이 시대를 사는 사람들이 어떤 교훈을 얻고 살면 좋을지를 풀어냈다. 이 기간이 불과 5개월 남짓이다. 다른 일은 하지 않고 오직 한비자와 관련된 것만 몰두했다. 평소 박독서로 배경지식을 쌓아 두고 정독서로 깊이를 더했더니 한 권의 책이 탄생한 것이다. 이 책은 문화체육관광부 주관 세종도서에 선정되는 기쁨도 선물했다. 이런 식으로 글을 쓰다 보니 짧은 기간에 다작도 가능했던 것이다. 사회적으로 유명하지도 않은 내가 이렇게 다작을 할 수 있었던 요인은 박이정 독서법에 있다. 균형감 있는 박독서와 깊이 있는 정독서의 힘이 지금의 나를 있게 한 것이다."

임재성 작가의 고백은 특별한 어떤 존재의 고백이 아니다. 성실하게 박독서와 정독서를 이어 가며 학습과 연구를 지속해 나갔을 뿐이다. 임 작가가 20년 동안 진행한 박이정 독서의 결과물은 개인의 변화와 성숙, 꿈의 성취만이 아니다. 그는 정읍의 한 교회에서 20년 넘게 교회학교 부장으로 섬기며 박이정 독서교육을 통해 교회와 다음세대를 변화시키기 위한 노력을 지금도 지속하고 있다. 한 사람의 변화는 결코 자신의 삶의 변화에서 그치지 않는다.

이웃을 사랑하며 하나님의 나라를 확장하는 하나님의 도구로 사용받는다.

모든 크리스천이여! 박이정 독서하라. 누구나 진행 가능한 현실적인 배움의 과정이다. 당장 시작하고 그것을 지속하는 일만 성공하라. 시간의 축적, 훈련의 지속만큼 무서운 것도 없다. 이는 변화를 이룬 모든 사람에게 발견할 수 있는 공통점이다. 박이정 독서로 자신의 가치를 만들어 가는 과정을 경험하라. 자신이 속한 분야에서 차이를 만들어 내는 자신을 마주하게 될 것이다. 자신을 넘어 하나님 나라를 확장하는 일에 쓰임받는 그리스도의 일꾼이 될 수 있을 것이다.

나의 자녀는 박이정 독서법으로
미래를 준비한다

나의 두 딸은 홈스쿨링 중이다. 첫째는 20대 초반이고 둘째는 10대 중반이다. 첫째는 홈스쿨링으로 초·중·고를 마쳤다. 고등학교 시절 유럽에 3개월, 필리핀에 4개월 동안 여행을 다녀왔다. 자신이 중학교 시절부터 모아 온 돈을 가지고 홀로 떠난 여행이었다. 여행을 통해 자신의 미래를 설계하기 시작했다. 여행 기간 동안 대학도 홈스쿨로 이어 갈 결심을 했다. 현재는 독학사로 학사 과정을 진행 중이다. 동시에 자신이 모아 온 돈을 투자해 동네 상가에 조그만 사무실을 마련하고, 개인 사업자 신고도 한 후 여러 가지를 시도 중이다. 작지만 미니 창업의 과정을 경험하는 가운데 얻는 배움은 책상 위에서의 배움과는 또 다르다. 새로운 성장을 경험 중인 첫째는 어린 시절부터 실행해 온 박이정 독서를 매일 4-5시간씩 지금도 이어 가고 있다. 초중고 시절 매일 6-7시간 진행했던 박이정 독서를 통해 경험한 과정의 진보가 강한 내적 동기부여로 작용했기에 가능한 일이다. 박이정 독서는 투자한 만큼 결과를 경험하게 된다. 그 과정을 통해 한 단계 성장하게 될 때 또 다른 차원의 박이정 독서를 통해 성장과 변화를 도모해 갈 강한 내적 동기를 갖게 된다.

박이정 독서는 주어진 시간, 상황에 따라 다양한 수준과 형태로 진행 가능하다. 필자의 딸들이 진행한 독서 사례를 참조하면 박이정 독서를 이해하는 데 도움이 될 것이다.

하나, 박독서

초등 3-4학년 시절부터 아침 한두 시간은 매일 주제를 달리하며 가벼운 주제로 박독서를 진행했다. 한 시간 동안 책을 읽고 한 시간 동안 그 내용을 요약하고 에세이를 쓰는 방식이다. 주제는 자신이 원하는 것을 선택할 수 있게 했다. 매일 주제가 바뀌기에 한두 달, 학기별로 미리 주제를 정하고 일정에 따라 진행했다. 트리비움 아카데미와 호도애도서관에서 정한 192가지 박이정 주제는 기획자인 필자와 연구진에 의해서만 정해진 커리큘럼이 아니다. 나의 자녀들과 아카데미를 찾는 아이들에게 설문 과정을 통해 공부하고 싶은 주제를 모아 가는 과정을 거쳐 192개의 주제를 정할 수 있었다. 이 책을 읽고 박이정 독서를 실행하려고 할 때 필자가 제시한 192개의 주제를 기본으로 시작해도 된다. 물론 192개에 속하지 않은 주제여도 상관없다. 원하는 주제는 무엇이든 가능하다. 원하는 주제의 책을 사거나 대여할 수 있으면 된다. 주제를 아이에게 강요하지 않은 것은 지속성을 위해서다. 박독서도 읽기와 쓰기가 동시에 진행되기에 결코 쉽지만은 않다. 자신이 원하는 주제를 선택했을 때, 쉽지 않은 박독서 과정을 지속해 갈 가능성은 높아진다.

둘, 정독서: 레벨1

오후에는 정독서를 진행했다. 정독서는 두 레벨을 동시에 진행했다. 레벨1 정독서는 오후 한 시간씩 한 달 동안 하나의 주제를 연구하는 단계다. 주제 선정도 마찬가지다. 장시간 진행되는 독서 과정이기에 주제 선정은 대화를 통해 자녀의 관심사로 정한다. 오전에 진행되는 박독서보다 정독서는 투자하는 시간은 짧다. 하지만 박독서가 한 주제를 하루 두 시간으로 마무리하는 데 반하여 1레벨 정독서는 하루 한 시간씩 주 5일, 4주간 진행되기에 최소 20시간 동안 한 주제를 탐구하게 된다. 하루 30분은 책을 읽고, 30분은 요약과 에세이로 천천히 주제를 탐구해 간다. 초·중학생도 한 주제를 20시간 이상 학습하면 많은 것을 얻을 수 있다. 다양한 교양지식을 쌓는 것은 물론이요, 그 과정에서 배우는 법을 익힌다. 배우는 법이라는 것은 스스로 학습하는 법을 배우는 것이요 탐구 과정을 통해 사고의 역량을 세워 간다는 말이다. 박이정 독서가 추구하는 가장 중요한 교육 목표 중 하나다.

셋, 정독서: 레벨2

오후와 저녁 시간을 조율해 가며 레벨2 정독서가 진행된다. 한 가지 주제를, 하루 한두 시간씩 투자하여, 3개월에서 6개월 동안 진행되는 프로젝트 독서다. 박독서나 레벨1 정독서와는 비교할 수 없는 차원의 독서가 진행되기에 준비 과정도 철저해야 한다. 진행 기간 동안 읽을 도서 목록을 정하고 참고 자료로 시청할 해당 주제의 다큐멘터리를 찾아 구비해 놓는다. 유튜브에 들어가 해당 주제에 대한 세바시 강의나 TED 강의, 유튜브 인터뷰 채널의 영상을 찾아 정기적으로 시청한다. 책을 읽든, 다큐멘터리를 시청하든, 강의를 청취하든, 모든 학습 내용은 요약 과정을 거치고 하루 마무리 에세이로 정리한다.

매일 1-2시간씩 한 달에 20-40시간, 3개월에 60-120시간, 6개월에 120-240시간 동안 하나의 주제를 연구해 가는 일이 쉽지는 않다. 그러나 목표가 분명하다면 누구나 할 수 있는 과정이다. 무엇보다 지속성만 유지할 수 있다면 분명히 마주하게 될 과정의 진보는 학습자로 하여금 동기를 부여하고 지속 가능한 학습 과정이 되도록 돕는다.

정독서의 기간은 정하기 나름이다. 일주일 단위로 정독서를 진행할 수 있다. 한 가지 주제를 하루 2시간씩 일주일 동안 월요일에서 금요일까지 5일간만 진행하여도 그 주제에 대한 학습자의 이해도와 숙련도는 분명한 변화로 나타난다. 중3인 둘째 딸의 경우 초등 3, 4학년 때부터 본격적으로 박이정 독서법을 적용하여 책을 읽고 글을 써 왔다. 이 과정을 진행하며 딸아이가 종종 이야기하곤 한다.

"아빠! 책을 읽는 것과 글을 쓰는 것이 재미있기는 하지만 항상 그런 것은 아니에요. 어느 날은 책을 읽기가 너무 싫고 글쓰기는 더더욱 싫을 때가 있어요. 그런데 신기한 것은 읽기를 시작하면 '내가 언제 책 읽기가 싫다고 했던가?' 하는 생각조차 들지 않을 정도로 글에 푹 빠지게 돼요. 글쓰기도 마찬가지예요. 펜을 들거나 자판을 두드리기 전에는 생각하며 글 쓰는 것이 부담스러워요. 그런데 첫 줄을 쓰고 나면 다음 줄에 쓸 내용이 머릿속에 떠올라 글이 계속 써져요. 늘어나는 분량의 글들, 내 생각을 펼쳐 나가면 글을 쓰는 것이 책을 읽는 것보다 더 재미있게 느껴져요."

모든 아이가 이와 같지는 않을 것이다. 그렇지만 박이정 독서법으로 학습하는 아이, 직장인이 공통적인 고백을 하는 경우가 많다는 것이다. 과정의 진보를 스스로 느끼기에 더 어려운 학습 과정에 도전할 수 있는 동기를 부여해 준다. 굳이 강요하지 않아도 스스로 책 읽기와 글쓰기 속으로 들어간다.

책 읽기와 글쓰기가 너무 즐겁다고 생각하는 사람들이 얼마나 있겠는가. 매일 하기 싫고 부담스러운 것이 읽기와 글쓰기일 수 있다.

그때마다 나를 동기부여하며 지속 가능하도록 돕는 구조가 있어야 한다. 때로는 사람이, 때로는 내가 가진 목표가 그것을 지원해 준다. 무엇보다 책 읽는 시스템의 도움을 받는 것이 필요하다. 동기부여 없이는 지속성을 담보할 수 없고 일관성을 유지할 수 없다. 진정한 동기부여는 주변에서 하는 말에 있지 않다. 몇 번은 조언과 격려에 동기를 부여받을 수 있다. 그러나 독서 과정을 통한 변화가 없다면 박이정 독서 과정은 지속되기 힘들다. 진정한 동기부여는 과정의 진보 속에 있다. 스스로 결과물을 만들어 내고 뿌듯해할 만한 작은 성취들이 모여 자신감을 북돋고 동기를 부여해 주는 것이다.

더 넓고 더 깊게

홈스쿨링 중인 딸아이와 두세 가지 주제로 하루 5시간씩 박이정 독서를 병행하여 왔다. 성인이 된 이후에도 스스로 이 과정을 지속하고 있다. 성인이 되어 자그마한 개인 사업을 진행하면서도 아카데미에서 일주일에 4그룹 이상의 독서 지도를 병행하고 있다. 딸에게는 그것이 박이정 독서를 지속할 수 있는 시스템이 되어 준다. 가르치기 위해 학습과 연구를 게을리할 수 없다. 시간이 쌓이고 학습량이 쌓여 가며 그것이 자신의 역량 되어 가는 것을 경험하게 된다. 개인학습 차원으로 박독서와 정독서를 진행 중이다.

아래 목록들은 첫째 딸이 초6에서 고1에 걸쳐 한 달 이상 시간을 들인 정독서의 주제 중 몇 가지 예를 정리해 보았다.

000 총류: 독서법

100 철학: 철학 인물사, 심리학

200 종교: 빌립보서 연구, 유대인과 교육, 모세오경

300 사회과학: KOICA와 ODA, 정치란 무엇인가?, 도시와 환경, 홈스
쿨링을 말하다, 학교란 무엇인가?

500 기술과학: 스마트폰과 청소년, 인공지능이란, 4차 산업혁명, 미래학

600 예술: 미야자키 하야오의 영화 세계, 대중문화란 무엇인가?, 메이
크업 바로 알기

800 문학: 이어령의 문학세계, 글쓰기란 무엇인가?, 일기와 역사, 어린
왕자 분석, 몬테크리스토, 셰익스피어

900 역사: 세계역사 이야기, 캐나다 연구, 한국사, 우당 이회영, 북한
이야기, 독도 이야기, 사임당과 조선의 여성들, 세종대왕과
한글, 율곡이이, 조선왕조실록, 한국의 대통령, 5대 제국 이
야기

대부분의 주제는 주제마다 하루에 5-6시간씩, 한 달에서 길게는
6개월의 시간을 투자하며 박이정 독서를 이어 갔다. 물론 읽기만
진행된 것은 아니다. 매일 요약과 에세이도 병행되었다. 900 역사
중 우당 이회영이라는 인물은 5개월간 연구하여 『우당 이회영, 독
립을 외치다』라는 단행본도 출간하였다. 한국사 같은 경우는 2년
마다 3-6개월씩 진행하였기에 각기 다른 주제로 세 번에 걸쳐 다룰

수 있었다.

아이가 청소년 시절 우리나라의 탄핵 사태와 미국의 대선 정국 소식을 뉴스를 통해 접하며 정치에 관심을 보이기에 '대통령은 누구인가'라는 주제 연구를 제안했다. 아이는 의외로 흔쾌히 받아들여 한 달간 하루에 한두 시간씩 연구하였다. 물론 결과물은 소논문으로 정리했다.

자녀의 박이정 독서학습 과정은 성인에게도 그대로 적용 가능하다. 지속적이고 일관성 있는 실천만 보장된다면 누구라도 의미 있는 결과물을 만들어 낼 수 있는 것이 인간지능 독서법의 박이정 독서법이다.

박이정 독서법의 가장 중요한 목표 중 하나는 하나의 주제에 대하여 '질을 높이며 배워 가는 법'을 훈련하는 것이다. 주제별로 질을 높여 배움의 길을 걷다 보면 여러 분야의 주제가 연결되어 가며 융복합의 시대에 걸맞은 사람으로 세워져 가게 된다.

인공지능 시대의 도래로 많은 사람이 불안해하고 있다. 현재 자신의 자리 유지를 걱정하는 동시에 어떻게 미래를 준비해야 할지 난감해한다. 불안한 미래에 대해 이야기하는 매체와 사람은 많다. 하지만 효과적으로 미래를 준비하는 대안을 제시해 주는 매체와 사람은 많지 않다. 그러나 이제 더 이상 불안감으로 고통받을 필요가 없다. 인공지능 시대를 효과적으로 준비할 대안이 인간지능 독서법에 있으니 말이다. 신경 써야 할 것은 앎으로 끝내지 않는 것이다. 앎을 삶에 적용하고 실천해 인공지능 시대를 준비하는 역량을 길러야 한다.

늦었다고 생각할 필요 없다. 박이정 독서법은 전혀 새로운 시작이 아니기 때문이다. 당신 안에 내재돼 있는 지식의 편린들이 배움의 과정 속에 질서를 잡고, 하나의 완성품으로 세워져 가도록 돕는 것이 박이정 독서법이다. 세상의 차이는 작은 것에서부터 비롯된다. 능력과 무능력의 가늠자가 되는 그 차이를 박이정 독서법이 채워 줄 것임을 믿고 지금 당장 실천에 옮겨 보라. 그리고 그것을 지속하면 된다. 그것이 박이정 독서법을 누리는 유일한 방법이다.

PART 5

신앙교육, 트리비움하라

독서 기술 디자인

왜 트리비움의 향상 없는 신앙교육은 실패한 교육인가?

신앙교육의 히든 커리큘럼,
트리비움(Trivium)하라

"사색에 기술이 있는 것같이 쓰는 데에도 기술이 있으며, 독서에도 기술이 있다." -벤저민 디즈레일리

"무엇을 읽을 것인가?"의 질문에 십진분류 독서법을 통한 독서 내용의 전체상을 제시했다. 또한 십진분류에 담긴 방대한 내용을 어떤 방식으로 다뤄야 하는지에 대해서는 박이정 독서법으로 독서 방법의 방향성을 이야기했다. 여기서 다음과 같은 질문이 나올 수 있다.

"십진분류 내용을 박이정 독서법으로 확장시켜 가며 우리가 목표해야 하는 것은 무엇인가? 이러한 독서 방법론을 통해 탁월성까지 겸비해 능력 있는 크리스천을 세워 가기 위해 필요한 것은 무엇

인가?" 그 질문에 대한 답은 트리비움Trivium에 있다.

트리비움은 박이정 독서법의 실행 파일이다. 트리비움 능력 향상이 박이정 독서법을 통한 성공 독서에 이르는 최선이자 유일한 길이다. 세 가지 배움의 길인 트리비움은 고전교육의 핵심 커리큘럼만이 아니다. 하나님의 형상으로 창조된 인간의 창조 원리, 그 핵심임을 알아야 한다. 독서가 '역사를 이끌어 온 힘의 원천'이라고 이야기하는 것은 트리비움이 능력을 키우는 주된 통로가 되었기 때문이다. 역사에 영향력을 끼쳤던 모든 이가 가진 능력도 트리비움이었다. 트리비움은 인간의 능력에 차이를 발생시키는 기초요 실질적인 힘이다. 문법Grammar, 논리학Logic, 수사학Rhetoric이라는 단순하면서도 명료한 능력의 차이가 인생의 차이로 나타난다는 사실을 알았다면 이 능력을 세워 가기 위한 구체적인 계획이 개인과 가정, 교회와 속한 공동체 가운데 있어야 한다.

수용 이해력 향상을 통해
정보력을 강화하라: 문법(Grammar)

트리비움의 문법 단계는 세상을 이루고 있는 기본적인 지식을 배워 가는 단계로, 평생을 배워야 하는 단계이다. 문법 단계에서는 최고 수준의 지식과 정보는 아닐지라도 정확한 지식을 얻는 훈련 과정에 충실해야 한다. 수용 능력의 기초를 든든히 하는 것은 무엇보다 중요하며 우선되어야 한다. 수용해야 할 내용이 중요하다면 그것을 내 것으로 만드는 수용 기술의 훈련이 먼저 필요하다는 이야기다.

문법 단계에서 수용해야 하는 지식과 정보는 전문적인 것이 아니다. 지식의 전체상이기보다는 부분 지식이라고 볼 수 있다. 수많은 퍼즐을 맞추기 위한 테두리 윤곽 정도로 이해하면 좋다. 천 피스, 만 피스 퍼즐을 맞출 때 테두리부터 맞추고 서서히 모양을 완성해

가는 것과 같은 이치다.

　인간은 하루에도 수많은 정보를 처리하며 산다. 그중에서 진짜 자신의 것이 될 수 있는 것은 무엇일까. 바로 자기가 이해한 정보이다. 이해된 정보만이 자기 지식이 되는 것이다. 이해되지 않은 정보는 오류를 유발시키는 쓰레기에 불과하다. 이해된 지식은 치열한 삶의 전쟁터에서 결정타를 날리는 강력한 무기가 되어 준다.

　이해력이란 구체적으로 어떤 능력인가? 이해력은 단순 암기력이 아니다. 정보를 있는 그대로 받아들이는 단순한 수용력도 아니다. 수용된 지식을 단순 정보로 남겨 두지 않고 체계화 과정을 통해 자기만의 것으로 재창조시키는 첫 번째 관문이다. 이해력이란 의미를 파악하는 힘이고 그것을 자기 삶과 연결하는 능력이다. 이해력은 모든 능력의 근간을 이루는 시작점이다.

　인간 이해력의 핵심은 문자를 이해하는 능력이다. 그래서 다산 정약용 선생은 아이들의 문심혜두文心慧竇 능력을 세워 주어야 함을 강조했다. 문심혜두란 '글을 이해하는 지혜의 구명을 넓히라'는 의미다. 문자의 수용 능력을 강화하라는 것이다. 수용의 문을 깊고 넓게 확장해야 그 문을 통해 들어온 지식과 정보가 한 사람의 능력이 될 수 있기 때문이다.

　유대인의 삶의 지침서 탈무드에는 이런 경구가 있다. "물고기를 잡아 주기보다 물고기 잡는 법을 알려 주라." 교육을 말할 때 자주 인용하는 문구이다. 물고기를 잡아 주는 것이 아니라, 잡는 법을 알려 주는 것이 바로 트리비움의 역량인데 그 출발이 훈련된 이해력이다. 사람과 동물, 사람과 사람 사이의 차이를 발생시키는 가장 중요한 요인도 이해력이다. 같은 시간, 같은 배움을 받아도 정보 습득 결과는 결코 같지 않다. 그 차이가 바로 이해력에서 비롯된다.

그렇다면 이해력을 향상시키기 위해 필요한 것은 무엇일까? 당연히 사고력이다. 사고 능력이 향상되면 자연스럽게 이해 능력이 향상된다. 준비된 사고 능력만큼만 이해되기 때문이다. 사고력은 다음 장에서 자세히 다룰 것이다. 이 장에서는 지식과 정보를 수용하는 이해의 과정에서 풀어야 세 가지 과제에 대해 살펴보고자 한다. 이 세 가지는 이해력을 강화하는 열쇠로 사고력과 관계없이 이해를 가로막기도, 이해력을 강화하기도 한다. 그것은 바로 정오正誤, 양量, 속도速度의 문제다.

첫째, 정오正誤의 문제

삶의 성공을 이루는 이해력을 갖추기 위해 풀어야 할 첫 번째 과제는 옳고 그름, 정확正確과 부정확不正確을 이해하는 것이다. 지식의 종류에는 바른 지식과 부분 지식, 오류 지식이 있다.

인간은 보고 듣고 읽고 경험을 하는 과정을 통해 정보를 수용한다. 중요한 것은 내가 보고 들은 것이 정확한 것인가 하는 것이다. 아무리 사고력이 뛰어나더라도 부정확한 지식과 정보를 수용했다면 바른 이해는 발생하지 않는다. 오해誤解가 하나의 예다. 다른 사람에 대한 잘못된 정보로 오해해 본 경험은 누구나 있다. 이것은 오해한 사람의 사고와 이해력 때문이 아니다. 정보의 질이 문제를 야기하고 오해를 불러일으킨다. 잘못된 정보가 선입견先入見을 만들고 잘못된 판단과 평가를 하도록 하는 것이다.

사람은 누구나 선입견을 가지고 본다. 자신이 배우고 익힌 모든 것은 선입견을 만든다. 그것을 바탕 삼아 다른 지식과 정보를 판단하고 받아들인다. 새로운 판단과 결정을 하는 마중물이 되는 것이다. 선입견이 바른 수용과 이해를 방해하기도 하지만 그 자체가 잘못되었다고 말할 수 없다. 인간은 먼저 들어 온 지식과 정보로 선입견을 갖기 때문이다. 문제는 그 정보의 질이다. 정오正誤의 차이가 바른 인식과 견해를 갖도록 이끈다는 이야기다.

정보와 지식의 정오 문제는 이해력을 높여 가고 향상시켜 가는 일에 있어 제일 먼저 해결해야 할 과제다. '아는 것이 힘'이라는 말은 정보의 옳고 그름의 문제를 전제하고 있다. 바른 지식을 수용하고 그것을 체화한다면 그것은 우리의 힘이 된다. 그러나 오류 지식과 부분 지식을 아는 것은 도리어 해가 될 수 있다. 이때 사람들은 '모르는 게 약이다'라고 말한다.

이해력 향상을 원한다면 먼저 수용하는 정보와 지식의 정확성을 체크해야 한다. 오류 지식이나 부분 지식이 아닌 바른 지식을 받아들여야 한다. 이해력 향상을 위해 문심혜두를 넓히고 자신의 게이트 키핑Gate keeping 능력을 높여 가는 노력이 필요하다.

미디어를 통해 전달되는 뉴스도 정오의 관점으로 살피며 수용해야 한다. 모든 뉴스는 게이트 키핑을 거친 결과물이다. 게이트 키핑이란 뉴스 편집자의 의도에 따라 기사가 취사선택되어 편집되는 과정을 일컫는다. 신문이나 뉴스는 그것을 누가 편집해 전달하느냐에 따라 달라진다. 같은 사안을 두고도 언론사마다 첨예하게 다른 뉴스가 되고 마는 것이 게이트 키핑 때문이다. 그래서 올바른 시각을 가지려면 진보와 보수 진영의 뉴스를 모두 보라고 한다. 한쪽 뉴스만 보면 왜곡된 사고와 해석을 하게 되기 때문이다. 이렇듯 우리는 게이트 키핑 된 것들을 매일 보고 들으며 산다. 그것이 바탕이 돼 세계관, 교육관, 정치관, 인생관이 형성된다.

신앙의 기초가 되는 신학도 마찬가지다. 성경을 읽고 '게이트 키핑' 된 결과가 신학이다. 장로교와 감리교의 신학이 다르다. 성결교와 순복음의 신학이 다르다. 이때 정오의 문제는 발생할 수밖에 없다. 같은 성경 본문에 대한 해석도 다른 경우가 적지 않다. 그리스도인으로서 트리비움의 역량, 이해력을 높여 가는 노력은 신앙인으로서의 기본기, 문법을 세워 가는 일이다. 이 단계에서 정오의 문제를 확인하지 않는다면 신앙인의 열심은 하나님의 이름을 망령되이 일컫는 인간의 욕심이 될 수도 있다. 그러므로 우리는 떨린 마음으로 이 문제에 대해 생각해야 한다. 취사선택의 독서 기술이 아닌 그리스도인의 초깃값임을 알고 준비하는 지혜가 필요하다.

둘째, 분량分量의 문제

이해력을 위해 풀어야 할 두 번째 과제는 분량分量이다. 한마디로 정보와 지식이 많은가 적은가 하는 양의 문제는 이해력과 관련하여 매우 중요한 요소다. 첫 번째 정오의 문제에서 오해와 관련된 예를 들었다. 오해는 정보의 부정확도로 발생하지만 정보 부족으로 인해 발생하기도 한다.

모든 국가에는 정보기관이 있다. 미국의 CIA, 영국의 MI6, 러시아의 FSB구소련 KGB, 이스라엘의 모사드, 독일의 BND가 대표적이다. 이외 다른 국가들에도 동일한 기능을 담당하는 부서들이 있다. 우리나라의 국정원도 비슷한 기관에 속한다. 각국 정보국에는 적게는 수천에서 많게는 수만의 정보요원이 있다. 그들은 자국 및 전 세계의 정보를 수집하고 정리한다. 이때 중요한 것이 바로 정확성과 정보의 양이다. 정확한 정보라는 전제하에 정보 분량이 많을수록 정확한 통계와 예측이 가능하다. 그 역량에 따라 기관과 나라가 추진하는 일에 성공률을 높일 수 있다.

사업을 준비할 때도 좋은 정보가 많을수록 성공 확률이 높다. 직장 생활의 성패도 정보의 양으로 결정된다. 직장에서는 고급 정보를 많이 알고 있는 사람이 높은 자리를 차지한다. 직급이 낮을수록 일을 잘 해내지 못한 것은 역량 때문이기도 하지만 정보의 부족 원인이 더 큰 영향을 준다. 고급 정보가 없으니 큰 그림을 그리지 못하고 효율적으로 일도 하지 못한 것이다. 근시안적으로 생각하고 일을 하니 좋은 성과를 올리지 못한다.

회사의 성패도 기업 정보 공유가 큰 영향을 끼치기도 한다. 회사 정보를 공유하며 일류기업으로 발돋움한 기업이 있다. 바로 구글이다. 구글이 일류기업으로 성장한 이유는 여러 가지가 있다. 그중에서도 투명한 정보 공유가 창의적인 역량을 높이는 데 일조했다. 구글은 기업 정보를 모두 공유하며 원하는 정보를 마음껏 활용하도록 한다. 모두에게 동일한 기회를 제공해 도전하도록 이끈 것이다. 그 힘이 창조적인 산물을 만들어 냈다.

인공지능 시대에 꼭 필요한 것은 데이터다. 데이터가 없으면 인공지능은 무용지물이 된다. 인공지능은 방대한 데이터를 바탕으로 물건을 만들고 기계도 설계한다. 트렌드를 읽어 내고 미래도 예측한다. 정보를 많이 확보하고 있는 기업이 인공지능 시대를 주도한다. 오픈AI의 챗GPT가 인공지능 시대를 선도하는 역량도 모두 학습데이터 정보의 양과 관련 있다. 잊지 말아야 하는 것은 알아내는 힘이 정보력을 기본 전제로 한 이후에나 체화 가능하다는 사실이다. 정보력의 차이, 정보의 많고 적음의 유무는 여전히 기업과 우리 인생의 갈림길에 중요한 요소로 작용하고 있음을 기억해야 한다. 백 개의 레고 블록으로 만들 수 있는 것보다 천 개의 레고 블록으로 만들 수 있는 작품이 더 많은 것과 같은 맥락이다. 두 사람이 같은 능력을 가졌다고 전제했을 때 그들의 차이는 수용된 정보의 양에서 결정될 수 있다. 그러기에 정보수용력을 세워 가는 단계에서는 한 분야에 치우치지 않도록 신경 써야 한다.

지금 당신이 접하고 있는 정보와 지식이 올바른지를 점검하라. 동시에 올바른 정보를 되도록 많이 확보하고 수용하도록 해야 한다. 그 양이 당신 삶의 자산이요 힘이 되어 주기 때문이다.

세 번째, 속도速度의 문제

마지막으로 중요한 것은, 빠름과 느림이다. 정보를 수용하는 속도速度에 관한 이야기이다.

독서법에서 정독과 속독 논쟁은 끊이지 않는 단골 메뉴다. 어느 것이 옳은지는 주장하는 사람에 따라 다르다. 시중에는 슬로우리딩, 포토리딩, 가속 학습 등 다양한 형태의 수용 기술들이 소개되고 있다. 수많은 수용 기술과 과정 능력은 각기 다른 듯 보이지만 결코 다른 이야기를 하는 것이 아니다. 필요에 따라, 내용에 따라, 상황에 따라서 슬로우리딩이 필요할 때가 있고, 포토리딩이 필요할 때가 있다. 정독이 필요할 때가 있고 속독이 필요할 때가 있다. 중요한 것은 어느 정도의 정보 수용 능력이 속독과 정독에 활용되고 있느냐 하는 것이다. 그 핵심을 좌우하는 능력이 바로 이해력이다. 만일 수용되는 지식과 정보가 올바르게 이해되었다고 전제하면 정보는 많고 빠를수록 좋다. 빠른 시간에 바른 정보를 많이 수용할 수 있다면 이것만큼 좋은 일이 어디 있겠는가.

속도는 옳고 그름의 문제가 아니다. 정보를 수용하는 목적에 따라 용도를 다르게 접근하고 활용해야 하기 때문이다. 예를 들어 한 권의 책을 완벽히 소화해 내는 과제가 주어졌다면 그때 필요한 독서법은 정독이다. 반면, 수많은 책을 읽으며 한 분야의 큰 그림을 잡아 가는 논문 독서, 주제 중심의 독서라면 속독은 매우 탁월한 선택일 수 있다. 논문을 쓰다 보면 같은 분야의 책을 적게는 여러 권, 많게는 수십 권을 읽어야 한다. 같은 분야의 책 내용은 대동소이大同小異한 경우가 많다. 이럴 때는 마스터북 한두 권은 정독하며 완벽하게 소화하고 나머지 책들은 속독하며 정보를 발췌하고 연결해 가며 이해하면 된다.

창의적인 생각을 만들어 내는 과정은 속도로 접근하면 안 된다. 창조적인 생각은 깊이 연구하는 과정 속에서 형성되기 때문이다. 그러나 빠르게 정보를 습득하는 과정에서도 번뜩이는 섬광이 일어나기도 한다. 순식간에 새로운 생각이 떠올라 문제를 해결할 실마리를 잡는다. 그러니 독서의 속도를 이분법적으로 생각하지 말고 필요에 따라 선택하고 활용하면 된다. 다만 정보의 수용과 이해 문제가 해결되었다면 속도가 빠르면 빠를수록 유익할 수 있다.

수용하고 인식하며 이해하는, 문심혜두 이해력은 당신의 행복과 성공을 위해 빼놓을 수 없는 요소이다. 독서로 삶을 바꾸고 싶다면 더더욱 신경 써야 한다. 이해력에 따라 앞으로 인생이 달라지기 때문이다. 특히 인공지능 시대에도 여전히 정보는 큰 힘이요 자산이다. 올바른 정보와 양, 그것을 이해하고 처리하는 속도가 경쟁력을 좌우한다. 아는 힘이 있어야 한다는 것이다. 아는 힘이 준비되었을 때 비로소 알아내는 힘도 얻을 수 있게 된다.

논리 사고력 향상을 통해
사실을 사실로 보는 힘 세우기: 논리(Logic)

세상을 이루고 있는 기본 정보를 수용하고 지식의 양이 풍부해졌다면, 이제 필요한 것은 논리 사고력이다. 구슬이 서 말이라도 꿰어야 보배가 된다. 논리력은 지식의 관계성을 세우는 과정이며 구조화하고 체계화하는 능력이다. 분류의 능력이며 정리하는 능력이기도 하다. 수용되는 지식과 정보에 질서를 부여하는 단계인 것이다. 훌륭한 정보를 수용했다면 뛰어난 방법으로 기존 지식과 연결 짓는 과정이 필요하다. 이것이 사고의 핵심 능력이다.

　논리 사고력의 기초는 사실을 사실로 보는 능력이다. 이 능력을 통해 흩어진 지식과 정보에 질서를 부여해 갈 수 있다. 생각하는 능력은 이렇게 질서를 부여하고 연결 짓는 과정에서 생겨난다. 예를 들어 수용 단계에서 물과 불의 본질에 대한 정보를 수용했고 중요성에 대해 이해했다고 하자. 그러면 논리 단계에서는 물과 불을 구성 요소로 연결 지어 이해하는 과정이 뒤따라야 한다. 물과 불뿐 아니라 기존에 알고 있던 다른 지식들과 연결 지어 관계를 정리하는 단계가 논리 사고 단계다. 재료가 준비되어 있고 발화점 이상의 온도가 발생한다고 해서 불이 발생하는 것이 아니다. 재료와 발화점 이상의 온도에 산소라는 환경적 요소가 한데 모였을 때라야 불이 발생한다는 구성 요소적인 사실을 깨닫는 것도 논리 사고력을 세워 감으로 가능하다.

사실을 사실로 본다는 것은 말처럼 쉽지 않다. 사람들은 부분적인 것을 보고 전체로 착각하며 살아가는 경우가 많다. 어느 것이 부분이며 전체인지를 헛갈려 한다. 자신이 원하는 인생을 살아감에 있어서는 가설을 세우는 것이 매우 중요하다. 가설이 곧 꿈이기 때문이다. 그러나 지식의 관계성, 전체상을 볼 수 있는 능력이 없다면 가설을 세울 수 없다. 현실에 존재하지 않지만 눈을 감으면 떠오르는 장면을 볼 수 없다면 오늘 자신이 무엇을 해야 할지 알 수가 없다. 물론 가설은 누구나 세울 수는 있다. 다만, 그 가설이 실현 가능하도록 단계를 설정하고 체계화된 것이냐, 아무런 논리적 맥락이 없는 추상이냐는 가설의 현실화에 있어 중요한 문제다.

세상을 살아가는 모든 사람은 추론을 한다. 사람의 마음을 읽는 행위도 추론이다. 날씨를 예측하는 것도 추론의 과정을 통해서 이루어진다. 사업을 기획하고 준비하는 것도 추론의 과정이다. 진로를 설계하고 미래의 꿈을 향해 나아가는 과정도 추론의 과정을 요구한다. 안타까운 것은 대부분이 추론 과정에서 실패한다는 것이다. 추론의 실패는 결과의 실패로 이어진다.

추론이 실패하면 날씨를 예보해도 헛발질을 한다. 사업을 기획하나 자신의 의도와 상관없이 삐걱거리게 된다. 꿈을 꾸지만 시간이 지나면 지날수록 망상이 되고 만다. 영원히 이룰 수 없는 꿈으로 남기도 한다. 무엇이 잘못된 것일까? 문제는 단순하지 않다. 일의 성공은 복잡한 구성 요소를 필요로 하나 대부분의 실패 원인은 추론 단계에서 잘못된 경우가 많다. 사실을 사실로 보지 못하고 착각하고 왜곡해서 해석에 실패한다. 즉 논리가 결여된 것이다. 지식과 정보의 관계를 파악하지 못한 것이다.

논리 사고력이란 구체적으로 어떤 능력인가

그렇다면 지식과 정보의 관계를 파악하고 질서를 부여하며 추론을 가능하게 하는 요소로서의 논리 사고력이란 구체적으로 어떤 능력인가? 크게 세 가지 요소 능력으로 설명할 수 있다.

첫째, 분별력이다. 지혜로움의 대명사로 불리는 솔로몬의 지혜 능력은 분별력을 통해 발휘되었다. 난감한 상황 속에서 아기의 생모를 찾아낼 수 있었던 것은 분별력이 있었기에 가능했다. 생모의 특성을 제대로 분별할 수 있었기에 아이를 반으로 자르라고 명령해 친모를 찾아냈다. 분별력은 참과 거짓, 좋은 것과 나쁜 것, 중요한 것과 사소한 일, 먼저 할 일과 나중에 할 일을 구분하는 것이다. 문제점을 알아내는 것이 분별력이다. 읽고 쓰고 경험하며 수용하는 모든 지식들 가운데 자신의 것으로 취사선택하며 받아들이는 능력도 분별력이다.

두 번째 기능은 분별된 지식의 활용력이다. 분별력은 지식을 수용하면서 확장된다. 확장된 지식이 온전히 수용자의 것이 되고 의미 있는 결과물로 만들어지려면 활용되어야 한다. 그런데 많은 사람이 분별된 지식을 활용하지 않는다. 분별은 하는데 실천에 옮기지 못하는 것이다. 손익 계산을 따지다 시기를 놓치고, 게으름에 빠져 활용하지 못한다. 좋은 습관을 형성하지 못해 작심삼일에 그칠 때도 많다. 진정한 분별력은 활용력과 함께 연동될 때 힘을 얻는다. 사고력은 그저 생각만 잘하는 능력이 아니다. 분별된 지식을 생활 속에서 필요할 때마다 활용하고 발현하는 것이 분별력이자 사고력이라 할 수 있다.

세 번째 기능은 문제 해결력이다. 분별력으로 문제가 무엇인지 알았다면 그 해결책도 제시할 수 있어야 한다. 알버트 아인슈타인은 이렇게 말했다. "문제가 생긴 것과 똑같은 수준에서는 그 문제를 해결할 수 없다. 그것을 넘어서서 더 높은 수준으로 올라가야만 한다." 문제를 해결하려면 높은 사고력이 동반돼야 한다는 것이다.

누구나 문제는 본다. 문제 앞에 분노하고 걱정하며 비난한다. 나름대로 실천에 옮기며 문제를 해결하기 위해 지식을 활용한다. 그러나 문제 해결사는 문제 자체만 보지 않는다. 문제의 근본 원인을 보고 진단하는 능력이 있다. 망가진 컴퓨터 상태가 아니라 원인이 무엇인지를 정확히 진단하고 그 문제점을 해결하는 것이다.

문제는 문제점이 해결될 때 사라진다. 훌륭한 의사는 나타난 증상을 통해 문제의 원인, 그 근원을 찾아 치료한다. 훌륭한 지도자도 문제 앞에 당황하지 않고 문제의 원인을 찾아 해결한다. 때로는 반대와 비난에 부딪혀도 꿋꿋이 해결책을 제시하며 극복해 나간다. 개인뿐만 아니라 기업과 사회, 국가와 인류가 발전하는 데 가장 크게 공헌한 것이 바로 사고력이다.

논리 사고력을 향상시키려면 이렇게 하라

그러면 사고력은 어떻게 개발할 수 있을까? 사고思考 기능을 가능하게 하는 원리를 구체적인 단계로 나눠 훈련할 때 개발된다. 사고는 추상이지만 그 원리를 구성하는 단계는 구체具體적인 방법과 기술로 되어 있다. 특히 세 가지 기술로 구성되는데, 그 방법과 기술을 훈련하면 된다.

첫째는 비교-관찰이다. 비교하며 관찰하는 것은 사고력의 기초이다. 수용되는 지식과 정보는 기존 지식과 연결되며 자리를 잡아

간다. 이 과정에서 비교의 기술이 사용된다. 비교를 하려면 초깃값이 있어야 한다. 초깃값을 이루는 정보와 데이터가 없으면 비교는 불가능하다. 초깃값이 없으면 수용되는 지식과 정보들은 아무런 저항 없이 한 사람의 지식으로 자리 잡는다. 책 한 권 읽은 사람이 가장 무섭다는 말도 그 한 권이 곧 한 사람의 전체 정보가 되기 때문이다. 기존 지식이 없으니 어느 것이 옳은지 그른지 객관적인 비교를 할 수가 없는 것이다. 자기 내면에 축적된 정보의 질이 높고 양이 많을수록 효과적인 비교 분석이 가능하다.

비교는 관찰에서 비롯된다. 관찰은 하나의 사물과 사건을 주의 깊게 살펴보는 자세를 말한다. 제대로 관찰하면 본질까지 꿰뚫을 수 있다. 그런데 관찰 기술은 하루아침에 형성되지 않는다. 수많은 시간 시행착오를 거치며 벼려 내는 능력이 있어야 생긴다. 만화 〈미스터 초밥왕〉에는 이런 대사가 나온다. 요리 대회를 앞둔 주인공 쇼타에게 봉초밥 식당 사장은 이런 말을 해 준다.

"나는 이 칼을 30년 이상 손질했지. 날마다 갈면 갈수록 칼은 점점 작아졌다. 보통 칼보다 10센티미터나 짧지. 하지만 칼날의 날카로움은 30년 동안 똑같았어. 좋은 칼을 소중하게 다루면, 솜씨도 좋아진단다. 쇼타도 이제 자신의 칼을 가져야 해. 지금부터 단짝이 될 만한 녀석을 찾아오너라."

칼을 갈면서 사장은 어떻게 칼날을 효과적으로 손질해야 하는지 알았을 것이다. 그 능력이 있기에 수십 년이 흘러도 여전히 날카로운 칼날을 유지할 수 있었다. 훈련을 통해 가다듬어진 관찰 능력은 세월이 흘러도 여전히 살아남아 삶을 인도한다. 그런 관찰 능력을 가질 수 있도록 본질과 근원을 탐구하도록 해야 한다. 그저 겉으로 드러난 것에만 관심을 가져서는 곤란하다. 세상의 모든 것은 존재 이유가 있다. 그 이유를 밝히고 그것의 현재와 미래까지 볼 수 있도록 깊이 탐구하고 사색하며 나아가야 한다.

아이작 뉴턴은 이야기했다. "내가 만일 가치 있는 발견을 한 것이 있다면 다른 능력이 있어서라기보다는 다 참을성 있게 관찰한 덕분이다." 원인과 근본을 밝힐 때까지 참을성 있게 관찰했기에 위대한 발견을 했다는 의미이다. 그러니 자신의 관심 분야와 자기 삶을 꿰뚫어 볼 수 있는 관찰력을 기르도록 해야 한다. 본질이 보일 때까지 참을성 있게 관찰의 칼날을 벼려 내라. 그 능력이 사고력을 기르는 첫 번째 관문이다.

두 번째는 분석-분류이다. 분석하고 분류하는 기술을 훈련해야 한다. 사실 분석하는 기술이 관찰의 핵심 요소이기도 하다. 분석은 수용된 지식과 정보를 세부적으로 살피며 파악하는 것이다. 완성된 제품의 컴퓨터는 누구나 컴퓨터로 본다. 그러나 컴퓨터를 구성하는 부품과 작동 원리를 아는 이들은 많지 않다. 분석은 지식과 정보의 세부 구성 요소를 살피고 논리를 살펴 가는 사고의 과정이다. 그 지식과 정보가 나타나게 된 배경까지 살펴보는 것이다. 분석 없이 사실을 사실로 보는 일은 불가능하다. 분석 없이 알게 된 지식은 대부분 피상적인 앎에 지나지 않는다.

분류는 비교, 관찰, 분석되면 자연스럽게 이루어지는 질서다. 대부분의 수용된 지식과 정보들은 머릿속에서 따로 놀 때가 많다. 낱알의 지식과 정보가 줄을 서지 않고 개별적으로 존재한다. 이런 지식과 정보는 비교와 관찰, 분석 과정을 거치며 질서를 이루고 나뉘게 된다. 의미 단위의 개념이 되어 해석하고 이해하는 데 밑거름으로 작용한다. 활용 가능한 살아 있는 지식이 되는 것이다.

주머니 안에 꼬여 있는 이어폰 줄, 전봇대에 얽혀 있는 전선처럼 얽히고설킨 지식과 정보는 죽은 지식이다. 아무리 많이 수용되어도 써먹을 수가 없다. 분류의 기술은 죽어 가는 지식에 생명력을 부여하는 사고 능력이다. 인간지능 독서법의 십진분류 독서 전략을 실천한다면 수용된 지식과 정보를 분류해 의미 있게 활용할 수 있다는 것을 알게 될 것이다.

지식을 정리하며 체계화시키는 최초의 과정은 요약 단계다. 요약은 사실을 사실로 보는 능력이다. 있는 그대로의 모습으로 판단하는 과정이다. 자기 의견을 이야기하고 주장을 펼치기 전에 상대방 주장을 있는 그대로 볼 수 있는 능력이다. 사고 능력이라고 하는 것은 수용되는 상대방의 주장과 자기 의견을 구분할 수 있는 능력을 기초로 한다. 상대방의 주장을 정확하게 파악하지 않은 상태에서 자기주장과 의견을 내세우는 것은 논리 능력이 부족한 이들이 하는 가장 잦은 실수다. 반면, 노벨상을 받은 이들은 세상의 미해결 과제, 풀어야 하는 문제를 해결한 사람들이다. 그들은 문제 해결 이전에 현실 세계 속 문제들을 있는 그대로 보고 받아들이는 데 능숙하다. 문제를 인식해야 어떻게 풀 것인가 답도 찾을 수 있기 때문이다. 그들은 해결해야 할 과제를 찾아 분석하고 이해해 자신의 주장과 견해를 바탕 삼아 새로운 가설을 설정하고 문제를 해결해 나간다. 이 세상의 새로운 창조물이 만들어지는 과정도 이와 다르지 않다.

분석과 분류 능력이 있으면 요약을 잘할 수 있다. 요약 능력은 분석과 분류 기술 훈련 없이는 자라지 않는다. 요약은 무조건 내용을 압축하는 것이 아니다. 우리가 하는 대부분의 요약은 내용을 압축하는 것에 지나지 않는다. 발췌한 글을 연결하는 정도이다. 진짜 요약은 글의 구조를 분석해 주제와 구성별로 내용을 재구성하는 것이다. 중요한 것은 책이 전달하려는 핵심을 놓치지 않는 것에 있다. 핵심 되는 구절을 자신만의 언어로 표현할 수 있어야 한다. 그러려면 분석과 분류 기술이 훈련되어 있어야 한다. 이런 능력을 훈련하고 능력으로 갖출 때 경쟁력이 있다.

다시 말하지만 사고력은 구성 요소 단위로 훈련할 때 능력이 된다. 그러니 분류 기술을 습득해 연습하고 훈련해야 한다. 분류하는 기술이 덧입혀지면 지금까지 습득한 수많은 지식과 정보는 나를 일으키는 무기가 되어 줄 것이다. 삶을 변화시키는 진짜 지식과 정보가 되는 것이다.

세 번째는 종합-평가이다. 종합과 평가는 수용된 지식과 정보가 온전히 자신의 자산이 되게 하는 과정이다. 요약이 사실을 사실로 보는 눈이라면, 종합 평가된 지식과 정보는 사실에 창조력이 더해진 지식의 결과물이 된다. 그렇게 만들어진 결과를 보고 사람들은 지혜의 산물이라고 부른다. 지혜는 남이 보지 못하는 것을 보는 능력이다. 남이 해결하지 못한 문제를 푸는 열쇠이기도 하다. 지혜야말로 사고력의 결정판이다.

종합과 평가는 기존의 문제점을 발견하고 해결책을 기획해 가는 능력이다. 분류된 지식을 뛰어난 방법으로 기존의 것과 연결시키며 대안을 제시하는 사고력의 강화 과정인 것이다.

'구슬이 서 말이라도 꿰어야 보배'라는 속담이 있다. 사자성어로 관주위보貫珠爲寶라 표현할 수 있다. 관주위보는 기존 지식과 정보에 질서를 부여해 새로운 것을 창조해 내는 사고력을 의미한다. 즉 흩어진 지식과 정보로 의미 있는 창조물을 만들어 내는 능력이다. 그 기능을 할 수 있도록 돕는 것이 종합하고 평가하는 기술이다.

코딩 기술이 발달하면서 다양한 인공지능 로봇들이 등장하고 있다. 작곡을 하고 글도 쓴다. 인간을 위협하고 도전할 수 있다고 불안해하는 사람이 많다. 그렇다. 인공지능은 위협적이다. 창조 능력까지 갖추었으니 놀랄 만도 하다. 그렇다고 인간이 인공지능과 경쟁할 필요는 없다. 인간의 사고력과는 다른 차원의 기술로 활용될 것이기 때문이다. 인공지능은 우리가 원하는 것을 창조하는 데 도움을 받고 활용하면 된다.

정보를 저장하는 능력은 인간의 뇌보다 컴퓨터가 더 탁월하다. 그러나 서 말의 구슬을 꿰어 내는 관주위보 창조 기술은 컴퓨터가 인간을 따라올 수 없다. 인공지능이 구연하고자 하는 것이 바로 관주위보 기술이다. 어느 정도 구현되었고 놀라운 속도로 따라잡고 있다. 그러나 인간지능은 뛰어난 관주위보의 기술 그 자체보다 더 복잡한 알고리즘으로 구성되어 있다. 인공지능의 이러한 놀라운 변화가 인간지능의 활용을 통해 이루어 온 것임을 기억해야 한다. 그러니 인간지능을 개발하고 그 능력을 향상해 가는 것에 집중해야 한다. 그 중요성을 인식하는 것이 우선되어야 한다. 그 중심에 사고력이 자리하고 있다. 사고력을 향상시키는 기능과 기술을 훈련할 때 우리는 인공지능의 위협에 두려워하지 않게 된다. 인간지능을 통한 사고력은 이보다 더 놀라운 변화를 이루어 낼 원천 능력 그 자체이기 때문이다.

오늘날 사회인들은 지식과 정보의 수용에는 관심을 보이면서도 그것을 다루는 능력을 세우는 일에는 무관심하다. 많은 책을 읽었지만 그것을 분류하고 종합하며 이해하고 추론해 가는 기술은 준비하지 않고 있다. 아니, 대부분 그것의 중요성조차 인식하지 못하고 있다. 그러니 열심히 노력은 하지만, 문제는 해결되지 않고 삶도 나아지지 않는 것이다.

   독서를 통해 무엇을 향상해야 하는가? 사실을 사실로 보는 눈, 정보와 정보의 관계를 살피는 눈이다. 이해력과 논리력을 향상해야 한다. 중요한 것을 기억하는 능력도, 미래를 예측하는 능력도 논리력의 기초 위에 세워지기 때문이다. 이것을 알고 훌륭한 지식을 뛰어난 방법으로 기존 지식과 연결 지을 수 있는 일에 집중해야 한다. 논리 역량이 세워지면 어떤 문제도 해결할 수 있는 실마리를 발견할 수 있게 된다.

융합 표현력 향상을 통해
그리스도인의 창조력 강화화기: 표현(Rhetoric)

읽는 것은 빌리는 것을 의미한다. 창작하는 것은 자기가 진 빚을 갚는 일이다. - G. C. 리히텐베르크

    필립스 엑시터 아카데미는 하버드가 인정한 최고의 명문 학교이다. 페이스북의 창립자이자 CEO인 마크 주커버그Mark Zuckerberg의 모교로도 유명하다. 이 학교는 1931년부터 타원형 모양의 하크니스 테이블을 이용해 수업을 진행한다. 하크니스는 당시 미국의 석유 재벌로, 자선사업가인 에드워드 하크니스 이름에서 따왔다.

    에드워드 하크니스는 필립스 아카데미를 찾아가 혁신적인 교육 방법을 고안해 내면 거액을 기부하겠다고 약속한다. 학교는 오랜 연구 끝에 타원형의 탁자에 12명의 교사와 학생이 둘러앉아 공부하

는 방식을 창안한다. 공간의 변화를 시도한 것이다. 서로 소통하며 자신의 의견을 주고받는 토론 형식의 수업을 진행하겠다는 조치였다. 이 제안을 흡족하게 여긴 하크니스는 약속대로 학교에 거액을 기부한다. 학교는 이를 기념하여 그 탁자 이름을 하크니스 테이블이라고 했다.

유대인 도서관 예시바의 공간 배치도 특이하다. 예시바에는 두 사람이 짝을 지어 대화하고 질문하고 토론하는 책상이 많이 배치되어 있다. 적막이 흐르는 여느 도서관과 달리 예시바는 시끄럽다. 여기저기서 요란하게 서로 질문을 주고받으며 토론을 이어 가기 때문이다.

필립스 아카데미의 하크니스 테이블, 유대 도서관 예시바는 소통을 전제로 디자인되었다. 지식을 수용하고 정보를 쌓는 것에 목적을 두지 않았다. 자신의 생각을 표현하고 다른 사람의 의견에 귀 기울이는 것을 중요하게 여겼다. 그 과정에서 창조적인 지식이 생산된다는 것을 안 것이다. 인간지능이 생성되는 원리를 간파한 현명한 선택이다.

유대인과 미국 및 서양 문화는 표현을 중요하게 생각한다. 서양의 합리성을 이야기할 때 표현의 자유를 빼놓고 이야기할 수 없는 것도 이 때문이다. 그들은 누구에게나 발언의 기회를 준다. 자기 의견을 자유롭게 이야기하고 듣는 문화가 정착되어 있다. 그러다 보니 누구든지 조직과 공동체를 위해 공헌할 수 있는 기회를 얻는다.

한 사람의 아이디어와 기획안들이 소통의 장으로 자연스럽게 나오고 그것을 공공의 이익으로 연결한다. 이처럼 합리적이고 효율적인 소통 문화는 조직과 공동체 성장을 이끈다.

우리나라 교육의 대부분은 말하기보다 듣기 위주다. 쓰기보다는 읽기에 초점이 맞춰져 있다. 물론 읽기도 충분히 하지 못했다. 대부분의 교육은 듣기를 중심으로 기획되었고 지금도 지속되고 있다. 유교 문화의 영향을 받아 질문을 던지는 것도 허용되지 않았다. 누구 하나 질문을 던지면 진도를 늦추는 방해꾼으로 생각한다. 궁금증을 견디다 못해 질문하면 자기 욕심을 챙기는 이기적인 인간으로 취급한다. 가르침에 의문을 품으면 권위에 대한 도전으로 여긴다. 예의 없는 사람으로 낙인을 찍기도 한다.

수용하는 데 익숙한 교육 환경은 창의적인 생각을 표현하는 데 걸림돌이 되었다. 기업과 사회에서조차 자기 생각을 드러내는 것을 두려워한다. 표현의 장을 마련해 줘도 선뜻 나서는 사람을 찾아보기 힘들 정도다. 이런 시스템 속에서 창의적인 아이디어를 자유롭게 내는 일은 쉽지 않다. 창조적인 상상력이 발현될 기회조차 얻지 못하는 것이다.

지식의 목표는 수용이 아니다. 궁극적인 목표는 지식의 활용이다. 수용하고 이해하며 종합하여 정리된 지식과 정보는 표현을 통해 내 것이 된다. 표현이란 단순히 수용한 것을 드러내 보이는 과정이 아니다. 수용되고 정리된 생각들이 기존 지식과 연결되며 표현하는 가운데 창조적인 생각이 탄생한다. 진정한 변화와 성장이 표현 과정을 통해 이뤄지는 것이다. 수용된 지식과 정보가 종합적인 것일지라도 표현의 과정에서 걸러지고 더 세밀하게 다듬어질 때 인간지능의 능력으로 개발되어 간다.

인공지능 시대를 살아가는 우리에게 참된 표현 능력은 무엇일까? 그 능력을 어떻게 자신의 것으로 만들 수 있을까? 세 가지 차원으로 표현력에 대한 궁금증을 풀어 보려 한다.

첫째, 연결을 통한 표현력, 융합

인공지능 시대를 맞아 많은 사람이 융합을 강조한다. 통전을 이야기하고 통합을 추구한다. 한 분야의 전문성만으로는 차별성을 드러낼 수 없기에 그렇다. 하나의 분야에서 전문성을 인정받아 걱정 없이 살아가던 사람들이 위기의식을 느끼기 시작했다. 인공지능 시대의 인재는 자기 분야와 전혀 어울리지 않은 분야와 콜라보를 이뤄 의미 있는 결과를 만들어 내는 사람이다. 뛰어난 스펙보다 융합적인 아이디어를 통해 자기 전문성에 더 큰 가치를 창조해 내는 이들이 두각을 나타내고 있다. 이미 온 특이점의 시대, 그 승부의 열쇠는 융합이 된 것이다.

우리는 인터넷 중심의 사회 속에 있다. 그 중심에 있는 포털 사이트는 단순한 컴퓨터 코딩의 결과물이 아니다. 그 안에는 역사와 문학, 철학과 예술이 스며들어 있다. 젊은 층의 전유물이 아니라 어른들의 관심도 끌어내는 콘텐츠로 무장하고 있다. 그 기술을 운용하는 사람은 컴퓨터 기술자들이다. 하지만 그 기술에 스토리를 부여하고 콘텐츠를 만들어 내는 사람은 기술자보다 인문계열 전공자들이 더 많다. 기술과 교양이 콜라보를 이뤄 의미 있는 결과물을 만들어 내고 있는 것이다. 이 역시 융합이다.

과학이나 학문 분야뿐만 아니라 예능 프로그램에서도 융합의 경향성은 돋보인다. 10여 년 전까지만 해도 대부분의 TV 프로그램은 한 사람이 진행했다. 많아야 두 명 정도에 불과했다. 유명인의 이름을 걸고 토크쇼를 했다. 정돈된 분위기를 유지하며 깔끔하게 진행하는 프로그램이 인기를 얻었다. 그런데 어느 순간부터 진행자 수가 늘어나기 시작했다. 대여섯 명이 모여 왁자지껄하며 프로그램을 진행한다. 정돈된 진행은 온데간데없다. 진행자의 면면도 다양하다. 개그맨, 배우, 가수, 아나운서, 교수 및 전문가가 집단을 이뤄 버라이어티 쇼를 이끌어 간다.

이 시대의 지성, 이어령 교수는 일찍이 융합을 강조했다. 디지털이 융성하기 시작한 모습을 보며 융합의 중요성을 우리나라 문화를 들어 설명한다. 비빔밥 문화를 한 예로 『디지로그』에서 이야기한 대목을 살펴보자.

"비빔밥은 말 그대로 여러 음식을 한데 섞어서 비벼 먹는 음식이다. 이는 독립된 개별 음식 맛을 즐기는 것과 가장 대조를 이룬다. 한데 섞이고 어울려서 어느 것이 어느 맛인지 모르게 융합 혼성된

맛을 즐기는 음식인 까닭이다. 비빔밥을 먹으면서 포크, 나이프를 바꿀 필요가 어디 있겠는가. 마이클 잭슨이 한국에서 가장 즐겨 먹은 음식이 바로 비빔밥이었다는 것을 생각해 봐도 김치와 마찬가지로 비빔밥이 한국 음식의 내력과 특성을 설명해 주는 모델이라는 사실을 부정하지 못할 것이다."

비빔밥을 만드는 우리는 융합적인 능력이 어느 나라보다 뛰어나다는 것이다. 이어령 교수는 그런 능력으로 정보화 시대를 준비하라고 저서를 통해 강조했다. 책의 제목도 융합적이다. '디지로그'Digilog는 디지털과 아날로그를 하나로 합친 용어다. 융합에 대한 그의 철학은 새로운 인공지능 시대 앞에 선 지금 우리에게도 중요한 메시지가 된다.

지금은 융합의 시대다. 이전에 볼 수 없는 융합적인 표현 방식들이 모든 분야에서 출연하고 있다. 그렇다고 융합이 성공을 보장해주지는 않는다. 어떻게 융합하느냐에 따라 결과가 달라지기 때문이다. 진정한 융합은 수용과 논리를 밑바탕에 깔고 진행되어야 한다. 자신의 분야에 대한 바른 이해와 바른 사고력이 전제되어야 한다. 자기 분야의 전문성 없이 다른 분야와 콜라보를 이루려는 시도는 아무런 결과도 얻지 못하게 된다.

당신은 어떤 분야의 전문가인가? 어떤 분야의 전문가가 되고 싶은가? 자기 분야와 융합해 창조적인 산물을 생산한다면 무엇과 섞고 버무리고 싶은가? 융합을 통해 그려 내고 싶은 것이 무엇인가?

끊임없이 버무리고, 조합하고, 연결 짓고, 이어 붙이며 새로움에 도전해 보라. 그렇게 융합적인 기획과 도전을 이어 가다 보면 이전과 다른 자신의 가치를 만들어 낼 수 있을 것이다.

둘째, 상상을 통한 표현력, 창의

사람들은 표현된 것을 바탕 삼아 상대를 평가한다. 학교, 회사, 단체에서 역량을 어떤 평가를 받을 것인지도 어떻게 자신을 표현하느냐에 달려 있다. 표현은 지난날의 나를 드러내는 통로다. 그 표현에는 지식과 지혜, 가치와 역량이 포함되어 있다. 다른 사람과 차별화된 평가를 받고 싶다면 창의적으로 표현해야 한다. 똑같은 답으로는 차별화시킬 수 없다.

나는 2006년, 6개월 동안 191일간의 세계여행을 홀로 떠났다. 4개 대륙 18개국의 교육기관을 탐방하고 교육자들을 인터뷰하는 일이 주목적이었다.

영국에 머물 때였다. 미국에 살고 있는 지인도 마침 영국에 머물고 있다는 소식에 함께 자리하게 되었다. 지인의 아내는 네 살 때 부모님과 함께 미국으로 이민을 갔다. 이후 스탠퍼드를 나와 국제변호사로 활동했다. 2006년 당시에는 세계적인 금융투자그룹 모건스탠리에서 컨설턴트로 활동하고 있었다. 영국에는 회사교육을 지원하기 위해 방문 중이었다.

저녁 식사를 마치고 질문을 하나 던졌다. "모건스탠리 그룹 내에서 한국인들에 대한 평가가 어떠한가?" 누구나 궁금해한 것을 가볍게 물었다. 쉬운 질문이라 생각했지만, 오랫동안 답을 주지 않았다. 자신이 속해 있는 기업에 사적인 견해를 밝히는 것이 적절하지 않다는 이유였다. 그러면서 간단한 예를 들어 답을 대신했다.

어느 날, 모건스탠리 인사과 책임자가 찾아와 질문을 던졌단다. "너희 한국인들은 어떻게 그렇게 생각이 똑같을 수 있느냐?"라는 것이었다. 사연은 이랬다. 기업에서 신입사원을 모집할 때면 꽤 많은 한국인이 응시한다고 했다. 대부분이 박사학위 소유자였고 인터뷰 질문에 한국 응시자들의 대답은 탁월했단다. 그런데 인터뷰를 했던 담당자들이 모여 한국인들이 한 답변을 보고는 깜짝 놀랐다고 한다. 그러면서 다음과 같은 말을 해 주었단다.

"한국인 지원자들의 답변은 모두 탁월했다. 다른 국가 지원자들보다 완벽한 문제의 해결책을 제시했다. 그런데 문제는 10명 중 9명이 모두 같은 답을 제시했다는 것이다. 어떻게 이런 일이 생기는지 이해할 수가 없다. 열 명이면 최소한 한두 개의 비슷한 답이 나오는 정도면 이해한다. 그런데 이토록 모두가 비슷한 답을 이야기하는 것은 자신의 생각이 아니라 학습된 매뉴얼을 외워 말하는 것으로 생각한다. 우리는 이런 인재를 필요로 하지 않는다."

한국인 모두를 지칭하는 이야기는 아니다. 당시 모건스탠리를 지원했던 이들에게 일어난 일부 이야기일 뿐이다. 그런데 그 모습이 그리 낯설지 않다. 지인의 아내도 그 이야기를 듣고 얼굴이 뜨거워졌다고 했다. 알베르트 아인슈타인은 이렇게 말했다. "모두가 비슷한 생각을 한다는 것은, 아무도 생각하고 있지 않다는 말이다."

뛰어나다는 말은 남들과 다른 차이에서 발생한다. 다른 사람과 차별화된 무언가가 있어야 한다는 말이다. 그 차이를 만들어 내는 것이 창의이다. 창의는 상상과 연결되어 있다. 상상의 나래를 자유롭게 펼치는 사람이 창의적인 아이디어를 많이 도출해 낸다. 융합도 다르지 않다. 융합으로 의미 있는 결과물을 만들어 내려면 상상력이 동원되어야 한다. 진정한 융합은 기존 지식과 새로운 지식을 연결할 때 상상이 더해져야 한다. 기존 지식과 새로운 지식을 연결하는 접착제가 상상인 것이다. 상상 없이 창조적인 생각은 탄생할 수 없다.

해 아래 새것이 없다는 이야기는 진리에 가깝다. 창의도 완전한 새로움은 아니다. 기존의 지식과 정보, 사실들에 약간의 변화를 준 것이다. 그 '약간의 다름' 안에 생명과 질서를 담아내야 한다. 이전 사람들이 보지 못한 방향에서 새로운 시선으로 바라보도록 훈련해야 한다. 그 훈련의 도구가 인간지능 독서법에 담겨 있다.

셋째, 실행하는 표현력, 말과 글과 삶

역사가들은 인류가 문자를 사용하기 시작한 때부터 문명 시대가 시작되었다고 이야기한다. 원시 시대와 문명 시대로 나누는 기준이 문자인 것이다. 생각을 문자로 표현하면서 인간의 삶을 영위하는 기술과 비법이 후대에 전해질 수 있었다. 문자가 없었다면 인간의 찬란한 문명은 세워지지 못했을 것이다.

문자는 원시와 문명만 나누지 않는다. 오늘날, 능력과 무능력을 나누는 기준도 된다. 문자는 한 사람의 생각과 가치를 담아내는 그릇이다. 한 사람의 모든 것이 문자 안에 내재되어 있다. 그 사람이 표현하는 것이 그의 삶이다. 글은 곧 삶이고, 삶은 글로 나타나기 때문이다. 글을 읽다가 가치가 있다고 생각되면 글쓴이의 사고와 삶의 방식을 자기 삶에 받아들인다. 한 번도 만난 적이 없지만 그의 생각대로 실천하려고 노력한다. 글을 통해 교감한 것으로 살아가려 힘쓴다. 누군가의 표현이 우리 삶의 자양분으로 녹여지는 과정이다.

말도 다르지 않다. 한 사람의 표현으로 말미암아 죽음을 불러일으키기도 하고, 생명을 선물하기도 한다. 리더십을 발휘해야 하는 위치에 있을수록 말의 영향력은 크다. 미국 남북전쟁의 분수령이 된 에이브러햄 링컨의 연설은 지금도 많은 사람의 입에 오르내리고 있다. 게티즈버그 연설이라고 불리는 "국민의, 국민에 의한, 국민을 위한 정부가 이 땅에서 사라지지 않도록…" 하는 대목 때문이다. 이 연설은 전쟁의 향방을 결정지었다.

프랭클린 D. 루스벨트 대통령의 연설도 유명하다. 일본에 전쟁을 선전포고한 연설은 지금도 회자될 정도다. 연설문의 작성 과정도 드라마틱하다. "어제, 1941년 12월 7일은 세계의 역사에 길이 남을 날입니다"로 초안을 작성하다 급하게 바꾼다. "어제, 1941년 12월 7일, 이날은 치욕의 날로 기억될 것입니다. 미합중국은 일본 제국에 의해 고의적인 기습 침공을 당했습니다." 치욕이라는 표현이 미국 사람들의 마음을 하나로 모으는 역할을 했다고 평가받는다.

흑인 인종차별 철폐를 위해 노력한 마틴 루터 킹 목사의 연설도 유명하다. 1963년 8월 28일, 워싱턴 링컨 기념관에서 한 '나는 꿈이 있습니다'는 역사적인 연설이 되었다.

> "나는 꿈이 있습니다. 언젠가 이 나라가 모든 인간은 평등하게 태어났다는 것을 자명한 진실로 받아들이고, 그 진정한 의미를 신조로 살아가게 되는 날이 오리라는 꿈입니다. 나는 꿈이 있습니다. 언젠가는 조지아의 붉은 언덕 위에 예전에 노예였던 부모의 자식과 그 노예의 주인이었던 부모의 자식들이 형제애의 식탁에 함께 둘러앉는 날이 오리라는 꿈입니다. 나는 꿈이 있습니다. 언젠가는 불의와 억압의 열기에 신음하던 저 황폐한 미시시피 주가 자유와 평등의 오아시스가 될 것이라는 꿈입니다. 나는 꿈이 있습니다. 나의 네 자녀들이 피부색이 아니라 인격에 따라 평가받는 그런 나라에 살게 되는 날이 오리라는 꿈입니다. 오늘 나에게는 꿈이 있습니다. 주지사가 늘 연방 정부의 조처에 반대할 수 있다느니, 연방법의 실시를 거부한다느니 하는 말만 하는 앨라배마 주가 변하여, 흑인 소년, 소녀들이 백인 소년, 소녀들과 손을 잡고 형제자매처럼 함께 걸어갈 수 있는 상황이 되는 꿈입니다."

오늘 우리는 마틴 루터 킹이 꿈꾸던 시간을 살아가고 있다. 비극적인 시대가 한 사람의 연설을 시작으로 희극으로 마무리된 것이다.

"생각이 머리에 있으면 내가 생각을 다스리고, 생각이 말로 표현되면 표현된 생각이 나를 다스린다"라는 말이 있다. 표현의 중요성을 이야기하는 동시에 표현된 것의 중요성도 강조하는 이야기다. 우리는 내재되어 있는 생각과 느낌을 표현하며 원하는 것을 얻고 평가도 받는다. 표현된 것은 또 다른 누군가의 삶에 영향을 끼친다. 표현하는 능력에 따라 자기 삶이 달라지고 표현된 것으로 말미암아 한 사람의 삶이 영향을 받는다. 말과 글이 삶을 가꾸고 삶을 만들어 가는 것이다.

학문의 영역에서만이 아니라 인간관계 의사소통에 있어서도 말과 글로 표현하는 레토릭Rhetoric은 매우 중요하다. 학문의 발전을 이루고 관계를 성숙으로 이끄는 기회가 되어 주기에 그렇다.

레토릭은 머릿속에 머무는 지식과 정보를 삶의 현장에 표현하는 행위이다. 그렇게 표현하며 실행할 때 독창적이고 창의적인 결과물이 창조된다. 레토릭은 자기 가치를 높이는 통로가 되어 주고, 세상의 문제를 해결할 지혜가 된다. 인공지능 시대를 준비하고 이길 능력이 레토릭에 있다.

트리비움이 무엇인지 알고 훈련하는 이들에게 주어지는 것은 생각 이상의 선물이다. 트리비움의 영향력은 교육, 학습 영역에 머물지 않고 인생의 전 영역으로 확장된다. 그것을 알고 트리비움 능력을 준비하며 향상시켜 간다면 오늘의 나와 내일의 나는 전혀 다른 존재가 될 것이다. 트리비움의 능력이 준비된 사람에게 인공지능 시대는 위기가 아니라 기회의 장이 될 것이다.

  지금 당신은 어떤 표현을 하고 있는가. 표현을 통해 생각이 훈련되고 있는가. 표현 능력은 어느 정도인가. 어떤 수준에 머물러 있는가. 자기 수준을 가늠하며 표현 능력을 향상해야 한다. 표현한 만큼이 곧 자신이고, 표현된 것이 자기 삶을 이끌어 가기 때문이다.

트리비움은 과목이 아니라
과정 학습이다

배움의 과정에서 중요한 것은 배운 내용을 수용하는 것이다. 자신이 원하는 분야의 내용을 습득하는 것은 배움의 중요한 목표 가운데 하나다. 잊지 말아야 하는 것은 그 중요한 배움을 위해 먼저 준비해야 하는 능력이 있다는 사실이다. 우리는 지식을 수용하는 능력을 키우고, 기존 지식과 새로운 지식을 연결 지어 가는 능력을 향상시켜야 한다. 배우고 익힌 정보와 지식을 자신만의 언어로 창조하는 표현 능력을 길러야 한다. 배워야 할 내용이 중요하다면서 배움의 능력을 준비하지 못한다면 그들에게 올바른 배움은 불가능하다. 읽어도 읽히지 않는다. 들어도 들리지 않고, 보아도 보이지 않는다. 항상 배우지만 배움의 결과가 좋지 못하다. 남의 이야기가 아니다. 교회교육, 신앙교육도 마찬가지다. 수천 편의 설교를 들어도 설교가 제대로 들리지 않는다. 성경을 읽어도 하나님의 마음이 보이지도, 들리지도 않는다.

어떻게 해야 할까? 배움의 과정에서 과정 학습 능력을 향상해야 한다. 과정 학습은 배움의 과정에서 배우는 방법을 배우는 것이다. 배우는 방법, 배우는 능력의 향상 없는 독서는 삶의 변화와 진보를 이루지 못한다. 독서뿐만이 아니다. 읽기, 듣기를 포함한 모든 수용의 과정이 마찬가지다. 내용을 배우는 과정에서 읽기를 훈련하라. 성경을 배울 때도 읽기 능력을 훈련하고 설교를 들을 때 듣기 능력을 훈련해야 한다. 내용을 배울 때마다 배우는 역량의 질을 향상해 가야 한다. 과정 학습의 능력, 배움의 능력이 향상되면 내용은 자연히 수용된다. 잘 보이고, 잘 들리며, 잘 읽힌다. 교육 평가는 얼마나 잘 배웠는지 확인하는 것도 중요하지만 과정 학습의 역량이 얼마만큼 향상되었는지도 평가해야 한다. 과정 학습의 역량이 향상되면 자연스럽게 수용되는 배움의 내용은 우리 삶을 변화시킨다.

트리비움의 역량을 훈련해야 한다. 트리비움 역량 강화가 교육의 관건이다. 트리비움의 역량이 곧 배움의 능력을 향상하는 길이기 때문이다. 트리비움은 수많은 내용을 담아내는 그릇이다. 효과적인 배움을 가능하도록 하는 최적화된 도구요, 연장이다.

트리비움의 세 가지 배움 요소인 문법, 논리, 수사는 누군가를 현혹시키기 위한 것이 아니다. 우리의 삶 속에서 누구나 활용하며 살아가는 것이다. 숨 쉬는 인간이라면 누구도 트리비움 없이 인생을 살아갈 수 없다. 가정에서도, 직장에서도, 홀로 생각할 때도 관계 안에서 일을 진행해 갈 때도 동일하다. 다만, 트리비움 역량이 얼마만큼 준비되었는가에 의해 차이가 발생한다.

흔히들 인재가 필요하다고 말한다. 문제 해결사가 필요하다고 이야기한다. 지도자 부재를 이야기하며 준비된 리더의 출현을 기대한다. 이 모든 것은 트리비움 능력이 준비되었는가 아닌가에서 판가름 난다. 인재도, 문제 해결사도, 지도자도 모두 자신의 분야에서 트리비움으로 훈련된 능력을 기초로 하여 과업을 진행해 나간다. 그 결과를 보고 사람들은 '능력이 있다, 없다'로 평가한다.

신앙교육의 초깃값도 트리비움의 약량 강화를 전제로 해야 한다. 우리가 배우고 익히며 삶에 체화시켜 가야 하는 내용은 진리의 말씀이다. 진리의 말씀이 소중하기에 그것을 수용하는 통로요, 담을 그릇으로써의 트리비움은 신앙교육의 중심에서 논의되고 다루어져야 한다. 안타까운 것은 진리 자체에만 중점을 두고 그것을 수용하는 통로와 담을 그릇이 경시되는 경향이 교회 가운데 편만하다는 사실이다. 교회교육과 신앙교육에서 일어나는 문제들이 트리비움의 중요성을 간과함으로 인해 발생한 것이라면 과장된 것일까? 절대로 그렇지 않다. 문제의 요인은 단순하지 않다. 그러나 하나님의 형상으로 창조된 사람을 세워 가는 교육에서 트리비움의 역량 강화에 힘쓰지 못한 것은 우리의 어리석음이었음을 인정해야 한다. 그리고 그 자리에서 변화를 시도해야 한다.

　트리비움의 능력은 사회 교육 시스템, 배움 과정의 근간을 이루는 과목 학습으로는 결코 얻을 수 없다. 어떤 내용을 배우든, 어떤 경험의 세계로 들어가든 트리비움 능력을 강화하는 데 목표를 두어야 한다. 이것이 교육의 첫 번째 목표여야 한다. 그 목표를 향해 가는 과정에서의 진보가 일의 성패를 좌우한다.

　박이정 독서법은 교양 독서인 십진분류 독서법을 적용한 이후에 관심사에 따라 시간을 늘리고 읽는 책의 권수를 늘려 가며 진행하는 집중 독서 학습 과정이다. 만일 박이정 독서 과정에 트리비움 프로세스가 소홀하게 여겨진다면 그 배움의 과정은 아무런 의미가 없다. 박이정 독서 자체를 통해 능력이 세워지는 것이 아니기 때문이다. 박이정 독서가 의미 있는 독서 과정이 되려면 모든 과정 학습이 트리비움 능력을 향상시키는 데 목표를 두어야 한다. 수용하고, 논리로 점검하고, 자신만의 창의적인 의견을 표현하는 과정이 끊임없이 반복되어야 하는 것이다. 그런 과정이 임계점에 도달하게 되면 박이정 독서는 차원이 다른 효과를 거두게 된다. 독서가 능력을 세우는 도구가 되는 것이다. 단순히 책 내용을 받아들이는 것이 아니라 책 내용을 마중물로 자신의 생각을 펼쳐 나간다. 때로는 책에서 제시하는 의견에 찬성하고 때로는 반대하며 자기주장을 펼쳐

가는 것이다.

박이정 독서법으로 트리비움을 적용하는 것이 결코 쉽지만은 않을 것이다. 독서를 통해 자신을 변화시키고 이웃에게 영향을 미치며 세상을 변화시키는 이들이 적은 이유다. 그러므로 트리비움 능력을 강화하는 일이 힘들지라도 끝까지 해 보겠다는 마음을 품어야 한다. 교회교육에서 트리비움의 회복을 위한 노력이 필요하다. 트리비움 능력이 그리스도인 개인의 미래 가치와 능력을 키우는 핵심 도구인 동시에 교회를 교회 되게 하는 하나님의 디자인이기 때문이다.

인공지능 시대의 배움은 과목 학습에서 과정 학습으로 나아가도록 디자인해야 한다. 중요한 내용을 배우고 자신의 것으로 삼기 위해 배우는 방법을 배우는 교육 과정이 디자인되어야 한다. 자신이 원하는 것을 어떻게 배울 수 있는지, 그 배움을 가능케 하는 능력이 무엇인지를 알고 삶에 열정을 쏟아부어야 한다. 그 능력이 인생의 변화를 가져다준다.

트리비움은 인간지능에 참된 능력을 준다

지식의 분야는 넓고 깊고 크다. 그 안에 차고 넘치는 지식과 정보의 양은 헤아릴 수조차 없다. 증가하는 정보와 지식의 속도는 또 어떠한가? 그 누구도 제어할 수 없다. 기하급수적이라는 말이 정확한 표현이다. 쏟아지는 정보의 홍수 속에서 여전히 과목을 공부하는 데 그친다면 희망적인 미래를 보장받을 수 없다. 과목 공부는 인간 수명이 수천 년이 된다 해도 지식에 질서를 잡아 주는 지혜를 얻을 수 없다.

트리비움은 지식 자체를 습득하는 데만 관심을 두지는 않는다. 지식을 습득해 효용 가능한 능력을 배양하는 데 관심을 둔다. 배움의 도구가 무엇인지에 초점을 맞추는 것이다. 그리고 그것을 연마하는 데 모든 것을 집중한다. 수용해야 할 지식은 그 기술을 연마한 사람의 관심과 시대 요청에 의해 얼마든지 변할 수 있다.

지식을 배우는 교육은 하나의 영역에서 활동하는 전문가를 세우는 데 그친다. 반면 배움의 도구를 연마한 이들의 전문 영역은 그것과 비교할 수 없을 정도로 다양하고 넓다. 두 마리 토끼를 쫓는 것이 아니라 대여섯 마리의 토끼를 쫓아도 모두 자신의 소유로 만들 수 있는 원천 기술이며 능력 그 자체다.

인공지능 시대는 쏟아지는 정보를 활용하는 능력을 필요로 한다. 질서를 부여해 창조적인 산물을 창출할 수 있어야 한다. 쏟아지는 데이터를 분석해 중요한 것이 무엇인지, 자신이 추구하는 전문성에 무엇을 가져다 쓸 것인지를 볼 수 있는 안목이 있어야 한다. 단순한 사고체계와 습득 능력으로는 그 능력을 가질 수 없다. 오직 트리비움을 통해서만 가능하다.

레시피가 제시된 하나의 지식 요리를 먹고 살 것인가? 아니면 수많은 인생 레시피를 응용하며 자신만의 요리를 만들어 낼 수 있는 능력을 갖기 원하는가? 새로운 정보와 기술이 생성될 때 그것을 활용할 레시피를 기다릴 것인가? 아니면 그것을 자기만의 능력으로 이해하고 분석해 의미 있는 결과를 만들어 갈 것인가? 후자의 능력을 원한다면 트리비움하라. 트리비움은 어떤 고기도 잡을 수 있는 기술이요 그것을 요리하여 누릴 수 있는 능력이다. 세상의 그 어떤 지식이라도 포괄적으로 다루며 자신의 것으로 소화시킬 수 있는 도구가 바로 트리비움의 역량이다.

PART 6

독서의 함정에서 벗어나기

독서 후, 레토릭 디자인

변화 없는 독서의 한계, 이렇게 극복하라!

신앙교육, 더 적게 가르치고,
더 많이 배우기에 도전하라

적게 가르치고 많이 배우게 하는 일에 성공하라

교육의 문제를 말하자면 끝이 없다. 그중에서 교회교육이 극복해야 하는 한 가지가 있다. 너무 많이 가르친다는 것이다.

교육은 있는데 배움이 없는 현장을 우리는 많이 보아 왔다. 우리가 그 현장의 중심에 있었다. 안타까운 것은 지금도 다르지 않다는 사실이다. 그런데 놀랍게도 그 요인 중 하나가 너무 많이 가르친다는 데 있다. 부모와 교사가 아이들에게 너무 많은 것을 가르친다. 너무 많은 시간을 가르치는 데 쏟는다. 문제는 우리의 자녀, 학생이 가르침을 받는 것에 비해 잘 배우지 못한다는 것이다. 잘 배우게 하기 위해서는 아이러니하게도 '조금' 가르치는 방법과 기술을 익혀야 한다. 조금 가르친다 함은 내용의 양이 줄어야 한다는 뜻이 아니다. 많이 배우는 일을 가능하게 하기 위한 전제에 대한 이야기이다.

조금 가르치는 방법과 기술은 스스로, 잘 배우는 학습자로 세워 가기 위해 중요한 부분이다. 내용을 많이 가르치면 빠르게 가는 듯하지만 도리어 진보가 더디다. 필자가 트리비움을 강조하는 것도 이 때문이다. 내용을 조금 가르칠지라도 트리비움을 가르치는 일에 성공해야 한다. 트리비움을 가르치는 과정은 천천히, 점진적으로 단계를 밟아야 한다. 가속 학습이 불가능한 영역이다. 인간 역량을 세워 가는 과정이기에 그렇다. 이 과정은 어떤 결과를 마주하게 될까? 어떤 내용이든 빠르게 배울 수 있다. 빠르게 배운다고 대충 배우지 않는다. 바르게 잘 배울 수 있다. 빠르게 변화하는 인공지능, 특이점의 시대에 변화에 발맞춰 가는 것뿐 아니라 시대를 주도하는 이들이 바로 트리비움의 역량을 훈련한 이들이다. 특별히 트리비움 하브루타 교육을 통해 조금 가르치고 많이 배우는 일에 성공할 수 있다.

학습의 본질은 스스로 탐구하고 발견하는 데 있다. 교육의 진정한 도전은 학습자에게 정보의 홍수 속에서 스스로 길을 찾게 하고, 그 과정에서 깊은 지식과 사고의 힘을 키워 주는 것이다. '더 적게 가르치고, 더 많이 배우기'란 학습자 스스로 자신의 배움을 주도할 수 있도록 돕는 것을 의미한다. 교사나 부모, 목사만 배우고 익히는 것이 아니라 학생, 자녀, 성도가 스스로 생각하며 배움의 길을 걷는 학습자로 성장할 수 있도록 돕는 과정이 필요하다. 독서 후, 그 간접 경험이 그저 머릿속 지식으로 끝나서는 안 된다. 설교를 통한 은혜와 깨달음도 그 순간의 감동으로만 끝나서는 안 된다. 이들 활동은 학습의 시작점일 뿐, 진정한 배움은 그 이후의 사고와 성찰에서 시작된다. 학습의 진정한 가치는 스스로 생각하고, 그 생각을 다양한 형태로 표현해 내는 과정을 통해 발현된다. 학습자가 스스로의 생각을 말하고 글로 표현하는 과정에서 사고는 더욱 정교해지고, 학습의 깊이는 더욱 깊어진다. 단순히 지식을 수용하는 차원을 넘어 학습자가 스스로 생각하고, 이해하며, 지식을 내면화하는 과정이 중요하다. '더 적게 가르치고, 더 많이 배우기'의 실천을 위해서는 학습의 앵커링 과정을 반드시 디자인해야 한다.

성공 독서를 위한 레토릭 디자인, 앵커하라!
앵커 학습이란, 독서를 통해 배운 내용을 온전히 나의 것으로 체화시키는 과정 학습이다. 앵커는 배를 안전하게 정박시키는 도구인 동시에 뉴스의 최종 전달 기자를 일컫는 말이기도 하다. 우리가 보는 뉴스의 진행자를 앵커라고 하는데, 그들은 현장에 나가 취재원으로 활동하기보다는 취재된 내용을 요약하고 정리하여 시청자들이 알기 쉽게 전달하는 메신저의 역할을 담당한다. 단순한 전달자가 아니다. 취재된 내용을 완전히 자신의 것으로 소화한 뒤에야 그것을 이야기할 때라야 메시지에 힘이 있다. 그래서 뉴스의 앵커는 기자들 가운데서도 경험이 많은 이들이 담당하곤 한다. 그중에서도 수많은 정보를 자신의 언어로 표현하는 능력이 뛰어난 이들에게만 기회가 주어지는 최고의 자리다.

또한 계주 경기의 마지막 주자를 앵커 주자라 부른다. 앵커 주자는 배턴을 이어받아 달리는 마지막 주자로 결승점을 통과하여 경기에 종지부를 찍는 중요한 역할이 부여된 주자다. 앵커 주자의 마지막 발걸음으로 앞선 주자들의 땀과 노력이 평가된다.

지식도 수용하는 것으로 만족해서는 안 된다. 나의 기존 지식과 여러 가지 방법으로 연결해 가며 최종적으로 나의 소리를 담아 표현하는 데까지 나아가야 한다. 결승점을 통과한 지식, 표현된 지식과 정보만이 나의 원천 능력을 이루는 요소가 되기 때문이다. 아무리 많은 책을 읽었을지라도 정리되지 않은 지식은 내 것이 아닌 법이다.

앵커는 등산 용어로도 활용된다. 암벽岩壁이나 빙설氷雪을 그룹 지어 올라갈 때, 등산용 밧줄인 자일Seil로 몸을 묶고 서로 안전을 확보한다. 그때 자일을 걸기 위해 암벽에 깊숙이 박아 넣는 보호 장치를 앵커라 말한다. 건물을 지을 때도 무거운 구조물을 콘크리트 벽에 매다는 경우 앵커를 박아 고정하여 안전을 보장한다. 배움의 과정 가운데 수용된 소중한 지식과 정보 역시 보호되어야 한다. 생각의 마중물이 되기도 하고 나의 인생에 중요한 영향력이 될 수도 있기 때문이다. 따라서 배운 내용들을 보호하는 방법과 기술이 필요하다.

배움의 과정에서 유실되는 지식과 정보가 얼마나 많은지 모른다. 듣기는 들었는데 무슨 뜻인지 이해하지 못하고, 읽기는 읽었는데 기억이 나지 않는다. 모든 내용을 기억할 필요는 없지만, 배움의 내용을 습得하기 위해서는 배운 내용이 앵커 되어야 한다.

독서를 통해 수용된 지식을 자신의 자산으로 만드는 앵커링 과정은 크게 세 가지로 구성된다.

첫째, 글쓰기이다. '쓰기 없는 읽기는 없다'라는 말이 있다. 이 말은 읽기의 효과를 극대화하는 것이 쓰기임을 강조한 말이다. 책을 읽고도 글을 쓸 수 없다는 것은 제대로 읽지 않았다는 말과 같다. 책을 제대로 읽었다는 것은 그것이 내면에 체화돼 자양분이 되었다는 의미이다. 몸속으로 영양분이 들어가면 얼굴빛이 달라지고 건강해져야 하듯이 책을 제대로 읽었다면 그것을 표현할 수 있어야 한다. 표현할 수 없다는 것은 밥을 먹기는 했는데 소화가 되지 않고 변비나 설사로 고생하고 있다는 것과 같다. 글을 읽은 것이 아니라 본 것에 지나지 않은 것이다. 그래서 독서로 삶의 변화를 일으키려면 쓰기를 전제로 읽어야 한다. 글쓰기는 내면에 흩어져 있는 지식의 편린들을 구조화하고 체계화해 보석으로 만드는 과정이기 때문이다. 기독교교육에 있어 글쓰기는 더욱 특별하다. 하나님이 자신의 뜻을 세상에 드러내는 수단이요 도구로 글을 활용하셨기 때문이다. 기독교교육에서 글쓰기는 회복해야 할 하나님의 디자인이다. 교육의 어떠한 수단과 방법도 글쓰기를 대신할 수는 없다. 다른 교육법은 보조적인 수단일 뿐임을 알아야 한다.

둘째는 질문력을 키우는 것이다. 의문에서 질문으로 나아가야 한다. 책을 읽는 그 자체만으로는 변화를 일으키지 못한다. 독서를 통해 수용된 내용이 자신의 것이 아니기 때문이다. 수용된 지식은 저자의 것이다. 그것을 자신의 것으로 만들어 내는 데 필요한 것이 의문이다. 의문은 수용한 지식에 대한 궁금증이다. 알게 된 내용을 더 알아보고 확대하고 깊이 생각해 보겠다는 내면의 물음이다. 기존의 지식을 아는 것을 넘어 알아내는 힘을 키우겠다는 생각의 시작이다. 알아내는 힘은 결국 의문에서 비롯된 궁금증을 질문으로 구체화하고 답을 찾아가는 과정을 통해 자라난다. 질문하는 능력의 차이가 알아내는 힘을 기르느냐 아니냐를 결정한다. 질문하고 답을 하는 과정에서 수용된 지식이 지혜가 되고 깨달음을 준다. 깨달아야 '왜'라는 의문이 풀리고 '어떻게'라는 방법이 떠올라 삶을 변화시킬 수 있다.

의문을 통한 내면의 자문자답, 질문을 통한 학습과 탐구에는 한계가 있다. 그 빈자리를 채워 주는 것이 토론을 통한 학습 과정이다. 토론은 같은 내용과 사건에 대하여 다른 생각을 가진 이들과의 소통 과정이다. 토론은 그럴듯한 말 기술이 아니라 논리적인 근거를 들어 상대를 설득하는 논리적 사고 표현 과정이다. 수용한 지식을 바탕으로 논리적 사고 표현을 하려면, 텍스트의 핵심을 발췌하는 독해 능력이 필요하고, 그것을 자신의 언어로 요약할 수 있어야 한다. 그리고 자신의 생각과 주장에 논리를 가미해 덧입혀야 한다. 읽고, 쓰고, 말하기가 유기적으로 작동되어야 한다. 상대의 핵심을 파고드는 질문 하나는 토론의 성패를 좌우한다. 토론은 한 가지 주제를 다양한 각도로 바라보고 해석하는 능력도 배울 수 있다. 우물 안의 개구리에서 벗어날 수 있도록 이끌고 창의적인 역량을 기를 수 있도록 해 준다. 아날로그적인 토론은 인공지능 시대에 필요한 종합적 사고 역량을 기를 수 있는 최적의 학습 과정이다.

읽기를 통한 변화를 꿈꾼다면 앵커링 과정이 일상이 되어야 한다. 앵커링 과정을 통과할 때라야 우리의 독서는 성공 독서로 나아간다. 목표를 성취하며 살아가는 인생을 위한 능력도 앵커링 과정을 통해 선물 받게 된다.

왜 학습 공동체의 일원이 되어야 하는가

마지막으로 강조하는 앵커링 과정은 학습 공동체의 일원이 되라는 것이다. 학습 공동체는 그 어떤 것보다 강력한 앵커가 되어 준다. 개인의 성장과 발전에 필수적일 뿐만 아니라 신앙인들에게는 필수불가결한 요소다.

우리는 각자의 삶에서 지식을 추구하고, 자아를 실현하며 신앙인

답게 살기 위한 노력을 기울인다. 하지만 이 과정은 혼자만의 노력으로 이룰 수 없다. 아무리 뛰어난 사람일지라도 한계에 부딪히게 된다. 이 한계 극복을 도와주는 것이 바로 학습 공동체다. 학습 공동체는 단순히 지식의 전달이나 습득을 돕는 장場의 역할만 하는 것이 아니다. 서로의 경험과 지혜를 공유하는 장이요 실패를 딛고 일어설 수 있도록 도우며 함께 성장하도록 지원하는 유기체가 바로 공동체다.

교회는 신앙 공동체인 동시에 최고의 학습 공동체여야 한다. 신앙은 개인적인 것이지만 개인의 신앙은 공동체를 세워 가며 완성된다. 개인의 신앙이 의미 있는 것은 개인 삶의 성취로 끝나지 않고 다른 지체들과 서로 연결되고 상합하여 가며 한 몸을 이루기 때문이다. 교회는 '가야 하는' 어떤 곳이 아닌, '되어야 하는' 그리스도인들의 연합이요 복음의 정체성이다. 예수 그리스도를 머리로 한 교회 지체로서의 역할과 책임을 더욱 깊이 인식하기 위해서 교회는 학습 공동체로서의 기본에 충실하게 임해야 한다. 이러한 목표가 분명할 때라야 독서를 통한 배움은 개인의 지식이나 기술 향상의 수단이 아니라, 공동체 전체의 성장과 발전에 기여하는 활동이 되어 간다.

나의 인생 중 가장 행복했던 순간을 떠올릴 때 빼놓을 수 없는 기억은 비전을 공유하던 이들과 유무상통有無相通하는 이상을 실천했던 공동체 시절이다. 매일 함께 일하고, 함께 식사하고, 함께 자고 일어나며 모든 일상을 공유했다. 새벽 예배, 주일 예배만이 아니라 삶의 예배를 추구하며 함께 누렸던 4년간1999-2002년의 공동체 생활은 단순한 배움을 넘어 나를 성장시킨 최고의 환경이 되어 주었다. 이 경험은 오늘날 나의 사역의 기반이 되었고, 자녀에게 물려주고 싶은 공동체의 유산에 대한 생각을 정리할 수 있는 계기가 되기도 했다. 배움의 과정에는 내적 동기가 중요하다. 그래서 학습 공동체가 더욱 필요하다. 공동체에 속해 있다는 이유만으로도 전해져 오는 외적 동기부여는 부족한 내적 동기의 자리를 채워 가며 성장의 기회를 준다. 적절한 공동체 환경의 지원을 받는 이들은 개인의 잠재력을 초월한 성과와 성장을 경험하곤 한다. 만일 그 시간을 성실함으로 누린다면 잠시 잠깐의 성장이 아닌 지속 가능한 인생의 변화를 디자인해 가는 놀라운 축복의 인생을 살 수 있다.

하나님은 우리 한 사람, 한 사람을 사랑하신다. 우리로 신앙고백하게 하시고 약속하신 구원을 선물로 주신다. 동시에 우리로 하여금 공동체의 일원이 되는 축복을 허락하신다. 이는 세상의 공동체가 아니다. 예수 그리스도를 머리로 한 하나님 나라 공동체다. 그것이 교회다.

교회는 학습 공동체여야 한다. 끊임없이 배우고 익혀야 한다. 배우고 익힌 것을 삶의 열매로 맺어야 한다. 하나님을 알고 세상을 알아 가야 한다. 자신을 알아 가고 자신을 향한 하나님의 뜻을 알아 가야 한다. 이렇게 노력의 과정 속에서도 언제든 실패는 찾아온다. 결코 낭만적이지 않고 고통스러운 과정을 피해 갈 수 없다. 놀라운 것은 실패를 통해 은혜를 경험하게 된다. 약할 때라야 강함이 되시는 우리 주님을 직면하게 된다.

공동체적 배움은 어떤 교육 수단이나 방법으로 대신할 수 없다. 공동체 자체가 주는 영향은 하나님이 디자인하신 신비. 건강한 공동체는 조금 가르치지만, 많이 배우도록 이끌어 간다. 배움이 성장이 되게 하고 그것이 삶으로 넘쳐나도록 이끈다.

교회는 가는 곳이 아니다. 우리가 교회다. 우리는 교인에 머물러서는 안 된다. 우리는 성도여야 한다. 우리가 교회라면, 우리가 성도라면 우리는 하나 되어야 한다.

개교회 안에서의 하나 됨은 중요하다. 결코 쉬운 일은 아니다. 하나의 개교회를 세워 가는 것도 사명자의 몫이요 모든 그리스도인이 나눠 져야 하는 멍에다. 동시에 우리가 교회라면, 교인이 아닌 성도라면 우리는 연합을 꿈꿔야 한다. 연합을 추구해야 한다. 하나 됨을 이뤄야 한다. 하나 됨의 시도는 항상 있어 왔다. 수도 없이 있었다. 그리고 많은 시도가 실패로 끝났다. 수도 없는 실패의 역사가 곧 교회의 역사다.

학습 공동체로서의 교회를 회복하는 일은 교회를 하나 되게 하는 초깃값을 다지는 시도다. 이 과정을 통해 이전의 실패 경험을 징검다리 삼아 교회를 더 든든히 세워 가기를 소망해 본다. 그 과정에 적용하게 될 인간지능 독서법은 인간의 효능감을 자극하는 방법과 기술을 넘어 하나님의 은혜의 수단으로 쓰이기를 기도한다. 개인의 성장을 넘어 공동체를 세워 가는 하나님의 손길이 되기를 소망한다.

교회교육의 한계,
의문에서 질문으로 나아가라

사고력을 세우는 아주 작은 습관

우리의 일상은 습관으로 이루어져 있다. 일어나서 잠자리에 들 때
까지 우리는 의식적으로든 무의식적으로든 수많은 습관의 반복 속
에서 살아간다. 그중에서도 우리의 사고력을 근본적으로 변화시키
고, 궁극적으로 삶의 질을 향상시키는 작은 습관이 하나 있다. 바
로 '의문을 갖는 습관'이다. 우리가 매일 접하는 정보의 홍수 속에
서 의문을 갖는다는 것은 정보를 수동적으로 받아들이지 않고, 그
정보의 진실성, 중요성과 관련성에 대해 생각하고 판단한다는 것을
의미한다. 이런 과정을 통해 우리는 비판적 사고력을 키우며, 정보
에 대한 깊이 있는 이해를 갖게 된다.

　의문을 갖는 습관은 개인의 사고력뿐만 아니라 대인 관계, 직장

생활, 그리고 궁극적으로 사회에도 긍정적인 영향을 미친다. 비판적으로 생각하는 능력은 더 효과적인 의사소통을 가능하게 하며, 직장에서는 더 나은 문제 해결사가 되도록 돕는다. 사회적으로는 정보의 진실성을 판단하고 가짜 뉴스와 편향된 정보로부터 스스로를 보호하는 데 중요한 역할을 한다. 그런데 대부분의 사람이 의문을 갖는 습관을 삶에서 누리지 못하고 살아간다.

독서는 의문을 품는 과정이요 의문을 해결하는 과정이다

책을 대하는 대다수에게 공통점이 있다. 책과 저자에 대한 존경심을 갖는다는 것이다. 책 한 권을 쓸 정도면 전문적인 능력과 식견이 있다고 생각한다. 작가가 풀어놓은 의견을 인정하고 수용하는 마음으로 책을 집어 드는 경우가 많다. 그래서 책 내용을 별 의심 없이 받아들인다. 어떻게 하면 잘 받아들이느냐에 초점을 맞춰 독서를 한다. 비판적으로 생각하고 견주며 '이것이 정말 그러한가?' 의문을 품는 독서를 하지 않는다. 있는 그대로 수용하기에 바쁘다. 독서법의 대가 모티머 J. 애들러는 말했다.

> "솔직히 말해, 완전히 수동적인 독서는 있을 수 없는데도 많은 사람은 확실히 적극적인 활동인 쓰기나 말하기와 비교하여, 독서와 듣기는 완전히 수동적인 것이라고 생각한다. 글을 쓰는 사람이나 말하는 사람은 어느 정도 노력을 기울여야 하지만, 책을 읽거나 듣는 사람은 가만히

있어도 가능하다고 생각한다."

애들러는 별 의심 없이 있는 '그대로 받아들이는 독서'를 비판했다. 소극적인 수용적 독서를 넘어 적극적인 독서가 필요함을 우회적으로 강조한 것이다. 독서의 목적은 있는 그대로 받아들이는 데 있지 않기 때문이다.

이러한 독서 태도가 요즘 시대에 국한된 것만은 아니다. 조선시대에도 다르지 않았다. 다산 정약용은 그 시대의 독서 경향을 《다산시문집》 오학론2五學論二에서 다섯 가지로 소개한다. 첫째는 박학博學으로, 두루 널리 배운다는 뜻이다. 둘째는 심문審問으로, 자세히 묻는다는 의미이다. 셋째는 신사愼思로, 신중하게 생각하는 것이다. 넷째는 명변明辯으로 명백하게 분별한다는 의미이다. 다섯째는 독행篤行으로, 진실한 마음으로 성실하게 실천한다는 것이다.

정약용은 대부분의 사람이 다섯 가지 독서 방법 중 '박학'에만 집착한다고 비판했다. 다른 네 가지에는 관심조차 두지 않고 배운 것을 자랑삼아 떠벌리기만 한다고 목소리를 높인다. 우리 시대의 독서 경향과 크게 다르지 않다. 정약용은 책에 쓰인 내용을 자신의 것으로 만드는 독서를 하지 않는 것, 아는 것에만 관심을 가지는 독서에 대해 비판했다.

사도행전에 나오는 베뢰아 성도들은 의문을 품고 생각하는 사람들이었다.

"베뢰아 사람은 데살로니가에 있는 사람보다 더 신사적이어서 간절한
마음으로 말씀을 받고 이것이 그러한가 하여 날마다 성경을 상고하므
로 그중에 믿는 사람이 많고 또 헬라의 귀부인과 남자가 적지 아니하
나" 행 17:11-12, 개역한글

사도 바울에게 복음을 전해 들은 베뢰아 사람들은 말씀을 귀로
듣고 끝내지 않았다. 집으로 돌아간 그들은 받은 말씀이 '정말 그러
한가' 하여 날마다 성경을 상고했다. 그들은 신사적이어서 바울의
메시지를 너그러운 태도로 받아들였다. 그렇다고 하여 무조건적으
로 믿은 것은 아니다. 의문을 품고 성경 말씀을 상고하는 가운데 진
의를 밝히기 위해 힘써 노력했다. 의문을 품는 것은 성도들에게 요
구되는 태도요 능력이다. 진정한 믿음은 의문이 동반되어야 한다.
의문은 의심과 불신만이 아니다. 진리에 대한 사랑이요 관심이다.
두렵고 떨리는 마음으로 구원을 이뤄 가는 이들의 신앙적 태도다.

독서의 진정한 힘은 책 내용을 아는 것이 아니라, 자신의 것으로
만들어 삶을 변화시키는 데 있다. 자신의 것으로 만들기 위해 의문
을 품고 사색하며 삶에 적용해야 한다. 그런데 사색은 저절로 이루
어지지 않는다. 사색이 시작되려면 의문이 일어나야 한다. 의문점
이 생겨야 책 내용을 깊이 있게 고민하고 생각에 몰입할 수 있다.
누군가의 강요로 사색의 단계로 들어갈 수 없다는 이야기다. 깊이
있는 생각은 강요한다고 해서 되는 게 아니다. 누구든 생각은 할 수

있지만 그렇다고 생각이 나는 것은 아니다. 엄밀히 말해 생각은 '하는 것'이 아니라 '나는 것'이다. 생각의 일어남, 그 출발이 의문이다. 반드시 의문이 일어나야 스스로 생각하게 된다.

의문에서 질문으로 나아가라

인류사에 길이 남을 명저를 수없이 남긴 괴테는 '언제나 의문하라' 라며 의문의 중요성을 강조했다.

> "의문은 언제까지나 의문 수준에 머물러 있지는 않아. 의문은 정신을 자극하여 더욱 상세한 연구와 시험을 하도록 하고, 이것이 완전한 방식으로 이루어지면 우리는 거기서 확신을 가지게 되지. 바로 이것이 목표이며, 여기서 인간은 완전한 만족감을 찾아내게 되네. 통찰력을 얻었다고 할 수 있지. 우리가 의문을 통해 끌어낼 수 있는 최고의 수확이 바로 그것이야."

의문이 통찰력을 얻는 마중물이라는 것이다. 그렇다. 의문은 의문으로 남아 있으면 안 된다. 의문을 통해 사고의 문을 열고 새로운 통찰을 추구해야 한다. 그러기에 의문은 질문으로 나아가야 한다. 질문으로 이어지지 못한 의문은 큰 의미가 없다. 의문의 방향성은 질문이며 의문의 구체화가 질문이다. 의문으로 사색이 시작되며 질문을 통해 통찰을 얻게 되고 알아내는 힘의 근간을 세울 수 있다.

새로운 것에 대한 호기심도 의문과 유사하다. 호기심은 색다른 경험에서 비롯되곤 한다. 새로운 분야에서 일해 본 경험, 일상을 벗어난 여행지에서의 색다른 시간은 우리에게 호기심을 가져다주는 통로가 되어 준다. 몸의 체험뿐만이 아니라 독서를 통한 정신적 체험도 우리에게 호기심을 선물해 준다. 알지 못하던 분야의 책 한 권을 읽는 행위는 우리에게 차원이 다른 간접 체험의 순간이다. 순간 순간 호기심이 생겨난다. 이처럼 인간의 호기심과 의문은 보고 듣고 읽는 수용의 통로로 새로운 정보가 들어오는 과정에서 발생한다. 그런데 호기심과 의문은 미해결 상태의 과제다. 이때 필요한 것이 질문이다. 질문은 호기심과 의문으로 생긴 궁금증을 해결하는 마중물이며 구체적인 답을 찾는 열쇠와도 같다. 질문으로 이어져 답을 찾는 노력 속에서 진정한 사고思考의 힘이 생성된다.

독서를 함에 있어서도 질문 능력에 따라 얻는 것이 사뭇 다르다. 이렇듯 질문이 중요하지만 어떻게 질문을 해야 하는가 하는 물음에 분명한 답을 가진 이들은 많지 않다.

의문의 방향성이 질문이라는 것을 분명히 알았다면 이제 필요한 것은 질문하는 법을 배우는 것이다. 질문도 효과적인 방법과 기술이 존재한다. 효과적이고 효율적인 독서를 하기 위해 책을 읽기 전부터 독서 후까지 필요한 질문들을 살펴보자. 단계별로 질문을 던지는 것은 지혜를 덧입혀 알아내는 능력을 세워 가기 위해 반드시 필요한 과정이다.

독서 전 질문

먼저 책을 읽기 전에 필요한 질문이다. 읽을 책을 선택했다면 책장을 펼치기 전에 질문부터 던져야 한다.

"왜 이 책을 선택했는가?"

"이 책에서 배우고 싶고 얻고 싶은 것은 무엇인가?"

"이 책은 어떤 내용의 책인가?"

책의 겉표지와 목차를 간략하게 살피며 위 질문을 던져라. 그러면 책을 읽는 동안 의문이 생긴다. 그 의문에 답을 찾기 위한 독서가 되고 집중력은 배가 된다. 자연스레 의문을 해결할 질문이 뒤따른다. 그 질문을 허투루 흘리지 말고 꼭 적어 보고, 답도 써 보아야 한다. 그럴 때 의문이 풀리고 방법이 보인다. 이 단계에서 중요한 것은 상상이다. 표지와 목차의 몇 가지 단서를 가지고 마음껏 상상의 나래를 펼쳐보는 것이다. 상상과 창의는 맥을 같이한다. 창의적인 생각은 상상의 과정에서 생성된다. 앞에서 이야기한 것처럼 책을 읽는 목표가 내용 자체를 받아들이는 일차적인 목표를 넘어 생각하는 능력을 향상하는 과정이라는 것을 잊지 말아야 한다. 내가 만일 저자라면 이 제목과 목차 안에 어떠한 내용을 담아내겠는가 하는 작은 질문을 통해 내가 가진 스키마 지식을 동원하여 사고하는 기회를 가져 보는 것이다. 그 과정만으로도 독서의 중요한 목표는 달성되었다. 이토록 질문은 중요하다.

패키지 관광을 간 사람들에게 여행에서 기억나는 것이 무엇인가

물어보면 '가이드의 빨간 깃발만 기억난다'라는 우스갯소리가 있다. 관광을 갔으면서도 차분히 여행지를 돌아보기보다는 유명 관광지를 구경하고 사진을 찍으며 바삐 돌아다니는 관람에 머무는 사람도 많다. 독서도 마찬가지다. 표지를 열고 책 내용을 질문 없이 읽어 내려가는 것은 가이드의 빨간 깃발을 쳐다보며 바쁘게 몰려다니는 관광과 다를 바 없다. 여행지에서 아름다운 건물을 발견했다면 그곳에 멈춰야 한다. 그리고 천천히 건물 외관을 살피고 감상하며 발걸음을 내부로 향해야 하지 않겠는가? 책을 지은 저자가 가장 신경 쓰는 곳이 바로 표지와 제목, 목차의 구성이다. 저자의 생각이 이처럼 농축된 것을 그저 몇 초 만에 스쳐 지나간다면 독서를 통해 얻을 수 있는 최고의 선물을 포기하는 것과 마찬가지이다.

독서 중 질문

책을 읽어 가는 과정에서도 질문은 필요하다. 저자가 궁극적으로 전하고 싶은 메시지가 무엇인지 밝히는 독서가 진행되어야 한다. 저자의 메시지를 이해하지 못하면 사색도, 깨달음도, 지혜도 얻기 힘들기 때문이다. 책을 읽으면서 필요한 질문은 아래와 같다.

"이 책은 무엇을, 어떻게 자세히 다루고 있는가?"

"이 책의 콘셉트를 한 문장으로 표현한다면 무엇인가?"

"저자는 무엇을 이야기하고 해결하기 위해 이 책을 썼을까?"

"이 책의 핵심이 되는 문구는 무엇인가?"

책 내용이 파악되었다면 더 깊은 단계의 질문으로 깨달음을 얻어야 한다. 내용을 아는 것만으로는 인공지능 시대를 이기는 능력을 갖출 수 없기 때문이다. 내용을 바탕으로 삼아 사색할 수 있는 질문으로 깊이 들어가야 의미 있는 결과를 수확할 수 있다. 그 의미는 정민의 『오직 독서뿐』에 소개된 양응수의 독서법 이야기로 이해할 수 있다.

> "독서는 우선 숙독해야 한다. 그 말이 모두 내 입에서 나온 것같이 해야 한다. 계속해서 더 정밀하게 따져 보아 그 뜻이 죄다 내 마음에서 나온 것처럼 해야 한다. 그래야만 얻었다고 할 수가 있다. 하지만 숙독해서 깊이 생각하여 깨달아 얻은 뒤에도 또 이 정도에서 의문을 멈추면 안 된다. 그래야만 진전이 있다고 할 만하다. 만약 이쯤에서 그친다고 하면 끝내 다시는 진전이 없다."

독서 후 질문

내용을 바탕 삼아 더 깊은 단계로 확장해 나갈 수 있는 질문은 아래와 같다. 반드시 의문을 품고 질문을 하며 사색하고 깨달음을 얻도록 해야 한다.

"이 책의 좋은 점과 비판할 점은 무엇인가?"

"저자의 생각에 동의하기 힘든 부분은 어디인가? 왜 그렇게 생각하는가?"

"이 책 내용을 숙고하며 얻는 깨달음이나 지혜는 무엇인가?"

"책 내용을 중심으로 다른 것과 연결 지어 의미 있는 결과물을 만들어 내야 한다면 무엇과 연결 지어 보겠는가?"

지금까지 질문으로 의문에 대한 궁금증을 해결했다. 그러면 이제 깨달은 지식과 지혜를 삶에 녹여낼 질문을 던져야 한다. 앎을 삶으로 승화시켜야 진짜 삶이 변화된다. 밥을 먹었으면 그것이 자양분이 되어 건강한 삶을 사는 것과 같은 이치이다. 독서한 내용을 삶에 적용하기 위해 만들어 내는 질문은 다음과 같다.

"이 책의 메시지 중 삶에 적용할 만한 것은 무엇인가?"

"책 내용 중 이것만큼은 습관으로 만들어 실천해 보고 싶은 것은 무엇인가?"

"이 책과 연동하여 책을 읽어 본다면 어떤 책을 읽어 보고 싶은가?"

지금까지 소개한 질문들은 독서에 적용할 수 있는 가장 기본적인 것이다. 책의 성격마다 조금씩 변환해 질문을 던지고 답을 찾는 노력을 해야 한다. 질문을 던지면 뇌는 격동이 일어나 질문에 답을 찾기 시작한다. 질문을 던지며 책을 읽는 것은 쉽지 않은 일이다. 그럼에도 질문을 던지며 그것에 답을 적는 독서는 필연적으로 해야만 한다. 의문에 질문을 던지고 답을 찾는 과정에서 깨달음이 생기고 삶을 변화시키는 지혜가 생성되기 때문이다. 알아내는 힘도 이런 과정 속에서 형성된다. 미국의 심리학자이며 철학자인 윌리엄 제임스 말을 기억하며 질문 던지는 습관을 길러 보자.

"나는 무언가를 철저하게 이해하고 싶을 때마다 질문을 한다. 다른 사람이 아니라 나 자신에게. 질문은 단순한 말보다 더 깊은 곳까지 파헤친다. 말보다 열 배쯤 더 많은 생각을 끌어낸다."

토론하는 질문법

'혼자서 배우면 바보가 된다'라는 말이 있다. 토론이 생활 문화로 자리 잡은 유대인들의 격언에서 비롯된 말이다. 유대인들의 근간이 되는 두 책이 있다. 바로 『토라』와 『탈무드』이다. 『토라』는 성경의 창세기, 출애굽기, 레위기, 민수기, 신명기를 실어 놓은 책이다. 이는 유대인들에게 헌법과 같은 역할을 한다. 모세오경을 제외한 나머지 토라에 설명서를 붙여 만든 것이 『탈무드』이다.

유대인들은 두 책을 세 살부터 평생을 공부한다. 물론 혼자서 공부하지 않는다. 반드시 짝을 지어 대화하고 질문하고 토론한다. 이 과정에서 서로 다른 관점의 생각과 사고를 배운다. 다양한 시각을 가진 사람들과 토론하고 논쟁하며 자신만의 독창적인 사고체계를 구현한다. 서로 다른 생각이 부딪치는 과정에서 새로운 가치와 이론, 생각들이 생성되며 지혜가 형성된다. 유대인들은 그 힘을 통해 1,600만 명의 작은 인구로 세계를 주도하게 되었다.

영국의 철학가이자 사상가인 존 로크는 "독서는 다만 지식의 재료를 줄 뿐이다"라고 했다. 책의 텍스트는 지혜를 만들 재료에 불과하다는 말이다. 지혜라는 멋진 요리를 만들 하나의 지식일 뿐이다. 맛있는 요리는 다양한 재료가 어우러져야 완성된다. 여러 재료가 섞이고 버무려져야 완성도 있는 요리를 만들 수 있다. 그럼 다른 재료는 어디에서 구해야 할까. 바로 토론을 통해 얻어야 한다. 다양한 시각과 생각들을 토론으로 구해서 멋진 요리를 완성해야 한다. 다른 재료와 양념들이 조화를 이루어야 의미 있는 결과물이 생성되는 것이다.

책을 읽는 과정은 텍스트가 완전히 자신의 것으로 소화되기 전이다. 말리거나 익히거나 가공하지 아니한 먹을거리에 불과하다. 날것을 피가 되고 살이 되어 영양분으로 흡수되게 하려면 말로 설명이 가능해야 한다. 자신의 것으로 녹여 내 표현할 수 있어야 한다. 더 나아가 토론까지 할 수 있어야 진짜 자신의 것이 되었다고 말할 수 있다. 토론할 수준까지 도달하지 못한 독서는 날것에 불과하다.

인공지능 시대의 핵심 역량인 창의적인 사고 역량은 토론하는 과정에서 형성된다. 창의적인 분야를 이끄는 유대인들의 삶이 이를 증명한다. 우리나라 역사에서도 이를 증명할 수 있다. 우리나라 역사를 통틀어 창의적인 산물이 가장 많이 쏟아진 때는 세종 때이다. 세종 시대에 수많은 창의적인 산물이 나올 수 있었던 배경은 세종의 독서법에서 시작된다. 세종의 독서법은 백독백습百讀百習이다.

백 번 읽고 백 번 쓰는 독서법이다. 읽고 쓰기를 반복하며 텍스트를 자신의 것으로 만들었다. 그러나 이것으로 끝내지 않았다. 세종은 토론을 장려하고 이끌었다. 시간만 나면 집현전으로 나가 학자들과 의견을 나누었다. 그리고 토론했다.

세종이 즉위하면서 신하들을 모아 놓고 제일 먼저 한 말은 "의논하자"였다. 세종은 신하들이 마음껏 자신들의 의견을 이야기할 수 있는 장을 마련해 주었다. 상대가 어떤 의견을 내면 반드시 반대 의견을 내도록 하고 토론을 시켰다. 목소리만 높이는 것이 아니라 자신의 논리를 뒷받침할 만한 근거를 들어 설득하도록 했다. 서로 다른 생각들이 충돌을 일으켜 새롭고 다양한 창작물을 만들도록 한 것이다.

국가 정책을 펼칠 때도 반대 의견을 경청했다. 자신의 권위로 밀어붙이는 것이 아니라 상대를 논리적으로 설득했다. 의견 충돌이 팽팽할 때는 황희 정승 같은 원로가 중재하고 조정하며 나아갔다. 그럼에도 불구하고 반대 의견을 낼 때는 합당한 질문을 던지며 모순점을 지적해 주었다. 그리고 상대가 공감하고 수긍할 때까지 기다려 주었다. 대표적인 예가 훈민정음 반포이다. 세종은 훈민정음을 창제하고 반포하려 했지만 최만리를 필두로 반대하는 학자들이 있었다. 세종은 이들을 강압적으로 제압하지 않고 그들이 수긍할 수 있을 때까지 설득했다. 3년을 기다리고 설득한 끝에 반포하기에 이른다. 의논하고 토론하며, 때로는 날카로운 질문으로 던지며 지혜를 덧입힌 결과 역대 가장 많은 창작물을 만들어 낸 것이다.

독서가 인간지능을 극대화한다는 것에 모두 동의한다. 그러나 독서를 하는 인구는 해마다 줄어들고 있다. 미래를 책임질 청소년과 청년층의 독서 인구는 심각할 정도다. 인공지능 시대를 이길 힘이 독서에 있음에도 책을 가까이하지 않는 것이다. 오히려 스마트폰을 더 가까이한다.

책을 가까이하지 않는 이유는 다양하다. 그중에서도 가장 와 닿는 이유는 스마트폰보다 재미를 느끼지 못하기 때문이다. 독서로 지식을 쌓고 지혜를 생성해 의미 있는 결과를 만들어 가는 즐거움을 느끼지 못하니 책을 가까이하지 않는 것이다. 책을 읽고 나서 쓰기를 강조하면 책에서 더 멀어지게 할 수도 있다. 그렇다고 방관할 수도 없는 노릇이다. 이 문제를 슬기롭게 극복하는 방법은 토론을 일상화하는 것이다. 토론하는 방법을 배워 생활 속에서 익혀 나가다 보면 그 안에서 즐거움을 발견할 수 있다. 사람은 모르는 것을 알았을 때 즐거움과 행복감을 느끼기 때문이다.

책을 무작정 읽는 것이 아니라 자신 안에 내재된 배경지식과 연결 지어 의문을 던지고 그 의문에 질문을 던지며 궁금증을 해결하는 것이다. 그리고 다른 독자와 자신의 생각을 이야기하고 다른 의견을 들으며 다양한 관점의 시각으로 텍스트를 바라보아야 한다. 그 안에서 텍스트가 재구성되어 의미화되고 가치가 생성된다. 정보를 조직하고 체계화하는 과정이 자연스레 형성된다. 이렇게 읽고 말하고 쓰기가 유기적으로 연결되면 즐거움도 느낄 수 있다는 것이다. 그중에 말하기, 토론은 읽기와 쓰기를 연결하는 중요한 연결고리가 된다. 말을 먼저하고 글을 쓰면 훨씬 쉽게 느낀다. 우리가 어려서부터 듣고, 말하고, 쓰는 과정으로 학습 단계를 거쳤기 때문이다. 그래서 읽고, 말하고, 쓰기를 하는 것이 좋다.

독서도 혼자 읽기보다 여러 사람이 함께하는 것이 좋다. 두세 사람이 함께 책을 읽고 토론까지 이어져야 인간지능을 극대화할 수 있다. 혼자서 읽으면 독단에 빠지거나 바보가 될 수도 있으니 말이다. 말하지 않고 듣지 않으면 새로운 생각이 형성되지 않는다. 반드시 토론하며 논쟁해야 한다. 로마제국의 정치인이었던 세네카는 "사람들은 누구나 스스로 판단하기보다는 남의 말을 그냥 믿으려고 한다"라고 말한다. 토론하지 않으면 다른 사람의 말을 수용하기 바쁘다는 것이다. 그래서 토론이 필요하다. 토론하는 과정에서 다른 사람의 입장을 이해할 수 있으며 서로를 존중하는 자세도 배운다. 아울러 다른 시각과 생각을 논리적으로 반박하고 설득하면서 더불어 살아가는 방법도 배운다.

토론을 잘하려면 사실 읽기, 쓰기, 말하기가 유기적으로 작동되어야 한다. 어느 한 부분이 부족하면 의미 있는 토론을 끌어내지 못한다. 토론은 그럴듯한 말 기술을 드러내는 것이 아니라 논리적인 근거를 들어 상대를 설득하는 것이다. 그 논리는 텍스트에 담겨 있다. 그래서 토론을 잘하려면 먼저 독해가 잘 돼야 한다. 독해가 되지 않고서는 논리적인 근거를 들어 상대를 설득할 수 없기 때문이다. 핵심 구절을 찾아 발췌하는 능력도 기본이다. 요약도 잘 해야한다. 핵심적인 구절을 자신의 언어로 풀어서 이야기할 수 있으려면 요약은 필수다. 또한, 토론하는 과정에서 메모를 잘하려면 쓰기능력이 뒷받침되어야 한다. 상대의 질문을 요약해 메모해 두지 않으면 답변 과정에서 논리가 삼천포로 빠질 확률이 높다. 이렇듯 토론은 읽고, 말하고 쓰기가 종합적으로 어우러져야 잘할 수 있으니지속 가능한 인간지능개발 프로젝트가 되는 것이다.

토론의 핵심 능력 중 또 하나는 질문이다. 핵심을 꿰뚫는 질문이토론의 성패를 좌우할 때가 많다. 상대의 의중을 간파한 날카로운질문은 자신의 논리를 돋보이게 할 수 있다.

소크라테스는 토론의 달인이었다. 그러나 당시 학자들에 비해 언변이 탁월하지는 않았다. 오히려 소크라테스보다 설득력 있게 말을잘하는 이들이 많았다. 그럼에도 소크라테스를 토론의 달인으로 꼽는 이유가 있다. 그것은 바로 질문하는 능력이 탁월했기 때문이다.소크라테스는 때로는 비판적인 질문으로, 때로는 유도 질문으로 지혜와 진리에 다가가도록 했다. 스스로 지혜를 잉태할 수 있도록 산파 역할을 한 것이다. 그 능력이 토론의 달인으로 불리게 된 이유다.

유대인들이 토론을 잘하는 이유 중 하나도 질문 능력이다. 유대인 부모와 선생_{랍비}은 질문하는 사람이다. 지식을 떠먹여 주는 것이 아니라 스스로 터득할 수 있도록 질문을 던진다. 어떤 답을 해도 괜찮다. 그 답에 대한 논리가 갖춰져 있으면 된다. 질문만으로 신앙을 교육하고 삶에 필요한 지식과 지혜를 덧입힌 것이다. 그래서 독서는 종합적인 능력으로 접근해야 한다. 텍스트를 읽으면서 의문을 품고, 질문하고, 책 내용을 간파해야 한다. 나아가 사색하며 깨달음을 얻고 자신만의 생각을 정리할 수 있어야 한다. 그리고 상대와 더불어 토론하며 다양한 사고를 접하고 서로를 존중하며 설득하는 능력을 키워야 한다. 그렇게 벼려진 생각과 지혜를 글쓰기로 조직화하고 체계화시킬 때 비로소 인간지능이 완성된다.

잃어버린 기독교교육,
글쓰기를 회복하라

독서를 통해 의미 있는 성과를 거두려면 먼저 잘 읽어야 한다. 잘 읽기 위해 의문을 던지고 질문한다. 의문을 던지고 질문하겠다는 의도로 읽으면 텍스트에 몰입하고 더 확장해 자신의 것으로 만들 수 있다. 그러나 여기서 그치면 반쪽짜리 독서다. 독서의 진정한 힘은 온전히 자신의 것으로 소화하여 표현하는 데 있다. 저자의 생산물을 자신의 것으로 재창조하는 것이다. 재창조된다는 것은 표현할 수 있어야 한다는 말이다. 표현할 수 있어야 진짜 자신의 것이 되었다고 말할 수 있다.

인공지능 시대에는 비판적인 능력과 창의적인 인재가 각광받는다. 융복합에 능한 사람도 필요로 한다. 이들의 공통적인 능력은 내재되어 있는 그 무언가를 잘 표현한다는 것이다. 새로운 관점으로 생각하고 연결해 세상에 없는 무엇인가를 만들어 낸다는 것은 어떤 형태로든 잘 표현을 했다는 것이다. 표현된 것이 물건일 수도 있고, 프로그램일 수도 있고, 새로운 이론이나 개념일 수도 있다. 어떤 형태로든 무엇인가를 창출해 내려면 먼저 말과 글로 표현이 되어야 한다. 말과 글로 표현할 수 있어야 다른 무엇과 연결 지어 결과물을 만들어 낼 수 있기 때문이다.

책은 잘 읽었는데 말과 글로 표현할 수 없다는 사람이 있다. 표현 능력이 서툰 경우도 있지만 대부분 책을 제대로 읽지 못한 결과라 볼 수 있다. "나는 분명 책을 읽었다!"라며 항변하고 싶은 사람도 있을 것이다. 그러나 진짜는 제대로 된 읽기가 안 된 것이다. 제대로 읽었다면, 의문을 품고 질문을 하며 완전히 이해했다면, 저자의 생각에 동의할 점과 동의하지 못할 점을 발견했다면, 할 말은 분명 있다. 책을 읽고 할 말이 생겼다면 글로 표현할 거리도 있다. 말로 할 수 있어야 글쓰기 단계로 진입이 가능하기 때문이다.

잘 읽었는데도 어떤 형태로든 표현할 수 없다면 읽은 것이 아니라 잘 보았다고 말해야 한다. '본' 것과 '읽은' 것은 천지 차이다. 읽었다는 말의 의미는 잘 이해하고 소화했다는 것이다. 책 내용에 대해 의문을 던지고 질문도 하지 않으면서 눈동자로 문자만 훑는 행위를 하며 읽었다고 말할 수는 없다. 그것은 글자를 본 것이다.

그럼 잘 읽고 잘 표현하려면 어떻게 해야 할까? 쓰기를 전제로 하고 읽으면 좋다. 반드시 글로 표현한다고 생각하고 읽으면 좋다.

무엇에 대해 쓸 것인지를 생각하고 읽으면 자동적으로 뇌가 몰입하고 생각하며 읽게 되어 있다. 잘 읽을 수밖에 없는 것이다. 그 의미를 일본의 독서가이자 작가인 사이토 다카시의 말로 이해하면 좋겠다. 사이토 다카시는 서른 살 빈털터리 대학원생에서 메이지대학교 교수가 되었다. 그는 명문 대학의 교수로 발돋움할 수 있었던 근원이 독서에 있다고 고백했다. 그는 진정한 독서의 의미를 『읽고 쓰기의 달인』에 이렇게 밝혔다.

> "'쓰기'의 배경에는 '읽기'가 있다. '쓰기'와 '읽기'는 매우 밀접한 관계를 맺고 있다. '읽기'와 '쓰기'는 따로따로 단련할 수 있는 능력이 아니다. '읽기의 달인'이 되려면 '쓰기'를 전제로 읽어야 하고, '쓰기의 달인'이 되려면 '읽기'를 전제로 써야 한다. 그래야만 '읽고 쓰기의 달인'이 될 수 있다."

다산 정약용도 같은 메시지를 전했다. 그는 강진에서 18년 유배 생활을 하면서도 500여 권의 책을 저술했다. 농사 방법, 목민관의 리더십 등 다양한 책을 저술해 백성들의 삶의 질을 높이는 데 일조했다. 정약용이 수많은 책을 집필할 수 있게 한 독서법이 있다. 일명 삼박자 독서법이라고 부른다. 삼박자 독서법은 바로 정독情讀, 질서疾書, 초서抄書를 말한다.

먼저, 정독은 글을 자세하게 읽는 것을 의미한다. 한 장을 읽더라도 글에 집중하고 생각하며 읽는 것이다.

두 번째는 질서이다. 중국 송나라 학자 장재가 공부하다가 마음에 떠오르는 것이 있으면 잠을 자다가도 일어나서 빨리 기록하였다는 것에서 유래된 말이다. 즉 의문을 던지고 질문하며 느낀 것을 기록하는 독서법이다. 질서를 통해 분석력과 통찰력을 기르는 것이다. 그래야 깊은 깨달음이 생겨 자신의 것이 될 수 있다.

세 번째는 초서이다. 책을 읽다가 핵심 되는 구절이나 마음을 울리는 글을 만날 때 옮겨 적는 것을 말한다. 초록이라고도 하는데 한마디로 베껴 쓰기를 의미한다. 베껴 쓴다는 것은 쓰기를 전제로 읽었다는 의미이다. 정약용은 초서 독서법을 두 아들에게 여러 차례 강조했다. '두 아들에게 답함'이란 편지 내용에 들어 있는 이야기다.

"초서의 방법은 먼저 자신의 생각을 정리한 후, 그 생각을 기준으로 취할 것은 취하고 버릴 것은 버리는 식으로 취사선택을 해 나간다. 어느 정도 자신의 견해가 성립되면 선택하고 싶은 문장과 견해는 뽑아서 따로 필기해서 간추려 놓는다. 그런 식으로 한 권의 책을 읽더라도 자신의 공부에 도움이 되는 것은 뽑고 적어서 보관하고, 그렇지 않은 것은 재빨리 넘어가는 것이다. 이런 방법으로 독서를 하면 백 권의 책이라도 열흘이면 다 읽을 수 있고, 책에 담긴 중요한 내용을 자신의 것으로 삼을 수 있게 된다."

정약용은 쓰기를 전제로 읽었다. 그 힘이 수많은 저술을 남길 수 있게 했다.

독서법의 명저자인 모티머 J. 애들러도 『생각을 넓혀주는 독서법』에서 쓰기를 강조했다.

"질문이 무엇인지 알고만 있으면 아무 소용이 없다. 명심해 두었다가 글을 읽으면서 실제로 던져 보아야 한다. 이러한 습관을 지녀야 좋은 독자가 될 수 있다. 더 나아가서 질문에 자세하고 정확하게 답할 줄 알아야 한다. 책 읽는 '기술'이란 바로 이렇게 묻고 답하는데 익숙해진 능력을 갖춘 것을 말한다."

애들러는 왜 질문을 넘어 쓰기까지 해야 잘 읽은 것이라고 했을까? 그 의미도 그의 저서에서 잘 밝혀 두었다.

"왜 책을 읽으면서 뭔가를 적어야 할까? 첫째, 깨어 있게 한다. 단지 의식이 있게 한다는 것뿐 아니라 자각할 수 있게 한다는 것이다. 둘째, 능동적으로 책을 읽는다는 것은 생각한다는 것이며, 생각한다는 것은 말이든 글이든 언어로 표현한다는 것이다. 자신의 생각을 알기는 아는데 표현하지 못하겠다는 사람은 그 생각을 잘 알지 못하는 것이다. 셋째, 자신의 느낌이나 생각을 적는 것은 저자의 사상을 기억하는 데 도움이 된다."

읽기만 하는 바보라는 별명을 지닌 이덕무도 쓰기를 강조한다. 글쓰기를 전제로 읽는다면 책 내용을 보다 의미 있게 읽어 낼 수 있을 거라고 말이다. 그 의미를 이덕무는 『사소절』에 이렇게 밝혀 두었다.

"대체로 글이란 눈으로 보고 입으로 읽는 것보다 손으로 직접 한 번 써 보는 것이 백 배 낫다. 손이 움직이는 대로 반드시 마음이 따르므로, 20번을 읽고 외운다 하더라도 힘들여 한 번 써 보는 것만 못하기 때문이다. 하물며 가장 중요한 내용을 밝혀낸다면 일을 살피는 데 자세하지 않을 수 없고, 감추어진 이치를 반드시 끄집어낸다면 생각하는 것이 정확하고 세밀하지 않을 수 있겠는가?"

이덕무는 책을 읽으면서 정리한 것으로 책을 만들기도 했다. 책 제목이 『이목구심서』耳目口心書이다. 귀로 들은 것, 눈으로 본 것, 입으로 말한 것, 마음으로 생각한 것을 적은 것이라는 뜻이다.

요즘은 인문학의 전성시대다. 어딜 가나 인문학을 외친다. 중학교 진로 강의에도 인문학이 붙는다. 시대를 주도하는 인문학의 최고 정점에 있는 분야가 있다. 그것은 바로 글쓰기다. 사람을 배우는 학문의 마지막 관문이 바로 글쓰기라는 것이다. 글쓰기로 인간의 존재, 마음, 생각과 행동, 꿈과 소망에 대한 이야기를 풀어낼 수 있어야 인문학을 통달했다고 말할 수 있다는 의미이다. 글로 표현할

수 있어야 인간을 제대로 배웠다고 이해할 수 있다. 쓰기 없는 독서
는 제대로 된 독서가 아니라는 뜻이다.

글을 잘 쓰고 싶어 하는 사람이 많다. 그래서 좋은 글쓰기 강좌를
찾아 여기저기를 기웃거린다. 효과적인 글쓰기 기술을 익혀 글을
잘 쓰고 싶어서이다. 그러나 글을 잘 쓸 수 있는 비결은 글쓰기 기
술에 있지 않다. 그 의미는 『하버드 글쓰기 강의』를 쓴 바버라 베이
그의 말을 들으면 이해가 쉽다.

> "훌륭한 작가가 훌륭한 것은 단순히 우아한 문장을 교묘하게 다듬을
> 줄 알기 때문이 아니다. 그들이 훌륭한 것은 그들에게 할 말이 있고, 할
> 말을 바탕으로 독자와 적절한 관계를 형성할 줄 알기 때문이다. … 결
> 국 말할 내용이 없다면 글쓰기는 아주 어려운 작업이 될 수밖에 없다."

바버라 베이그는 글을 잘 쓰지 못하는 이유가 말할 내용이 없기
때문이라고 지적했다. 책을 읽고서 글을 쓰지 못하겠다는 말도 결
국 글쓰기 기술에는 있지 않다는 것이다. 책을 읽고 쓸 만한 내용을
느끼지 못하고 발견하지 못했기 때문이다. 글로 표현할 만한 사실
이나 개념을 제대로 이해하지 못하니 표현할 수도 없다는 것이다.
결국 글쓰기 문제는 책 읽기와 깊은 관련이 있다.

잘 쓰고 싶다면 잘 읽어야 한다. 잘 읽으면 쓸거리가 생긴다. 쓸거
리의 편린들을 보석으로 만드는 방법은 글쓰기에 있다. 글로 표현

하는 과정에서 흩어져 있던 생각들이 구조화되고 체계화되기 때문이다. 명저 『잃어버린 시간을 찾아서』를 쓴 마르셀 프루스트는 이렇게 말했다.

> "작가의 지혜가 끝나는 곳에서 우리의 지혜가 시작된다는 것이 사뭇 사실이라고 느껴진다."

책을 읽고 그것을 표현하는 과정에서 '우리의 지혜'가 시작된다는 것이다. 그래서 글쓰기는 선택의 문제가 아니다. 피할 수 없는 필수 과제다. 이유를 막론하고 책을 읽었다면 꼭 글쓰기로 이어져야 한다. 글을 쓸 때 비로소 우리의 지혜가 시작되기 때문이다.

책을 읽고 글쓰기를 시작하려 한다면 발췌부터 시작하면 좋다. 발췌는 텍스트에서 중요한 부분을 가려서 뽑아내는 작업이다. 역시 읽기가 제대로 돼야 핵심이 되는 부분을 가려 뽑아낼 수 있다. 발췌는 초서와 같다. 중요한 부분을 있는 그대로 옮겨 적은 것이기 때문이다. 발췌는 글을 쓰는 데 좋은 자료가 된다. 자신이 쓰고 싶은 주제에 발췌된 것을 인용해 덧붙이면 인용한 글의 작가 권위가 내게로 전이된다. 또 백 마디 설명보다 핵심이 되는 구절을 인용하면 효과적으로 메시지를 전달할 수 있다.

두 번째는 요약이다. 요약은 읽은 책을 압축하는 과정이다. 그렇다고 책의 모든 내용을 기름 짜듯이 압축해서는 곤란하다. 그런 요약은 산만하다. 알곡은 없고 쭉정이가 가득할 가능성이 크다. 진짜 요약은 핵심이 되는 부분을 논리적으로 압축하는 것이다. 가장 중요한 정보를 담고 있는 부분을 가려내 자신의 언어로 풀어낼 수 있어야 한다. 있는 그대로 베껴 놓은 것이 아니라 자신의 문체로 재해석해 압축하는 것이다. 그래서 요약을 제대로 하려면 제대로 읽어야 한다. 독해가 되지 않으면 제대로 된 요약을 할 수 없기 때문이다.

세 번째는 자신의 생각을 덧입혀 글을 써보는 것이다. 박이정 독서법에서 추구하는 글쓰기 순서와 같다. 먼저 요약하고 에세이로 마무리하는 글쓰기이다. 에세이를 쓰더라도 텍스트에서 전하는 핵심 메시지를 파악해 자신의 생각을 덧입히는 글쓰기면 좋다. 그렇게 쓸 때 책에서 전달하는 핵심 메시지를 파악할 수 있고, 그것이 자신의 것으로 소화돼 재창조되기 때문이다. 글 잘 쓰는 사람이 각광받는 시대다. 작가의 지혜가 끝나는 곳에서 자신의 지혜를 덧입히려면 글쓰기를 해야 한다. 그러기 위해 책을 읽어야 한다. 책을 읽지 않고는 좋은 글을 쓸 수 없다. 글쓰기 기술만 익혀서도 글을 잘 쓰기 힘들다.

고쳐쓰기는 글쓰기의 황금률이요
생각 훈련의 정수다

글쓰기의 수많은 방법과 기술 중 고쳐쓰기만큼 중요한 것도 없다. 고쳐쓰기는 단순히 문장을 수정하는 글쓰기 방법이 아니다. 우리의 사고를 깊고 세밀하게 다듬어 가는 생각 훈련의 과정이다. 고쳐쓰기는 개인적 만족을 넘어서, 객관적인 기준에 부합하는 작품을 창조하기 위한 필수적인 단계이며, 이 과정을 통해 작가는 자신의 생각을 보다 명확하게 표현할 수 있다. 고쳐쓰기를 통해 희미하게만 느껴졌던 아이디어들은 명확해진다. 처음에는 모호하거나 불완전할 수 있는 생각이, 고쳐쓰기를 통해 점차 선명하고 구체적인 형태로 발전되어 간다. 힘이 없던 초기의 아이디어는 고쳐쓰기 과정을 통해 변화에 변화를 일으키는 강력한 기획으로 변모해 간다. 모든 작가와 기획자들이 자신들만의 독특하고 창의적인 작업을 완성해

가는 과정의 비법은 고쳐쓰기에 있다. 고쳐쓰기의 횟수와 질은 곧 생각의 질로 나타나며 결국 현실의 목표 달성과도 연결된다.

고쳐쓰기의 과정은 크게 세 단계로 나눌 수 있다. 첫 번째 단계에서는 글을 처음 작성할 때 간과했던 부분을 찾아 채워 가면 된다. 논리적 근거를 강화하고, 적절한 예시를 제시하여 글의 신뢰도와 설득력을 높여 가며 부족을 채워 가는 단계다.

두 번째 단계에서는 글에서 중복되거나 과장된 부분, 불필요한 설명을 제거한다. 이는 글을 간결하고 명확하게 만들어 독자가 핵심 내용을 쉽게 이해할 수 있도록 돕는다.

세 번째 단계는 글의 재구조화로, 글의 전체적인 구조와 논리적 흐름을 개선한다. 고쳐쓰기가 우리의 사고를 명료하게 하는 것은 문장을 바로잡는 수준을 넘어, 글의 전체적인 구조와 아이디어를 세밀하게 조정하는 작업을 포함하기 때문이다. 이 과정에서 서론, 본론, 결론의 순서를 조정하고, 필요하다면 단락을 재배열하여 글의 전달력과 효과를 극대화한다.

고쳐쓰기의 과정을 통해 글의 양을 늘리기도 줄이기도 한다. 이를 통해 글 쓰는 사람은 자신의 글쓰기 실력을 크게 향상시킬 수 있으며, 글을 통해 생각을 정교하게 다듬어 가며 생각과 글의 질이 향상하는 것을 경험할 수 있다. 고쳐쓰기는 일회성 과정이 아니다. 습관이 되도록 매일의 연습이 필요한 과정이다. 한 번 고쳐 쓴 글과 열 번 고쳐 쓴 글이 같을 수는 없다. 수없는 고쳐쓰기 과정을 통해 글은 점점 목적과 대상 독자를 배려한 글로 변모해 간다. 자신과 타인의 피드백도 적극 활용한다면 글쓰기 향상뿐 아니라 삶의 현장과 연결된, 더 현실적인 글을 써 가는 능력도 향상되어 간다. 이 과정을 통해 작가는 단순히 글을 쓰는 사람에서, 깊이 있는 사고를 할 수 있는 사람으로 거듭날 수 있다. 꾸준한 노력과 습관을 통해 더 나은 글을 쓰는 즐거움을 발견하고, 자신만의 독특한 목소리로 세상과 소통하는 방법을 찾아낼 수 있다. 이러한 과정은 작가에게 있어 결코 쉽지 않은 여정이 될 수 있지만, 그만큼의 가치가 있는 여정이다. 고쳐쓰기를 통해 단단하게 다져진 생각과 깊이 있는 표현력은 작가가 세상에 전할 수 있는 가장 강력한 메시지가 되어 줄 것이다.

다시 쓰기는 글쓰기의 황금률인 동시에 생각의 질을 높여 가는 최선의 길이다. 글쓰기의 세계에서 일필휘지는 표현의 첫 단계에 지나지 않는다. 아무리 뛰어난 작가라 할지라도 일필휘지 글쓰기로 차이를 만들어 내지는 못한다.

외로움에 괴로워하지 말고
홀로 있음을 선택하라

언제 두려운가?

독서를 통해 키워야 하는 첫 번째 능력은 주도력이다. 세상이 요구하는 첫째 능력 또한 주도력이다. 주도력 없이는 어떠한 일도 이루어지지 않기 때문이다. 스스로 뭔가를 해야겠다는 굳은 의지가 없는데 어떻게 성과를 올릴 수 있겠는가. 자기 주도적으로 인생을 살아갈 의지가 없는데 어떻게 공부하고 도전하는 삶을 살겠는가.

주도력은 행복한 삶과 직결된다. 스스로 원하는 삶을 살게 하는 근간이 주도력에서 시작된다. 주도력은 온전히 자기 자신으로 살아가는 것을 말한다. 부모나 사회가 요구하는 삶을 사는 것이 아니라 자신이 원하는 삶을 살아가는 능력이다. 누군가의 의지대로 끌려가는 것이 아니라 자신이 원하는 삶으로 도전하는 인생이다. 그럴 때

스트레스가 줄고 행복이 깃든다.

사람들은 언제 두려움을 느낄까? 나의 인생이 다른 누군가의 결정에 의해 좌지우지된다는 것을 알았을 때다. 나의 결정이 나와 가족의 삶에 아무 영향력이 없다는 사실을 마주하게 될 때 사람들은 좌절하고 낙망하게 된다. 이때 사람들은 포기한다. 발버둥 쳐도 아무 변화가 일어나지 않는다고 느끼기 때문이다. 그러나 그 순간을 이겨 내야 한다. 힘들지만 극복하기까지 인내해야 한다. 그리고 노력해야 한다. 자신의 삶의 주도권을 되찾기 위해 힘써야 한다. 그냥하는 노력이어서는 안 된다. 전에 없던 노력이 있어야 한다. 반드시 과정의 진보를 이루어야 한다. 변화를 만들어 내야만 한다. 자신의 의결권이 자신과 가족에게 의미 있는 것이 되도록 하기 위한 주도력을 되찾아야 한다. 동시에 세상의 빛과 소금이 되기 위해 나를 변화시켜 가며 이웃을 사랑하고 하나님의 영광을 선포하는 존재가 되어야 한다. 그것이 우리의 기도 제목이요, 현실에서 목도하는 변화여야 한다.

의결하고 실행하며 책임지는, 기획실행 주도력

인공지능 시대에 핵심 역량을 기르는 가장 밑바탕 능력 역시 주도력이다. 주도적으로 생각하고 시도할 때 창의적인 산물이 생성된다. 피동적으로 움직여서는 의미 있는 결과물을 만들어 낼 수 없다. 겨우 맡겨진 임무만 완수하기에 급급해하기 때문이다. 이제 단순반복적인 업무는 인공지능의 몫이다. 주도력 없이는 살아남을 수 없다는 말이다. 주도력은 선택 사항이 아니라 필수 항목이다.

그렇다면 주도력은 구체적으로 무엇이며 어떻게 해야 주도력을 세워 갈 수 있는가? 크게 세 가지 요소 능력의 향상을 통해 얻을 수 있다.

첫째, 주도력은 의사를 결정하는 힘, 의결하는 힘이다.

인공지능 시대에는 협업이 중요하다. 협업은 의결하는 힘이 뒷받침되어야 한다. 어떤 의제나 안건을 의논하고 합의하여 의사를 결정할 수 있어야 협업의 당위성이 생긴다. 함께 힘을 합하여 의미 있는 결과물을 만들어야 한다는 공동의 목표가 설정되어야 힘을 모을 수 있다. 결국 모든 일의 출발이 의사를 결정하는 일로 시작된다. 의결하는 행위가 곧 방향을 정하는 것이기 때문이다. 방향이 정해지면 모든 힘을 그곳으로 집중할 수 있다.

의결하는 힘은 논리적 사고가 뒷받침되어야 한다. 무조건 밀어붙인다고 합리적인 의결이 생기지 않는다. 누구나 합당하다고 여길 만한 논리와 근거가 뒤따라야 설득력이 생긴다. 설득력을 얻지 못한 의결은 자발적인 참여를 끌어내기 힘들다.

비전이 강조되는 것도 같은 이유에서다. 비전이 있다는 것은 방향이 분명하다는 것이다. 어디로 어떻게 가야 하는지를 명확히 알기에 불안하지 않다. 원하는 목적지를 향해 나아가겠다는 분명한 의지가 있다는 것이다. 방향을 정하고 나아간다는 것은 자신감을 전제로 한다. 그래서 의미가 분명하고 논리적인 근거가 확실하면 할수록 주도력이 향상된다.

협업뿐만 아니라 세상을 리드하는 사람은 대부분 주도력이 강한 사람이다. 누가 지도자인가? 바로 의결권을 가진 자이다. 주도력이 강하다는 것은 의결하는 힘을 갖고 있다는 말과 같다. 지도자는 의결권을 부여받고 그것을 행사한다. 의결권을 갖기까지 많은 사람에게 자신이 의결하는 힘이 있음을 검증받는다. 앞을 내다보는 능력과 그것을 의결하고 추진하는 능력은 곧 주도력에서 나온다. 그래서 세상 사람들은 의결하는 힘을 가진 사람에게 자신의 의결권을 내준다.

둘째, 주도력은 실행하는 힘이다.

의결로 정해진 목표를 성취하는 길은 실행 여부에 달렸다. 의결은 실행 과정과 결과를 통해 검증된다. 의결하는 능력이 기획하는 논리 사고를 통해 이루어진다면 실행하는 것은 추진하는 과정의 일관성과 인내를 요구한다.

현실은 생각과 다를 때가 많다. 이상과 현실의 차이를 많은 이들이 논하는 것은 그것이 특별한 일이 아닌 보편적인 현상이기 때문이다. 진정한 능력은 보편성을 넘어 계획을 실행에 옮기는 것에 있다. 이상을 현실이 되게 하는 것이다. 목표를 성취해 내는 힘이 주도력이기 때문이다. 진정한 주도력은 일만 벌이는 것이 아니라 실천에 옮기는 데서 빛을 발한다. 자기관리를 하지 못하는 사람이 주도력을 갖지 못하는 것도 다 이 때문이다. 자기관리 없이 어찌 일의 실행이 가능하겠는가? 의결은 실행을 전제한 것이다. 의결은 성공적인 결과를 전제할 때 의미가 있다.

셋째, 주도력은 결과를 책임지는 힘이다.

우리가 하는 일의 진행이 항상 뜻대로 되는 것은 아니다. 기획도 잘했고 성실히 실행했음에도 결과가 좋지 않을 때가 있다. 여기서 주도력을 완성하는 세 번째 능력이 요구된다. 실행에 대하여 책임을 지는 것이다. 주도력이 없는 사람은 실패했을 때 문제를 직면하려 하지 않는다. 일단 회피하려 한다. 그러나 주도력이 있는 사람은 실패가 고통스러울지라도 끝까지 맞서고 책임진다. 그리고 문제점을 분석하고 해결하려고 노력한다. 의결 단계에서 잘못되었는지, 실행 단계에서 오류가 있었는지 찾는다. 해결 가능한 것이라면 그것을 찾아 보완하고 수정하여 일을 완수해 내려 혼신의 힘을 쏟는다.

훌륭한 지도자라도 모든 일에 성공할 수는 없는 법이다. 중요한 것은 실패 앞에서 보이는 태도다. 문제의 원인을 다른 이들에게 돌리며 책임을 회피하는 지도자는 참된 지도자가 아니다. 진정한 지도자는 구성원에게 문제의 원인을 돌리지 않는다. 결과를 끌어안는다. 모든 것이 자신으로 인해 발생한 것처럼 문제를 대하고 해결책을 구한다. 진정한 주도력이란 결과에 대해 책임지는 이들의 태도를 통해 증명된다.

독서는 우리 삶에 주도력을 세우는 좋은 통로이다. 책에서 만나는 수많은 이야기가 의결의 순간에 내 생각의 옳고 그름을 판단하는 기준을 제공한다. 역사 속 수많은 지혜자의 권면이 자기 의결을 돕고 실행을 지원해 준다. 시공간이 다를 뿐 역사 속 인물들의 삶에서도 우리와 같은 고민이 있었다. 자기 삶의 문제와 속한 공동체의 문제 해결을 위한 수많은 의결이 있었던 것이다. 어떤 선택은 성공했으나 어떤 의결은 실패로 끝났다. 우리는 독서를 통해 성공과 실패의 민낯을 확인할 수 있다. 그것이 자기 삶에 힌트가 되어 의결하고 실행하며 나아갈 수 있도록 돕는다.

인공지능 시대에는 의결하고 실행하며 책임지는 사람을 필요로 한다. 그런 사람을 우리는 책에서 배울 수 있다. 독서를 통해 만나는 역사의 지혜자들이 좋은 롤모델이 되어 준다. 책에서 만나는 지혜자들이 우리 주변에서 만나는 다수의 사람과 다른 것은, 그들의 실패가 결코 최종 결과가 아니었다는 것이다. 의결하고 실행하며 책임지는 주도적인 삶의 현장에서 수많은 실패를 반복하며 성공을 이끌어 낸 사람들이다. 책을 통해 접하는 그들의 조언이 결코 문자로 끝나지 않은 것은 여전히 우리 삶에 녹아들어 살아 꿈틀거릴 수 있기 때문이다.

오늘 자신의 실패가 지구촌에서 첫 번째 발생한 일이 아님을 알아야 한다. 그 일이 실행되고 수많은 실패와 성공 사례가 우리 주변에 널려 있음을 아는 것 역시 중요하다. 책을 읽는다는 것은 정보 자체를 수용하는 것에 의미가 있지 않다. 그 정보에 담긴 그들의 생각, 자기와 다른 경험과 견해를 자기 삶에 끌어들이는 것이다. 자신의 의결이 행해지는 순간에 역사 속 수많은 지혜자의 조언을 힘입어 살아가는 행위인 것이다.

의결하기 두려운가? 책 속 세상으로 들어가라. 그리고 역사의 지혜자들에게 질문하라. 그들도 우리와 같은 고민을 하며 인생을 살아갔다. 실행에 주저하게 되고 실패가 두려운가? 이 또한 역사의 수많은 증언에 귀 기울여라. 훌륭한 삶을 산 이들도 모든 것이 쉬웠을 리 없다. 그들도 우리처럼 두려워했다. 우리가 알지 못하는 수많은 실패로 힘들어했다. 우리와 같은 연약함에 고민하고 갈등했던 책 속 이야기와 인물의 고백을 들어라. 실패 가운데 얻은 그들의 교훈이 내 삶의 양약이 되어 줄 것이다.

오늘 내가 의결하고 실행하며 책임지는 주도력을 갖춘다면 세상은 우리에게 책임을 맡길 것이다. 세상은 우리에게 도움을 요청할 것이다. 불확실한 인공지능 시대에서도 역량 있는 인재가 되어 귀하게 쓰임 받을 것이다. 그 능력이 책 속에 숨어 있다. 독서는 주도력을 세우는 보고寶庫이기 때문이다.

홀로 있음을 선택하라

인간지능 독서법을 마무리할 시간이다. 책을 읽고 글을 쓰며 잃어버린 주도력을 회복하기 위해 힘써야 하는 이유와 방법, 기술에 대한 이야기를 이 책에 가득 녹여냈다. 어느 것 하나 중요하지 않은 것이 없다. 그 모든 것들이 독자들에게는 낯선 것도 아닐 것이다. 개인의 삶에 이미 적용되고 있는 것들에 대한 강조였는지 모른다. 다만, 차이를 만들어 내는 것은 작은 것의 변화로부터 시작됨을 알기에 그것을 찾아 나누는 데 책의 대부분을 할애했다. 독자들이 미처 준비하지 못해 누락된 정보나 트리비움 체계에 대한 조언 중 조금이라고 도움 되는 것을 발견했다면 그것을 적용해 보라. 그 작은 것을 통해 이루어지는 놀라운 변화를 목도하게 될 것이다.

그 일을 위해 마지막으로 기억해야 할 사실이 있다. 이 모든 일을 성공적으로 수행하기 위해 홀로 있음을 선택하고 누릴 수 있어야 한다는 사실이다. 홀로 있음을 선택하라는 것은 근본적인 삶의 변화를 요구하는 명령이다.

현대 사회는 끊임없이 우리를 네트워크 안으로 초청한다. 알고리즘으로 세상의 수많은 주제를 우리의 관심 대상이 되도록 만든다. 인구는 줄어든다고 하는데 인간관계는 더욱 넓어지고 복잡해지는 듯하다.

그리스도인들에게는 그러한 환경이 낯설지 않다. 기독교는 함께

함, 어울림을 통해 지체로서의 연합을 목표로 하기 때문이다. 신앙은 하나님 앞에 홀로 서는 것이지만 교회는 모든 것을 함께, 더불어 진행한다. 함께 말씀을 듣고, 함께 기도하며, 모든 것을 공유한다. 신앙 공동체와의 긴밀한 연결은 우리에게 삶의 의미와 소속감을 제공해 준다. 그러나 그것이 모두에게 유의미한 것만은 아니다. 함께하고 연결됨이 진정한 의미의 누림이 되기 위해서는 스스로 홀로 있는 자리를 선택할 수 있어야 한다. 외로움에 괴로워 관계 속에서만 만족을 느끼는 이들에게 홀로 있음은 외로움이요 괴로움일 뿐이다.

기도가 힘든 이유 중 하나도 바로 이 '홀로 있음'의 자리로 나아가야 하기 때문이다. 대중 집회에서의 기도는 필요하다. 목회자의 안수기도도, 공동체 구성원들의 중보 기도도 필요하다. 기도의 협력은 우리에게 심리적인 편안함과 공동체 의식을 제공해 준다. 그러나 홀로 기도하는 삶의 자리를 지키지 못하는 이들에게 공동체의 기도는 잠시 잠깐의 만족, 임시방편에 지나지 않는다. 그러한 상태에서의 신앙생활은 지속된다고 해도 건강한 상태로 성숙해 가지 못한다. 혼자만의 기도는 우리로 하여금 고독과 자신의 내면을 직면하게 한다. 많은 이들이 홀로 있는 자리에서 하나님 앞에 서는 것을 힘들어한다. 자신의 고독 앞에서, 자신의 연약한 모습을 직면하는 것을 두려워한다.

신앙 공동체 안에는 언제나 연약한 이들이 있기 마련이다. 연합해야 할 지체 중 일부는 연약한 자도 포함된다. 누군가의 도움 없이는 홀로 설 수 없는 이들이다. 공동체는 그들을 품어 줘야 한다. 부족함을 용납해야 한다. 그들과 함께해 주며 자신의 것을 나눠 줄 수 있어야 한다. 공동체 의식, 지체 개념은 성경적으로도 중요한 가치요 마땅히 감당해 내야 할 사명이다. 문제는 누가 그들과 함께해 줄 수 있느냐 하는 것이다. 그 함께함이 마냥 즐겁지만은 않다. 세상이 알 수 없는 평안이 주어지는 일이지만 에너지 소모 또한 크게 일어나는 관계다. 그 일이 소중하기에, 그 일을 감당해 내야 하기에, 그 일을 감당할 수 있는 지체는 홀로 있는 자리를 찾아 자신을 든든히 세워 가는 훈련에 익숙한 자여야 한다. 하나님 앞에 홀로 나아가 기도하는 자여야 한다. 말씀 앞으로 나아가 하나님의 음성에 귀를 기울이는 자여야 한다. 하나님 앞에 홀로 서는 것은 자신의 존재와 가장 깊은 두려움, 소망, 그리고 꿈들을 모두 하나님 앞에 내어놓는 믿음이 자라는 자리다. 하나님 앞에서 단독자로 홀로 설 수 있는 자라야 그 일을 감당할 수 있다. 외롭기에 공동체 안으로 숨어드는 자가 아니라 공동체의 건강한 누림을 위해 홀로 있는 자리로 나아가 하나님을 대면하고 자신의 연약함을 직면할 수 있는 자여야 한다.

독서와 글쓰기가 힘든 이유도 같은 맥락에서 바라볼 수 있다. 그 누구도 대신해 줄 수 없다. 읽기와 쓰기는 내가 직접 수행하고 지속해 나갈 때라야 과정의 진보를 경험할 수 있다. 트리비움의 역량 강화를 위해서는 직접 실행하고 그것을 지속하는 일에 성공해야만 한다. 독서와 글쓰기는 자신의 생각과 세계관을 확장하는 행위다. 이를 위해서는 홀로 있는 자리를 마련하고, 책과의 대화를 통해 자신의 생각을 넓혀 나가는 시간을 가져야 한다. 무엇보다 인간지능 독서법을 통해 추구하는 바는 하나님의 형상을 회복하는 것이다. 공중 권세 잡은 자의 영향력이 편만한 세상 속에서 예수 그리스도의 도구가 되기 위한 준비, 하나님 사람으로의 능력을 회복하기 위함이다. 그 일을 감당하기 위해 하나님 앞에 홀로 서는 자리를 지켜라. 외로움에 괴로워하며 대중 속에서 위안을 얻기보다 하나님 앞에서 자신의 변화를 위해 울부짖으며 기도하는 자가 먼저 되어야 한다. 세상의 지식으로 나를 채우기 이전에 하나님의 말씀을 기준으로 삼아, 그 앞에 자신을 세우며 초깃값을 항상 살피는 자여야 한다. 진정한 자기 발견과 성장은 바로 그 자리 '홀로 있음'에서 시작된다.

이 책을 읽은 모든 그리스도인 독자에게 이 책이 도움 되기를 원한다. 자신을 변화시켜 가는 존재로 이웃을 사랑하며 하나님의 나라를 이루어 가는 하나님의 사람이 되어 가기를 소망한다. 그 일을 감당하기 위해 매일 기도의 자리로 홀로 나아가기를 소망한다. 매일 말씀을 읽고 우리의 선교 현장이요 삶의 현장인 천지창조의 세계를 알아 가기 위한 독서와 글쓰기가 일상인 삶 살기를 바란다. 홀로 있음의 자리에서 매일 하나님-세계-인간을 대면하기 위해 힘쓰는 존재를 통해 우리 하나님은 역사하신다. 빠르게 변화하는 세상 속에서 중심을 잃지 않고 하나님 사람으로서의 변화와 성숙을 이루어 가게 하시며 맡겨진 사명을 감당하게 하실 줄 믿는다.

우리 한번
바꿔 볼까요?

왜 세상은 변하지 않는가?

왜 교육받은 크리스천은 점점 늘어나는데 우리의 무지는 사라지지 않는가?

왜 성경을 읽고 기도하는 이들이 이토록 많은데 세상은 변하지 않는가?

왜 우리는 과거의 잘못에서 배우지 못하는가?

왜 선의의 노력에도 불구하고 세계는 더 나아지지 않는가?

왜 사랑과 이해가 증오와 무지를 이기지 못하는 것처럼 보이는가?

왜 인간은 자신의 한계를 인정하기 어려워하는가?

왜 인간은 자신의 행동이 미래에 미치는 영향을 잘 이해하지 못하는가?

왜 우리는 더 나은 세상을 위해 함께 일하기 어려운가?

왜 사회적 변화를 위한 크리스천의 노력은 저항에 부딪히는가?

왜 우리는 더 나은 미래를 위한 희생을 기꺼이 하지 않는가?

왜 과정의 진보, 나 한 사람의 변화도 그토록 어려운 평생의 과제로 남아 있는가?

이 책의 출발 지점에서 던진 질문들이다. 인간 본성과 한계, 사회적 변화와 문제, 교육과 영적 성장의 어려움에 관한 의문이다. 인생을 사는 모든 크리스천의 미해결 과제요 평생 안고 가야 하는 본질적인 문제에 관한 이야기다. 누구도 명쾌한 해답을 제시하기 힘든 난제이지만 손 놓고 있을 수는 없는 법이다. 감사한 것은 우리의 한계 지점은 또 다른 가능성의 자리요 하나님의 은혜가 머무는 곳이라는 사실이다. 그것을 알기에 수많은 크리스천이 오늘도 기도하고 노력하며 변화를 위해 몸부림치고 있다. 이 책도 그 몸부림의 결과물 중 하나다.

보안과 교회교육

1960년대 말, 컴퓨터 네트워크 시스템이 개발되고 1970년대에 이메일 등 다양한 프로그램들이 소개되었다. 1980년대 말 월드 와이드 웹www이 등장한 이후 1990년대를 거치며 컴퓨터가 대중화되고 인터넷의 상업화는 가속화되기 시작했다. 그와 동시에 컴퓨터 바이러스, 웜, 트로이 목마와 같은 악성 프로그램들이 널리 퍼지기 시작한다. 2000년대에 들어서면서 스마트폰이 보급되고 사이버 공간은 더 복잡하고 고도화된 범죄의 장으로 변모했다. 개인들만의 피해가 아니었다. 기업, 국가들까지 공격의 대상이 되었다. 이러한 위협에 대응하기 위해 백신 소프트웨어, 방화벽과 같은 보안 기술 개발이 본격화되었다.

초기의 사이버 보안은 예방에 중점을 두었다. 해킹 방지를 위한 시스템 방화벽 구축 전략이 주를 이뤘다. 시간이 지나며 사이버 보안의 패러다임은 예방을 넘어 복원과 복구에 더 중점을 두게 된다. 네트워크의 연결성을 무한 확장하여 방어 시스템을 아무리 잘 구축해도 100% 해킹 방지는 불가능함을 알았기 때문이다. 물론 해킹 방어는 보완에서의 최우선 과제다. 그러나 공격을 받은 후 시스템을 얼마나 빠르게 복구할 수 있느냐의 문제는 보안의 핵심 역량 중 하나다. 해킹 타임을 최소화하고, 손실되거나 손상된 데이터를 빠르고 정확하게 복원할 수 있어야 한다. 취약점으로 발견된 부분을 신속하게 파악하고 조치를 취함으로 향후 해킹 공격에 대한 방어력을 높여 가는 설계 능력이 더욱 필요한 시대다.

교회교육에 있어서도 마찬가지다. 신앙의 정해진 규칙을 지키고 죄를 짓지 않도록 하는 것도 신앙교육의 중요 과제다. 그러나 우리 인간은 이미 연약함을 지닌 사람들, 부족함 가운데 일상을 사는 사람들이다. 죄짓지 않으려 해도 사언행思言行이 언제나 죄 가운데 있는 죄인들이다. 오늘도 자신의 약함에 낙망한 사람들이 은혜를 바라며 하나님 앞으로 나아온다. 교회는 의인들의 공동체가 아닌 죄인들의 공동체다. 그들이 나아와 하나님을 믿을 때 의롭다 칭해 주신다. 나아가 거룩할 수 없는 그들에게 거룩하라 명령하신다. 불가능에 대한 명령이 아니다. 거룩은 우리의 목표가 아닌 바라보고 나아가야 할 방향이다. 이러한 전제 속에서 어떻게 하나님의 뜻에 합당한 존재로 나의 삶을 세워 가느냐 하는 질문이 교회교육, 신앙교육이 안고 가야 하는 과제요 기도의 제목이다. 죄짓지 않는 것도 중요하지만, 믿음의 사람들이 실수하고 넘어질 때 어떻게 다시 일어서서 하나님의 뜻을 향해 나아갈 수 있도록 지원할 수 있는지가 중요하다. 가정과 교회는 신앙생활 중 무너진 자들의 회복을 도와야 한다. 죄와 실패에서 회복하는 회개의 과정을 통해 하나님의 자비와 사랑을 체험케 하는 마중물이 되어야 한다. 그 가운데 매일매일 조금씩 하나님 형상을 회복하고 그 능력을 세워 가는 것이 기독교 가정과 교회교육의 사명이 아닐까?

불모지에서 희망을 보다

불모지不毛地라는 말이 있다. 풀도 자라지 않는 땅이나 개발이 되지 않은 땅을 말한다. 미지의 세계를 의미하기도 한다. 불모지에서 식물을 키우고 사업을 성공시키기는 어렵다. 오히려 실패 확률이 높다. 방해 요소가 많기 때문이다.

그러나 방해 요소를 해결하면 문제는 달라진다. 불모지가 블루오션Blue Ocean이 되기도 한다. 경쟁 없는 넓은 바다에 먼저 그물을 내린 자가 만선의 기쁨을 얻는 것이다. 물론 블루오션이라는 대양으로 가려면 넘어야 할 파도가 있다. 그 파도는 만만치 않다. 분명한 사실은 험한 파도를 극복할 수만 있다면 불모지는 자신만의 블루오션이 되는 것이다.

교회는 독서의 불모지라 생각한다. 그리스도인들을 위한 교회교육에서 독서는 잃어버린 교육이다. 중요하다 말하면서 교육 현장에서 독서는 언제나 배제되어 왔다. 생각보다 많은 그리스도인이 독서와 신앙, 독서와 교회교육에 관심을 두지 않는다. 지도자들의 경우는 더욱 그렇다. 독서는 진행이 쉽지 않고 독서를 교회교육 가운데 진행한다고 할지라도 그 결과를 눈으로 확인하기 쉽지 않다는 것이 중요한 이유 중 하나다. 25년 이상 많은 사람이 알아주지 않는 '이 작은 분야'에 가장 많은 시간을 쏟아부었다. 어떤 이들은 '목사에게 그것보다 더 중요한 일들이 많이 있지 않은가?' 직간접적으로 이야기하곤 한다. 그런 상황 가운데서 자문할 때도 있다.

"내가 이렇게까지 독서를 강조할 필요 있을까?"

"눈에 띄는 변화로 단기간의 증명이 쉽지 않은 독서를 교회교육, 신앙교육에 접목하려는 시도는 무리일까?"

그때마다 티나 실리그의 저서로, '스탠퍼드대 미래실행 보고서'라는 부제를 단 책 『시작하기 전에 알았더라면 좋았을 것들』에서 했던 말을 떠올리곤 한다.

"의미란 수수께끼에 대한 답이나 보물찾기의 상금처럼 우연히 얻게 되는 것이 아닙니다. 의미는 당신 삶에서 당신이 만들어 가야 하는 것입니다. 우리의 과거 경험에서, 애정과 헌신에서, 오랜 세대에 걸쳐 전해 내려온 인류의 경험에서, 우리 자신의 재능과 지식으로부터, 우리의 믿음에서, 우리가 사랑하는 것들과 사람들로부터, 무엇인가를 희생하더라도 기꺼이 지키고자 하는 가치로부터 의미는 만들어집니다. 모든 재료는 준비되어 있습니다. 당신만이 그 모든 것을 조합해서 당신만의 패턴, 곧 당신의 삶으로 만들 수 있습니다."

그때마다 다짐하곤 했다.

"모두가 하나님이 선택하신 도구인 독서와 글쓰기를 나만큼 의미 부여하지 않는다 해도 괜찮다. 나의 마음에 소원을 두고 행하게 하심으로 그 의미를 잊지 않게 하시고 연구케 하시며 선포하게 하신 것은 하나님이시다."

동시에 내가 아는 또 다른 사실은, 내가 중요하게 여기는 독서와 글쓰기만이 신앙교육의 전부가 아니라는 점이다. 하나님은 다른 사람들에게 다른 관심사, 다른 소원을 그들의 마음에 주심으로 나와 다른 이들의 부족을 채워 가시는 분이시다. 나는 지체로서 그중 하나를 맡아 감당하면 된다. 무엇보다 이러한 나의 의미 부여에 공감하는 동역자들을 곳곳에 준비시키셔서서 내 마음에 주신 소원, 나로 정의하게 하시고 부여하게 하신 독서의 참된 의미를 공유하는 이들을 통해 또 다른 자리에서 하나님이 친히 일하심을 보아 왔기에 실망하지 않는다.

책을 쓸 때면 언제나 작가로서의 희망과 기대를 품는다.

"이 책을 통해 하나님은 어떻게 일하실까?"
"이 책의 내용에 공감하며 실행에 옮겨 변화를 이루어 갈 그리스도인과 교회는 어떤 곳들일까?"

『인간지능 독서법』을 집필하는 가운데서도 그러한 기대를 품으며 기도 가운데 작업을 이어 갔다. 이제 이 책의 작가로서의 작업은 마쳤다. 이제 목사로서 지금까지 그래 왔던 것처럼 잃어버린 기독교교육 읽기와 쓰기의 회복을 위해 힘써 기도하며 사역하는 자리를 지켜야 할 시간이다. 그 순간도 하나님이 함께하실 줄 믿기에 감사하고 기대된다. 무엇보다도 내가 잠자는 시간에도 이 책 『인간지능 독서법』의 내용을 통해 일하실 하나님이 기대된다. 준비된 하나님의 사람들의 변화를 이루어 가실 줄 믿는다. 위기의 교회교육의 문제를 해결하는 데 이 책의 내용이 하나님의 손길로 쓰임받게 하실 줄 믿는다. 작은 몸짓으로서의 책 한 권에 너무 많은 기대를 거는 것 아니냐고 묻는 이들도 있을 것이다. 그들에게 자신 있게 말할 수 있다.

"그렇지 않다. 우리는 기대를 가져야 한다. 하나님은 이런 작은 몸짓을 통해 일하신다. 우리로 마음에 소원을 두고 행하게 하시는 모든 일이 합력하여 선을 이루게 하신다. 우리 하나님이 그런 분이시라면 독서와 글쓰기를 통해 나를 변화시키고 교회를 왜 변화시키지 못 하시겠는가? 다만 그 변화의 시작 지점에서 필요한 것이 나의 결단이다. 나 한 사람의 변화만큼은 나로 결단케 하시고 나의 노력을 통해 이루어 갈 수 있는 힘을 주셨기 때문이다. 우리 한번 바꿔 보자. 어제보다 조금 더 나은 나로 자신을 바꿔 보자. 하나님은 그렇게 변화되어 가는 자들을 통해 세상을 변화시키심을 믿는다."

Why not change the world?
Why not change the world!

인간지능 독서법

초판 1쇄 발행 2024년 6월 10일

지은이　　　장대은

발행인　　　김은호
편집인　　　주경훈
책임 편집　　김나예
편집　　　　권수민 이민경 문은향
디자인　　　박세미
발행처　　　도서출판 꿈미
등록　　　　제2014-000035호(2014년 7월 18일)
주소　　　　서울시 강동구 양재대로81길 39, 2층 2호
전화　　　　070-4352-4143, 02-6413-4896
팩스　　　　02-470-1397
홈페이지　　http://www.coommi.org
쇼핑몰　　　http://www.coommimall.com
메일　　　　book@coommimall.com
인스타그램　@coommi_books

ISBN 979-11-93465-33-2 03230

도서출판 꿈미는 가정과 교회가 연합하여 다음세대를 일으키는 대안적 크리
스천 교육기관인 사단법인 꿈이 있는 미래의 사역을 돕기 위해 월간지와 교
재, 각종 도서를 출간합니다.